高等教育
行政纠纷裁判规则
类型化研究

GAODENG JIAOYU
XINGZHENG JIUFEN CAIPAN GUIZE
LEIXINGHUA YANJIU

主编　王红建

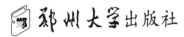

郑州大学出版社

图书在版编目(CIP)数据

高等教育行政纠纷裁判规则类型化研究/王红建主编. —郑州：
郑州大学出版社,2020.1
ISBN 978-7-5645-6757-6

Ⅰ.①高… Ⅱ.①王… Ⅲ.①高等教育-教育行政-行政法-
研究-中国 Ⅳ.①D925.304②D922.164

中国版本图书馆 CIP 数据核字(2019)第 191510 号

郑州大学出版社出版发行
郑州市大学路 40 号   邮政编码:450052
出版人:孙保营   发行电话:0371-66966070
全国新华书店经销
河南龙华印务有限公司印制
开本:710 mm×1 010 mm   1/16
印张:20.25
字数:383 千字
版次:2020 年 1 月第 1 版   印次:2020 年 1 月第 1 次印刷

书号:ISBN 978-7-5645-6757-6   定价:58.00 元
本书如有印装质量问题,请向本社调换

郑州大学依法治校丛书编委会

本书作者名单

主　　编　王红建

副主编　魏海深　余艳敏

编　　委　（以姓氏笔画为序）

王红建　王胜利　卢　瑜　申敬达

刘小倩　许星源　李玉婉　余艳敏

沈思达　淮韶婕　魏海深

总　序

　　新中国成立后特别是改革开放以来,我国教育事业取得历史性成就。根据 2018 年全国教育事业统计,我国共有各级各类学校 51.89 万所,在校学生 2.76 亿人,专任教师 1673 万名,是名副其实的教育大国。"教育兴则国家兴,教育强则国家强。"站在新时代的起点上,加快从教育大国向教育强国迈进,既是把我国建设成为富强民主文明和谐美丽的社会主义现代化强国的题中之义,又是实现中华民族伟大复兴的基础工程。全面依法治国具有基础性、保障性作用,教育领域是依法治国的重要领域,因此教育法治建设又是建设教育强国这一基础工程的基础。

　　从立法角度看,以 1980 年《中华人民共和国学位条例》为开端,我国已经形成了以宪法为统帅、8 部教育法律为主干、16 部教育法规和一批部门规章、地方性教育法规规章在内的中国特色社会主义教育法律体系。而要建设教育强国,教育法律体系就必须随着时代和实践的发展而不断完善。无论是高等教育领域的简政放权、放管结合、优化服务改革,还是义务教育阶段的均衡优质发展;无论是切实减轻中小学教师负担,还是激发高校院所科研人员创新活力,都需要法治来引领、来保障。2018 年 9 月 7 日公布的十三届全国人大常委会立法规划已经明确将制定学前教育法,修改《中华人民共和国职业教育法》《中华人民共和国教师法》《中华人民共和国学位条例》纳入立法规划项目,家庭教育、招生考试、终身学习等立法需求也十分迫切。

　　从法律实施角度看,党的十八大以来,我国教育体制改革全面深化,依法治教、依法办学、依法治校走向深入。中共中央办公厅和国务院办公厅、国家教育体制改革领导小组办公室、教育部等印发了《关于深化教育体制机制改革的意见》《关于进一步落实和扩大高校办学自主权完善高校内部治理结构的意见》《依法治教实施纲要(2016−2020 年)》等一系列文件,正在构建起政府、学校、社会之间的新型关系。尤其是随着社会主要矛盾的变化,在社会上,人民群众对教育公平、制度公正和受教育权高度关注;在校园内,广大师生民主意识、法治意识和权利意识日益增强。这些都对我们实行依法治教、依法治校提出了新的更高的要求。

出于对高校治理法治化的深刻理解,2016年1月郑州大学专门成立了依法治校研究所,开展依法治校基础理论研究和教育管理法治化的应用研究。研究所成立以来,先后组织召开2017年度"中国依法治校学术论坛""2018年高等教育行政纠纷解决的理论与实践学术研讨会"等会议,每年设立课题进行专题研究,推动学校依法治校工作深入开展。这是我们取得的一点成绩,也是我们继续前进的起点。

编辑出版一套融理论性与实用性于一体的郑州大学依法治校丛书,也是我们设所之初的计划之一。该丛书将聚焦高等教育管理法治化全景图,重在厘清内外两组关系即高校外部关系中的国家、大学和社会之间的关系,高校内部关系中的学术权力和行政权力、学校和师生之间的关系,逐步涵盖学生管理、人事管理、科研诚信与学术规范建设、知识产权管理与保护、矛盾纠纷化解等各个方面。

2018年3月,中央教育工作领导小组组建;2018年9月,党中央召开新时代第一次全国教育大会;2018年11月29日,教育部召开新时代第一次全国教育法治工作会议。这一切都让我们坚信,郑州大学依法治校丛书的出版正当其时,也希望她能为广大的教育管理者、教育政策与法律研究者以及各位读者带来一些有益的启发。

是为序。

沈开举
郑州大学依法治校研究所所长
郑州大学法学院教授、博士生导师
2019年9月15日

前　言

　　高等学校与学生之间的法律关系,既包括行政上的,也包括民事上的。随着学生法律意识的提高,学生因对高校的招生、纪律处分、毕业证书和学位证书的授予及撤销不服提起的诉讼不断增多。作为承担教书育人职责的高等学校,更应该成为遵守法律的典范。从实践中发生的案件来看,高校在依法管理中还存在不少问题。例如,依法收集证据的意识不强、对法律的理解不够到位、遵守程序不够严格等。我们希望通过对高等教育领域行政纠纷类型化的研究,总结高等教育行政纠纷的类型、成因、涉及的法律、司法裁判观点等,为高等学校依法行政提供可借鉴的经验,也为学生保障自身的合法权益提供指引。

　　为此,我们收集了大量高等教育行政纠纷的典型案例,邀请行政法理论与实务工作者共同参与编写了本著作。

　　撰写分工如下:

　　王红建(郑州大学法学院副教授、金水区人民检察院检察长助理)　绪论,第1、2、3、4章

　　王胜利(郑州大学法学院硕士研究生)　绪论,第1章

　　申敬达(郑州大学法学院硕士研究生)　第1、2章

　　沈思达(郑州大学法学院教师)　第3章

　　刘小倩(郑州大学法学院硕士研究生)　第3、6章

　　余艳敏(中原工学院法学院讲师,博士研究生)　第4、6章

　　淮韶婕(郑州大学法学院硕士研究生)　第4章

　　卢　瑜(河南省高级人民法院行政审判庭法官)　第4章

　　魏海深(郑州大学校长办公室副主任,法学博士,硕士生导师)　第5章

　　李玉婉(郑州大学法学院硕士研究生)　第5章

　　许星源(美国苏利文克伦威尔律师事务所法律助理)　第6章

编　者

2019 年 9 月

目　录

1

高等教育行政纠纷的类型化及其裁判规则

　　在《中华人民共和国行政诉讼法》(以下简称《行政诉讼法》)实施的初期,无论是理论界还是实务界,基本上都认为高等学校就学生管理活动作出的决定都是内部行政行为,不属于行政诉讼的受案范围。1998年10月,北京科技大学94级本科生田永对学校拒发毕业证、学位证不服,向北京市海淀区人民法院提起行政诉讼,被称为大学生诉高等学校行政诉讼第一案。该案经过海淀区人民法院一审、北京市第一中级人民法院二审,最终判决被告北京科技大学向田永颁发大学本科毕业证书,并召集学校学位评定委员会对田永的学士学位资格进行审核。虽然法院通过行政诉讼受理了学生诉学校的案件并判决学生胜诉,但关于何种类型的高校与学生之间的纠纷可通过行政诉讼解决一直处于不断的争议中,尤其是法院在审查高校行政管理行为的合法性时,如何把握依法行政与高校自主权之间的关系,则更为复杂。本文旨在通过研究高等教育行政纠纷的类型及裁判规则,为高校、学生以及法院处理该类纠纷提供建议。

一、招生录取纠纷的类型及裁判规则

(一)招生录取纠纷的类型

　　招生录取包括招生和录取两个阶段,这两个阶段从考生报名开始一直延续至考生正式入学报到。从招生对象来看,此阶段可分为专科(高职)招生、本科招生、硕士招生、博士招生;从招生阶段来看,此阶段可分为招生报名、招生考试、招生录取;从高校在招生中的自主性来看,招生可分为高校自主招生、国家统一招生。

招生录取对高校和考生都至关重要。就高校而言,招生录取决定着学校生源的质量,直接影响着高校的生存和发展;就考生而言,招生录取决定着其能否进入高等学校的"门槛",直接影响着考生的受教育程度及未来的职业选择。近年来,在招生环节越来越多的校生纠纷进入了司法的视野。结合司法实践,招生录取纠纷的类型可按照招生录取的程序分为四大类:

1. 不符合报名条件

在报名阶段,招生院校对考生的政治思想、身体条件、学历程度等均有要求。学校有权对考生的报名资格进行审查、核实,且资格审查贯穿于招生录取的全过程。对不符合报名条件的考生,高校应当及时作出处理决定。而考生往往就是否符合报名资格与学校意见相左,因此极易产生纠纷,例如辛晶诉上海海事大学不予录取案。

2. 入学考试作弊

在入学考试中,一些考生会铤而走险,采取作弊手段。而教育行政部门或高校始终对考生考试作弊行为持"零容忍"的态度,一经发现,直接作出处理。考生往往以学校的处理决定违反程序、适用法律错误、处分过重为由提起行政诉讼,例如刘佩东诉江苏警官学院取消学籍处理决定案和边柳诉北京市教育委员会、中央美术学院教育行政处理决定案。

3. 不符合录取条件

考生通过入学考试,并不意味着能直接被录取。教育行政部门和各招生单位对考生提出更高的要求,特别是在研究生招生录取中,对初试成绩合格的考生进行复试或者专业技能测试已成为必经程序。如果认为考生不符合学校的录取条件,高校会拒绝录取。高校对是否录取考生拥有最终的决定权,因此考生往往会对学校不予录取的决定产生异议,从而引发纠纷,具体包括:一是因不符合择优录取条件而不予录取,例如林群英诉厦门大学拒绝录取案;二是因复试成绩不合格而不予录取,例如吕春晓诉北京师范大学不予录取案;三是因身体残疾而不予录取,例如王伟诉平顶山财贸学校不予录取案;四是因政审不合格而不予录取,例如滕汉昱诉兰州大学取消研究生拟录取资格案。

4. 不符合入学条件

考生通过入学考试、复试、体检、政审等环节,就能够获得高校发放的录取通知书。但是,高校如果发现被录取考生不符合入学条件,例如全日制考生未将个人档案转入学校、无故超期未办理入学手续、经审查有违规情形等,学校有权取消学生的入学资格。对已经取得学籍的,学校应当作出开除学籍的处理决定,例如项俊诉武汉大学教育行政处理案。

近年来,招生录取领域也出现了新型的行政纠纷,例如在王雨霖诉郑州大学不履行发放录取通知书法定职责案中,王雨霖虽然被郑州大学录取,但对录取通知书的发放主体产生异议,从而引发纠纷。

(二)裁判规则

1. 高校招生录取行为属于行政诉讼的受案范围

《中华人民共和国教育法》(以下简称《教育法》)《中华人民共和国高等教育法》(以下简称《高等教育法》)及《普通高等学校学生管理规定》等法律、法规对高校的招生权力进行了专门规定,因此高校招生录取权具有明确的法律来源。在招生录取阶段,高校有权依法决定录取合格考生以及拒绝录取不符合报名条件、录取条件、入学条件的考生,此类行为统称为招生录取行为,是高校教育行使行政职权的重要组成部分,属于行政诉讼的受案范围。

2. 审查的延续性

招生录取环节是高校行使行政管理职权的"首要关口",该阶段决定着考生能否进入高校接受高等教育的机会,可以说涉及"教育准入的资格"。结合司法实践,可以分为报名资格、录取资格、入学资格。根据《高等教育法》《普通高等学校学生管理规定》及每年的招生工作管理规定,高校的资格审查工作贯穿于招生录取的各个阶段。但是,基于各种现实原因,资格审查也会有所疏忽。而招收合格的考生是教育公平、公正的"底线",《高等学校学生管理规定》中专门规定对入学考生资格进行初步审查和复审两个环节。根据《学位条例》第十七条规定:"学位授予单位对于已经授予的学位,如发现有舞弊作伪等严重违反本条例规定的情况,经学位评定委员会复议,可以撤销。"因此,各招生单位应当将资格审查贯穿学生在校期间及毕业后的全过程。

考生如果不符合入学条件而入学,甚至取得学历学位证书,其"违规入学"的行为持续存在,该行为不受诉讼时效的限制,自然也不受信赖利益的保护。例如,在翟建宏诉郑州大学撤销学位证书案[①]中,翟建宏在博士毕业8年之后,被发现不符合报名条件而取得入学资格,遂撤销了翟建宏的博士学位,最终法院支持了郑州大学的处理决定。

3. 处理决定的规范性

在招生录取阶段,高校应当严格审查考生的报名资格、录取资格、入学资格,若发现有徇私舞弊的情形,要及时作出处理。具体包括:一是在报名阶段,应当不允许考生报名。二是在现场确认环节,应当取消考生的报名资

---

① 郑州市中级人民法院(2015)郑行终字第 42 号行政判决书。

格。三是在招生录取环节,如果考生还未被录取,招生单位应作出不予录取的处理决定;如果考生已被录取,则应取消考生录取资格。四是在入学阶段,应取消其入学资格。五是在考生已正式取得学籍时,应当取消其学籍。六是在考生毕业后,则应撤销其取得的学位证书和学历证书。

在司法审查中,法院应当重点对高校的处理决定进行程序性审查,对实体问题则应基本尊重高校的判断。例如,高校的复试和调剂规则、录取决定及高校对考生思想品质和考试作弊的认定等,司法机关不得进行干预。经审查,高校依法对考生(学生)作出实体处理时,只要遵守正当程序原则的要求,法院应当判决驳回原告的诉讼请求,具体包括:①考生不符合专项计划报考条件,高校据此作出不予录取决定的[①];②考生在高考时弄虚作假,让别人假冒自己并参加高考而取得入学资格,高校据此作出取消学籍处理决定的[②];③考生在参加研究生入学考试时,携带电子通讯设备进入考场,构成考试作弊,其行为性质严重,影响恶劣,高校据此作出开除学籍处分决定的[③];④考生在研究生复试中成绩不合格,高校据此作出不予录取决定的[④];⑤考生思想政治品德考核不合格,高校据此作出取消原告拟录取资格决定的[⑤];⑥考生攻读普通培养类研究生学位,没有完成政审、没有调入人事档案,高校据此取消其学籍的[⑥];⑦考生被录取后,自愿放弃入学资格,又以招生单位不履行法定职责为由,要求招生单位为其发放录取通知书的[⑦]。但是,高校如果违反了最低限度的程序要求,法院应当作出确认违法的判决。

二、纪律处分纠纷的类型及裁判规则

(一)纪律处分纠纷的类型

学生管理是高校内部管理的重要组成部分。为营造良好的校园管理秩序、培养高素质人才,高校应当依法、有序、高效地对学生实施教育、监督和管理。在校期间,学生应遵守法律法规和校纪校规,按时参加学校组织的教学活动,服从学校的各项管理。根据《普通高等学校学生管理规定》第三十条规定,对存在学业成绩不合格、在规定年限未完成学业、未经批准连续不

---

① 上海市第三中级人民法院(2017)沪 03 行终 270 号行政判决书。
② 江苏省南京市中级人民法院(2008)宁行终字第 54 号行政判决书。
③ 北京市第一中级人民法院(2008)一中行终字第 220 号行政判决书。
④ 北京市第一中级人民法院(2018)京 01 行终 232 号行政判决书。
⑤ 兰州市城关区人民法院(2010)城法行初字第 68 号行政判决书。
⑥ 湖北省武汉市中级人民法院(2016)鄂 01 行终 242 号行政判决书。
⑦ 河南省郑州市中级人民法院(2018)豫 01 行终 915 号行政判决书。

参加学校规定的教学活动、超过学校规定期限未注册而又未履行暂缓注册手续等情形的学生,学校可以作出退学处理的决定。第五十一条对违纪违法学生专门规定五种纪律处分,分别为:①警告;②严重警告;③记过;④留校察看;⑤开除学籍。综上,根据情节轻重,学校有权依法对不服从学校管理的学生进行处理或处分。因处分会影响学生未来的发展,甚至影响其受教育权的实现,部分受处分的学生会通过诉讼的方式寻求救济,从而产生纠纷。

根据处分是否涉及学生身份的丧失,可将纪律处分类纠纷分为两类:一是不丧失学生身份的处分,例如警告、严重警告、记过、留校察看;二是丧失学生身份的处分,例如开除学籍。该种分类中,因不丧失学生身份的处分往往不能纳入行政诉讼的审理范围,不利于纠纷的类型化研究。结合司法实践,可以按照学生违反学业管理和违反纪律管理进行以下分类:

(1)违反学业管理,具体包括:一是因考试作弊而受处理,例如崔子阳诉中国地质大学留校察看处分决定案、蔡宝仪诉广东工业大学开除学籍处理决定案、张超诉郑州航空工业管理学院开除学籍处分决定案、于航诉吉林建筑大学教育行政决定案;二是因学术不端而受处理,例如甘露诉暨南大学开除学籍处分决定案、郭金荣诉兰州大学开除学籍处理决定案;三是因未在规定时间内修够学分而受处理,例如伍盾诉贵州财经大学退学处理决定案。

(2)违反法律法规和校纪校规,具体包括:一是因连续旷课而受处分,例如钟杨杰诉闽西职业技术学院退学处理决定案、聂恒布诉河海大学教育行政处理决定案;二是因打架斗殴而受处分,例如杨梓豪诉深圳信息职业技术学院学籍管理行政处理决定案;三是因触犯法律而受处分,例如林凯诉浙江农林大学教育行政管理案。

(二)裁判规则

高校对学生进行处分影响着学生的人格权,特别是退学处理和开除学籍直接影响着学生受教育权的实现。因此,司法机关应当对学校的处分决定进行全面审查。但是,学校对学生的日常管理、专业能力判断和学术评价等方面更具有专业性,故而司法权应保持适度的谦抑性。

1. 司法审查的范围

前面已讲,高校作出的处分包括涉及学生身份丧失的处分和不涉及学生身份丧失的处分。像警告、留校察看等不涉及学生身份丧失的处分,学生的受教育权并未因此受到影响。在这方面,应当承认大学内部的特别权力关系,把握司法审查与大学自治的平衡,受处分学生应当通过申诉等内部渠道寻求救济,司法机关不宜干预。像开除学籍、退学处理等处分,涉及学生身份的变化,固有的特别权力关系被打破,受处分学生可以寻求外在的救济渠道。综上,对不涉及学生身份丧失的处分,不能纳入司法审查的范围;对导致学生身份丧失的处分,则应当纳入司法审查的范围。

2. 程序违法的处置

正当程序最基本的要求,一是自己不做自己的法官,二是当事人有陈述与申辩的权利。在高校行政管理过程中,应当将正当程序视为圭臬。在行使处分权时,高校要充分保障学生的知情权和参与权。学校如果违反正当程序,应当承担相应的不利后果。按照高校违反正当程序的程度,程序违法可划分为程序轻微违法和重大程序违法。但是,程序轻微违法和重大程序违法并没有法定的划分标准,法院具有完全的自由裁量权。一般而言,程序轻微违法对处分对象的实体权利并未造成不利影响,例如处分决定未正确载明日期。重大程序违法是指违反了最基本的程序要求,对当事人的权利造成实质的、重大的影响,例如先决定后履行程序、未告知当事人权利、未听取当事人陈述和申辩、处分决定未送达,等等。在司法审查中,法院根据程序违法程度和个案价值不同作出相应的判决类型,程序轻微违法可能会判决确认违法或撤销;重大程序违法一般应当作出撤销判决。例如,在张超诉郑州航空工业管理学院开除学籍处分决定案中,郑州市中级人民法院认为,被告先作出开除决定,后履行相关程序,属程序违法。最终法院撤销了被告的处分决定。①

3. 比例原则的适用

比例原则是行政法的基本原则之一,行政主体应将比例原则寓于行政管理之中,保持行政管理目标与相对人合法权益之间适当的比例,在实现行政目的的前提下,尽可能减小对相对人的不利影响。高校学校在进行教育管理时,应坚持教育与惩罚相结合的原则,将比例原则运用到教育、教学管理之中。

法院应当对高校的管理行为是否符合比例原则进行司法审查。例如,高校作出开除学生学籍处分时应视其具体情节、学生过错程度及悔改表现等因素综合考虑,行使裁量权。在司法裁判中,法院应当对上述原则和规范予以回应。具体如下:第一,对仅因学生一次违纪行为直接开除学籍的情形,法院经审查发现案件情节及学生过错程度较轻,且事后学生认错悔错态度较好的,应当作出有利于学生的裁判。例如,在蔡宝仪诉广东工业大学开除学籍处理决定案中,广州铁路运输中级法院认为,广东工业大学仅因此次考试舞弊即被剥夺学籍,有失公允,其作出的开除学籍处分偏重,遂判决撤

① 河南省郑州市中级人民法院(2012)郑行终字第 162 号行政判决书。

销该处分。① 第二,如果学生违纪行为过于严重或影响较大,仅因一次违纪行为即受到开除学籍处分,并不违背立法的目的。例如,在郭金荣诉兰州大学开除学籍处理决定案中,法院认为,郭金荣通过不正当手段获取造假论文10篇,并将其中2篇论文投送国际学术会议,该行为属于情节严重的抄袭与剽窃行为,高等学校可以据此作出开除学籍的处理决定。② 第三,学生存在多次违纪、屡教不改的情形,法院应当支持学校的处理决定。在杨梓豪诉深圳信息职业技术学院学籍管理行政处理决定案中,杨梓豪在受到学校两次警告处分、一次留校察看处分,仍然以身犯险,打架斗殴。深圳市中级人民法院认为,深圳信息职业技术学院根据杨梓豪多次违法违纪事实,作出开除学籍处分,合法有效。③

三、毕业证、学位证发放纠纷的类型及裁判规则

(一)毕业证、学位证发放纠纷的类型

我国实行学业证书和学位证书制度。学业证书,又称学历证书、毕业证书,是学生在校注册学籍,并完成学校规定的全部课程,由高校予以颁发的证书,它是学生在校学习经历的直接证明。高等教育毕业证书包括专科毕业证书、本科毕业证书、硕士毕业证书和博士毕业证书。学位证书是学生在校达到国家要求的专业知识和学术能力水平,由教育部授权的高等院校或科研机构颁发的证书。学位证书是对学生学习能力和专业水平的认可。学位证书包括学士学位、硕士学位和博士学位。学历、学位是学生继续深造和未来职业选择的重要标准。高等学校依据享有的职权,依法向符合获得相应学历、学位的毕业生颁发毕业证书、学位证书,对不符合要求的学生有权拒绝发放学历证书、学位证书。

学历证书、学位证书事关学生未来的就业和成长,因此在教育行政诉讼领域,因高校拒绝颁发学历证书、学位证书而引发的诉讼占比较大。按照拒绝颁发学历证书、学位证书的类型,纠纷可分为因不予颁发毕业证书引起的纠纷、因不予颁发学位证书引起的纠纷、因不予颁发学历证书和学位证书引发的纠纷。按照不予颁发证书的原因,纠纷可分为以下三种类型:

(1)不符合学校招生条件。具体包括:一是因不符合入学资格入学而不予颁发学历证书、学位证书,例如孔子林与河南财经政法大学、河南省教育厅教育行政管理案;二是因未通过国家统一招生考试入学而不予颁发学历

---

① 广州铁路运输中级法院(2017)粤71行终330号行政判决书。
② 甘肃省高级人民法院(2016)甘行申115号行政裁定书。
③ 深圳市中级人民法院(2015)深中法行终字第478号行政判决书。

证书、学位证书,例如王霞诉江苏大学、江苏大学继续教育学院不履行法定职责案。

(2)不符合高校的学业管理要求。具体包括:一是因未足额缴纳学费而暂缓颁发学历证书、学位证书,例如高宇诉吉林省经济管理干部学院不予颁发毕业证书案;二是因缺失电子注册档案而不予颁发学历证书、学位证书,例如侯哲亮诉山西广播电视大学、山西广播电视大学阳泉分校行政确认案;三是因成绩不合格而不予颁发学历、学位证书,例如何小强诉华中科技大学履行法定职责纠纷案;四是因未修完全部课程而不予颁发学历、学位证书,例如郑锐诉武汉科技大学教育行政管理案、陈劲诉重庆师范大学不予颁发学士学位证书案;五是因毕业论文未通过而不授予学位证书,例如刘燕文诉北京大学不授予博士学位案。

(3)违反法律法规或校纪校规。具体包括:一是因考试作弊而不予授予学历、学位证书,例如田永诉北京科技大学拒绝颁发毕业证学位证案、武华玉诉华中农业大学教育行政行为案;二是因受到留校察看等处分而不予颁发学历、学位证书,例如杨永智诉济南大学履行授予学位法定职责案;三是因触犯刑法而不予颁发学历、学位证书。

(二)裁判规则

毕业证书与学位证书属于两种不同类型的证书。《普通高等学校学生管理规定》和《学位条例》分别规定毕业证和学位证的发放主体和发放条件,并具有一定的差异性。因此,对于高校拒绝颁发毕业证、学位证的案件,司法机关应当根据具体案情分别作出裁判。

1. 拒绝发放毕业证书的裁判规则

《普通高等学校学生管理规定》第三十二条规定:学生在学校规定学习年限内,修完教育教学计划规定内容,成绩合格,达到学校毕业要求的,学校应当准予毕业,并在学生离校前发给毕业证书。该条款规定了毕业证书的发放条件:一是在规定学习年限内修完教育教学计划内容;二是成绩合格。根据上位法规定,高校有权制定颁发、不予颁发和撤销毕业证书的相关细则,司法机关应充分尊重大学自主办学和自主管理的权力。例如,清华大学将学会游泳与毕业挂钩、一些高校将通过英语四级考试作为毕业的条件。这些条件和要求只要不与上位法相冲突,且符合所招收学生应当达到的专业水平,法院就应当予以尊重。

实践中,法院对高校拒绝发放毕业证书的案件的裁判类型主要有驳回原告诉讼请求、确认违法和履行判决。一方面,学生如果不符合颁发毕业证书的实质条件,且高校拒绝颁发毕业证符合程序要件,法院应当作出驳回原告诉讼请求的判决,具体情形包括:①学生未能履行缴清学费义务,高校据此作出延缓发放毕业证的决定的①;②学生未办理电子注册手续,高校拒绝颁发毕业证书的②;③学生因不具有入学资格,高校拒绝颁发毕业证书的③;④学生因触犯刑法被勒令退学或开除学籍后,高校拒绝颁发毕业证书的。另一方面,学生如果不符合颁发毕业证书的条件,而高校在作出相关决定时,违背正当程序原则,法院应当确认高校的行政行为违法。例如,在郑锐诉武汉科技大学教育行政管理案中,郑锐不符合颁发毕业证书的条件,而在未经省级教育行政部门审核确认的情况下,武汉科技大学对郑锐的学历信息由"毕业"修改为"结业",属于行政程序违法。④

发放毕业证书属于高校享有的行政职权,学术界对法院能否直接判决高校为学生发放毕业证书一直存在争论。在田永诉北京科技大学拒绝颁发毕业证、学位证案中,田永因考试作弊被取消学籍后,仍以在校生身份参加学校教育教学活动。最终,法院判决北京科技大学为田永颁发大学本科毕业证书。⑤ 田永案的结果是基于特殊的案情和时代背景作出的,而是否符合发放毕业证书的条件,需要专业机构的专业判断,法院在作出此类判决时应当坚持审慎原则。

2.拒绝颁发学位证书的裁判规则

《学位条例》第四条、第五条、第六条分别规定了授予学士学位、硕士学位、博士学位的条件,基本要求是:一是通过学位课程考试和论文答辩;二是成绩合格;三是达到一定的学术水平。司法实践中,高校不予颁发学位证书的案件越来越多,而司法机关在处理此类案件时,审查的范围决定着案件的最终走向。法院的裁判种类主要有驳回原告诉讼请求、确认违法、责令履行等。

颁发学位证书的行为属于高校学术自治的范畴,只要高校不予颁发学位证书的行为所依据的校纪校规符合上位法的规定,且遵守正当程序原则,法院应当依法判决驳回原告的诉讼请求,具体情形包括:①学生违反国家招生规定取得入学资格或者学籍,高校拒绝颁发学位证书的;②学生未在学校规定年限内完成学业,高校不予颁发学位证书的⑥;③学生未通过英语四级考试,高校不予颁发学位证书的⑦;④学生存在学术不端行为,高校不予颁发

---

① 长春市朝阳区人民法院(2015)朝行初字第70号行政判决书。
② 太原市中级人民法院(2015)并行申字第5号行政裁定书。
③ 郑州铁路运输法院(2015)郑铁行初字第128号行政判决书。
④ 武汉市中级人民法院(2017)鄂01行终61号行政判决书。
⑤ 北京市海淀区人民法院(1998)海行初字第142号行政判决书。
⑥ 重庆市第一中级人民法院(2008)渝一中法行终字第225号行政判决书。
⑦ 武汉市中级人民法院(2009)武行中字第61号行政判决书。

学位证书的。

高校在对学生作出不予颁发学位证书的决定时,违反正当程序原则,因该行为不具有可撤销内容,法院应当依法确认其违法。对是否应当向学生颁发学位证书,属于高校学术自治范畴,应由高校学位评定委员会审查确定。①

高校如果作出不予颁发学位证书决定的前提性依据违法,法院应当判决确认违法,并由高校学术委员会对学生是否符合学位授予条件进行重新审查。例如,高校以学生考试作弊受到警告为由而不予为其颁发学位证书。高校如果作出的警告处理决定违法,该处分依法不能成立,则不予颁发学位证书决定的基础就不存在了。②

高校学术委员会作出拒绝授予学位决定的原因应当与学生的学术能力、水平和思想品德等有关,如果该原因与授予学位的条件毫无相干,那么该拒绝授予学位的决定就缺乏事实基础,依法不能获得支持。例如,在杨永智诉济南大学履行授予学位法定职责案中,济南市中院认为,杨永智因参与打架,属于因学术水平问题及相关思想品德之外的其他不当行为而受到的处分,与授予学士学位的条件无关。据此,法院责令济南大学依法履行向杨永智颁发学士学位的法定职责。③

四、撤销毕业证书、学位证书纠纷的类型及裁判规则

(一)撤销毕业证书、学位证书纠纷的类型

高校有权依照法律规定为学生颁发毕业证书,由国务院授权的高等学校和科学研究机构有权为学生授予学位证书。因此,颁发毕业证书、授予学位证书是高校享有的法定职权。但是,高校在履行该法定职权后,如果发现学生具有不符合取得学历证书和学位证书的情形,是否有权予以撤销呢?《学位条例》第十一条规定,学位授予单位对于已经授予的学位,如发现有舞弊作伪等严重违反本条例规定的情况,经学位评定委员会复议,可以撤销。《普通高等学校学生管理规定》第三十七条规定,对以作弊、剽窃、抄袭等学术不端行为或者其他不正当手段获得学历证书、学位证书的,学校应当依法予以撤销。综上可知,高校有权依法撤销已发放的学历证书和学位证书。

按照撤销证书的类型,此类纠纷可分为因撤销毕业证书产生的纠纷、因撤销学位证书产生的纠纷、因撤销毕业证书和学位证书产生的纠纷。在司

---

① 西安铁路运输中级法院(2018)陕71行终82号行政判决书。
② 湖北省武汉市洪山区人民法院(2007)洪行初字第102号行政判决书。
③ 山东省济南市中级人民法院(2011)济行终字第29号行政判决书。

法实践中,因撤销学位证书而引发的纠纷较多。按照纠纷产生的原因,可以分为以下三种:

(1)违反国家招生规定。学生进入高校应当符合国家的招生规定。《普通高等学校学生管理规定》第三十七条规定,对违反国家招生规定取得入学资格或者学籍的,学校应当取消其学籍,不得发给学历证书、学位证书;已发的学历证书、学位证书,学校应当依法予以撤销。因此,高校对不符合国家招生规定的学生,有权撤销已发放的学历证书和学位证书。对是否符合招生规定、是否应被撤销学位,学生与高校往往各执一词,从而引发纠纷,例如翟建宏诉郑州大学撤销学位证案。

(2)学术不端。良好的学风是高校立校之本,学术诚信是高校营造良好学风的基本遵循。现阶段,学术诚信被提升到新的高度。教育部于2016年4月制定了《高等学校预防与处理学术不端行为办法》,专门预防和惩治学术不端行为。高校也在不断加强对学生的学术规范和学术诚信教育。但是,仍有学生以身犯险,不惜违背学术准则和学术诚信,造成了严重的社会影响。例如,北京电影学院撤销翟天临博士学位事件。司法实践中,因学术不端被撤销学位而引发的案件也经常发生,例如于艳茹诉北京大学撤销学位案、李涛诉华南理工大学撤销学位案。

(3)通过不正当手段获得学位。《普通高等学校学生管理规定》指出,对以其他不正当手段获得学历证书、学位证书的,学校应当依法予以撤销。"其他不正当手段"是指除学术不端行为之外的一切以非法手段获得学位证书的行为,包括但不限于篡改准考证、篡改毕业证书、篡改学籍等。实践中,就发生过学生篡改本科毕业证书,从而获得硕士学位的案例,例如陈颖诉中山大学撤销学位证案。

《普通高等学校学生管理规定》明确规定,对不符合获得学历证书资格的学生,高校应当撤销已发放的毕业证书。但是,目前因高校撤销学生毕业证而引发的案件较少。不过,实践中出现了一起学生申请撤销本人毕业证书的案件,即侯雅允诉河南省民政学校、河南省教育厅颁发毕业证书案。

(二)裁判规则

1. 撤销毕业证书、学位证书的依据

根据《学位条例》第十七条,学位授予单位对于已经授予的学位,如发现有舞弊作伪等严重违反本条例规定的情况,经学位评定委员会复议,可以撤销。这是撤销学位直接的法律依据。根据《普通高等学校学生管理规定》第三十七条规定,对违反国家招生规定取得入学资格或者学籍的,学校应当取消其学籍,不得发给学历证书、学位证书;已发的学历证书、学位证书,学校应当依法予以撤销。对以作弊、剽窃、抄袭等学术不端行为或者其他不正当手段获得学历证书、学位证书的,学校应当依法予以撤销。该条款专门规定了毕业证书和学位证书撤销的情形,具体包括两个方面:一是以违反国家招生规定的方式入学而取得学历学位证书①;二是以作弊、剽窃、抄袭等学术不端行为或者其他不正当手段获得学历学位证书②。这亦是撤销毕业证书、学位证书的原因要件。

2. 撤销毕业证书、学位证书的程序

撤销毕业证书、学位证书对学生的权益影响十分重大,高校在行使该项撤销权时必须依法、审慎,并保证当事人的参与度,及时向其核实相关情况,听取其陈述和申辩,必要时可以采取听证程序。在行使撤销权时,高校如果及时告知当事人相关案情及可能受到的影响,听取其陈述和申辩后,才作出撤销学位的决定,其程序合法,法院据此应当驳回原告的诉讼请求。③

在行使撤销权时,高校如果没有通知当事人,没有听取其陈述及申辩,没有向其说明相关事实根据和理由及拟作出的决定,这就违反了程序正当的基本行政法治原则,该程序违法直接影响到事实的查清,侵犯的不仅仅是当事人程序上的权利,还影响到实体处理,属于严重违法。高校的处理过程将当事人完全排除在外,这种程序重大违法行为不是其后申诉程序可以弥补的,法院应当据此撤销高校的撤销决定。④

相对人的程序参与权不是形式上的,应当是实质性的,这样才能保证当事人充分了解案情、法律规定及可能受到的不利后果,从而进行有针对性的陈述和申辩,发表有价值的意见,将程序价值最大化。高校如果在作出撤销学历学位证书前,仅对当事人进行约谈,未明示全部案情及其可能受到的不利影响,不足以认定高校履行了正当程序。法院应当据此撤销高校的撤销决定。⑤

3. 学术不端的情形及认定

司法实践中,撤销学位证书的案例数量远远多于撤销毕业证书的案例数量,而撤销学位证书的主要原因是存在学术不端行为。教育行政部门和高校对学术不端行为高度重视,一经发现,严肃处理。《学位条例》第十七条规定,高校学术委员会是行使学位撤销权的主体。根据《高等教育法》第四十二条规定,学术委员会具有以下五项职责:①审议学科建设、专业设置,教

---

① 郑州市中级人民法院(2015)郑行终字第 42 号行政判决书。
② 广东省广州市珠海区人民法院(2006)海发行初字第 15 号行政判决书。
③ 广东省广州市珠海区人民法院(2006)海发行初字第 15 号行政判决书。
④ 广州铁路运输中级法院(2017)粤 71 行终 2130 号行政判决书。
⑤ 北京市第一中级人民法院(2017)京 01 行终 277 号行政判决书。

学、科学研究计划方案;②评定教学、科学研究成果;③调查、处理学术纠纷;④调查、认定学术不端行为;⑤按照章程审议、决定有关学术发展、学术评价、学术规范的其他事项。而《高等学校预防与处理学术不端行为办法》第二十七条详细列举了七种学术不端情形。

实践中,高校学术委员会应当根据具体个案做出严格判断,而不能擅自扩大学术不端的范围。在甘露诉暨南大学开除学籍处理决定案中,法院认为,高等学校学生提交课程论文是考试的一种方式,课程论文抄袭属考试作弊,是违反考试纪律的行为,应当受到处罚。但是这种情形不属于学术不端的范围。① 学术不端的认定需要专业的判断,因此,司法机关不能干涉高校学术委员会的判断,仅能从认定主体和程序方面进行有限的司法审查。

五、行政信息公开纠纷的类型及裁判规则

(一)行政信息公开纠纷的类型

信息公开是国家公权力组织在行使行政管理职权的过程中,通过法定途径和形式,主动向社会大众或依申请向特定人公开政府信息的行为。根据《中华人民共和国政府信息公开条例》(以下简称《政府信息公开条例》)第三十七条的规定,教育、医疗卫生、计划生育、供水、供电、供气、供热、环保、公共交通等与人民群众利益密切相关的公共企事业单位在提供社会公共服务过程中制作、获取的信息的公开,参照本条例执行,具体办法由国务院有关主管部门或者机构制定。教育部于 2010 年制定了《高等学校信息公开办法》,该办法对高校信息公开的内容、公开的途径和要求、监督和保障措施进行专门规定,以全面保障公民、法人和其他组织依法获取高等学校信息。因此,高校作为被授权组织,也是政府信息公开的主体。

近年来,涉及高校消息公开类的案件逐渐增多,主要因为部分高校对信息公开申请重视不够,不能准确把握应予公开信息的界限、公开期限、途径和方式,从而导致纠纷发生。结合司法实践,申请信息公开的主体主要是学生和教师。按照涉及的主体不同,高校信息公开类纠纷可分为以下三类:

(1)学生与学校信息公开纠纷。高校作为学生管理的主体,与学生之间存在教育教学管理关系,掌握着学生的档案、学籍、考试、奖惩、学历学位等各方面的信息。学生基于个人需要,有权向高校申请公开相关信息。此类纠纷在高校信息公开纠纷中占比最大,具体包括:一是因申请公开试卷信息而引发纠纷,例如沙韦男诉浙江大学信息公开案;二是因申请公开处分信息

① 最高人民法院(2011)行提字第 12 号行政判决书。

而引发纠纷,例如殷学强诉中国传媒大学信息公开案;三是因申请公开学位评定信息而引发纠纷,例如于艳茹诉北京大学信息公开案。

(2)教师与学校信息公开纠纷。教师与学校存在人事管理关系,同时,教师又是学校管理的参与者。教师的待遇水平、职称评定、奖励惩处等都与学校密切相关。实践中,教师与学校因信息公开而引发的纠纷时有发生,例如李捷诉大连交通大学信息公开案。

(3)其他人员或组织与学校信息公开纠纷。根据《高等学校信息公开办法》第九条的规定,除高等学校已公开的信息外,公民、法人和其他组织还可以根据自身的学习、科研、工作等特殊需要,以书面形式(包括数据电文形式)向学校申请获取相关信息。因此,除与高校存在特别权力关系的人员外,其他人员或组织也有权向学校申请信息公开。近年来,因校外人员或组织申请学校信息公开的案件在司法实践中也有所发生,例如陈琳诉江汉大学信息公开案。

(二)裁判规则

1. 高校信息公开行为的可诉性

根据《政府信息公开条例》和《高等学校信息公开办法》的规定,公民、法人或其他组织享有向高校申请信息公开的权利,高校具有接受公民获取相关信息的申请并作出相应处理的法定职责。《行政诉讼法》第二条第一款规定,公民、法人或者其他组织认为行政机关和行政机关工作人员的行政行为侵犯其合法权益,有权依照本法向人民法院提起诉讼。该条第二款进一步规定,前款所称行政行为,包括法律、法规、规章授权的组织作出的行政行为。因此,高校根据公民信息公开的申请而作出的处理行为,属于行政行为,即属于行政诉讼的受案范围。公民如果对高校的处理行为不服,有权向人民法院提起行政诉讼。

2. 高校信息公开案件的法律适用

作为法律法规授权组织,高校具有履行行政管理职能和提供公共服务的双重职能。在殷学强诉中国传媒大学信息公开案中,北京市朝阳区人民法院认为,高等学校在对受教育者进行处分的过程中,所制作或获取的信息属于《政府信息公开条例》中所称的政府信息,其公开活动应受该条例的规范。[①] 高等学校在开展办学活动和提供社会公共服务的过程中,所制作或获取的信息属于《高等学校信息公开办法》所指向的信息,该类信息一般不属于政府信息,而是政府信息以外的其他信息。

---

① 北京市朝阳区人民法院(2015)朝行初字第340号行政判决书。

结合《政府信息公开条例》第二条的规定,高校在行使行政管理职能时所掌握的信息,应当属于政府信息。根据《政府信息公开条例》第三十七条和《高等学校信息公开办法》第二条的规定,高校在开展办学活动或提供社会公共服务时所掌握的信息,属于政府信息以外的其他信息。因此,高校所掌握的信息可区分为政府信息和其他信息两种类型。在信息公开中,涉及的政府信息应当优先适用《政府信息公开条例》的规定,并可以适用与《政府信息公开条例》不相冲突的《高等学校信息公开办法》的有关规定;其他信息适用《高等学校信息公开办法》的规定。

3. 高校信息公开的范围

《政府信息公开条例》第二章采取"列举+主动排除"的方式,规定了信息公开的范围,公开形式包括主动公开和依申请公开。就高校信息公开的内容,《高等学校信息公开办法》在第二章亦采取"列举+主动排除"的方式,给高校信息公开的范围保留了足够的空间。此外,在教育部公布的《高等学校信息公开事项清单》中,规定了有关高等学校的基本信息,招生考试信息,财务、资产及收费信息,人事师资信息,教学质量信息,学生管理服务信息,学位、学科信息,对外交流与合作信息等十项信息应当予以公开。司法实践中,涉及要求公开高校内部的交换信息,例如高校内部学位评定、处分决定等内部交换信息,高校和司法机关的态度是不予公开。例如在于艳茹诉北京大学信息公开案中,北京市第一中级人民法院认为,对于直接记载行政机关之间或者行政机关内部交换意见情况的政府信息,无论在行政决策过程中公开,还是在行政决策做出后公开,均可能导致行政机关之间或者行政机关内部难以坦率地表达意见,故此类政府信息应免于公开。[①]

在政府信息公开规范和高校信息公开规范中,排除事项包括涉及国家秘密、涉及商业秘密、涉及个人隐私三类信息。涉及国家秘密的信息属于绝对不能公开的事项。涉及商业秘密和个人隐私的事项,属于相对不能公开的事项,即经权利人同意公开或者公权利主体认为不公开可能会对公共利益造成重大影响的涉及商业秘密、个人隐私的信息,可以予以公开。在《教育工作中国家秘密及其密级具体范围的规定》中,教育部、国家保密局对教育工作中的国家秘密及其他秘密予以详细列举。对高校教育工作中国家秘密的认定,从侧面反映了支持高校信息公开的态度。但是,在信息公开时,高校应当准确对所掌握的各类信息进行甄别。例如,高校入学考试试卷信息只限"一定范围的人员"掌握,不包括考生本人。对于这类诉求,法院应当

---

① 北京市第一中级人民法院(2016)京 01 行终 423 号行政判决书。

判决驳回原告的诉讼请求。①

总之,高校信息公开应以公开为原则,以不公开为例外,只要不属于绝对不能公开、相对不能公开的信息,高校应该依法向申请人公开相关信息。当涉及商业秘密和个人隐私的信息公开条件成就时,高校亦应当向申请人依法公开相关信息。申请人如果申请公开的信息中有不应当公开的内容,但是可以做区分处理的,高校应当向申请人提供可以公开的部分。对于申请人的信息公开申请,高校如果既未进行能否区分的判断,又未就其认定的涉及隐私的信息履行征求第三方意见的程序,法院可以据此责令高校对申请人的信息公开申请重新作出答复。②

以上分别对教育领域中的招生录取、纪律处分、学历证书和学位证书的发放与撤销、信息公开等方面的纠纷进行归类,并对裁判规则进行了简要整理。本书将进一步对教育行政诉讼领域中的典型案例进行系统分析、研究,以期为学生依法维权、为高校依法治校、为法院依法裁判提供样本和思路。

---

① 杭州市中级人民法院(2017)浙 01 行终 2 号行政判决书。
② 北京市第三中级人民法院(2015)三中行终字第 1056 号行政判决书。

第一章

招生录取

第一节　报名条件

1. 高校对不符合报名条件考生的处理
——辛晶诉上海海事大学不予录取案

一、典型案例

（一）案号

一审：上海市浦东新区人民法院(2016)沪 0115 行初 470 号。

二审：上海市第三中级人民法院(2017)沪 03 行终 270 号。

（二）裁判要旨

研究生招生中的"退役大学生士兵专项硕士研究生招生计划"（以下简称"专项计划"）针对的对象是"退役大学生士兵"。"大学生士兵"应当是从普通高等学校应征入伍的高校学生，而军校学生从入学时就已经应征入伍，不存在鼓励应征入伍的情况。

专项计划的报考条件要求，考生网上报名时必须准确填报本人入伍批准书编号和退出现役证编号，且要提供真实材料；网报信息填写错误、填报虚假信息而造成不能考试或录取的，后果由考生本人承担。

（三）基本案情

2008 年 9 月辛晶高中毕业，直接由中国人民解放军装甲兵工程学院录取并参军入伍。退出现役后，辛晶参加高考，顺利进入大学并毕业。2015 年

10 月,辛晶报考上海海事大学国际法专业硕士研究生,并填报"专项计划"。经过初试、复试,上海海事大学公示拟录取原告。后经教育部审核,将有疑问名单返回,辛晶在返回名单中。上海市教育考试院对辛晶作出的审核意见为"不符合大学生士兵政策"。随后,上海海事大学对辛晶作出不予录取为专项计划考生的处理决定。辛晶不服,诉至法院。

(四)原告主张及理由

原告辛晶诉称,原告报名申请"专项计划"时,被告进行了资格审查并予以通过,并且招生考试管理部门及军队相关部门也对其考生身份进行了现场审核。其初试和复试均合格后,被告予以拟录取并进行公示,期满后应当录取。但是,被告却作出不予录取的决定。被告引用的教育部文件对其没有约束力,研究生入学考试报名时也只要求考生提供义务兵退出现役证,其属于退出现役的大学生士兵,符合报考条件。故请求撤销被告作出的被诉处理意见,一并审查《关于做好 2016 年"退役大学生士兵专项硕士研究生招生计划"考试报考资格审查有关工作的通知》(教学司函[2016]24 号,以下简称"24 号文"),并判令被告履行法定职责录取其为硕士研究生。

(五)被告意见

上海海事大学辩称,根据教育部文件的要求,考生报考"大学生士兵"专项计划时应当填报本人入伍批准书编号和退出现役证编号。原告在报考时填报了入伍批准书编号,并在现场确认时提交义务兵退出现役证。后来,根据教育部《关于做好 2016 年"退役大学生士兵专项硕士研究生招生计划"考试报考资格审查有关工作的通知》的规定,被告要求原告提交入伍批准书,但原告一直未能提交。后来,被告按照规定将包括原告在内的拟录取名单上报,教育部对原告的审核意见为不符合"专项计划"政策。因此,被告依据上级机关的审核意见对被告作出不予录取的决定。故请求依法驳回原告的诉讼请求。

(六)争议焦点

(1)原告辛晶是否属于"大学生士兵",是否符合"专项计划"报考条件。

(2)专项计划中"退役大学生士兵"即专项计划考生报考条件的界定。

(七)裁判理由及结果

上海市浦东新区人民法院经审理认为,如果考生不符合专项计划的报考条件,高校对其作出不予录取的决定,并无不当,于法有据。同时,在行政诉讼中,原告可以申请对其作出行政行为所依据的规范性文件进行附带性审查。但前提是该规范性文件是作出具体行政行为的依据,否则,原告的审查请求缺乏法律依据。

综上,一审法院认定原告辛晶的诉讼请求缺乏事实根据和法律依据,判决驳回其诉讼请求。

宣判后,辛晶不服,向上海市第三中级人民法院提起上诉。二审法院经审理认为,上诉人的上诉请求和理由缺乏事实和法律依据,不予支持。最终判决驳回上诉,维持原判。

二、案件评析

(一)辛晶是否符合"大学生士兵计划"的报名条件

教育部于2016年开始实行"退役大学生士兵硕士研究生招生计划",专门招收退役大学生士兵攻读硕士研究生学位,从而拓宽其成长成才的道路。征集大学生入伍,是我国新形势下加强国防和军队现代化建设、依托国民教育为部队输送高素质人才的必然要求,也是发挥军队育人优势、促进青年学生成长成才的重要举措,旨在鼓励大学生参军入伍,切实提高入伍大学生的质量。[1] 设立该"专项计划"是我国鼓励大学生入伍的一项新举措,因此该计划针对的对象仅是普通高校入伍并已退出现役的大学生士兵,而不包括其他退伍人员。

高校要确定报考该专项计划的考生是否符合报名条件,首先要厘清"大学生士兵"的含义、范围。我国相关法律、法规并没有对"大学生士兵"做出明确规定。但是,财政部、教育部、总参谋部制定的《高等学校学生应征入伍服义务兵役国家资助办法》(以下简称《办法》)第三条规定:本办法所称高等学校是指根据国家有关规定批准设立、实施高等学历教育的全日制公办普通高等学校、民办普通高等学校和独立学院(以下简称"高校")。《办法》第四条规定,高校学生是指上述高等学校全日制普通本专科(含高职)、研究生、第二学士学位的应(往)届毕业生、在校生和入学新生,以及成人高等学校招收的普通本专科(高职)应(往)届毕业生、在校生和入学新生(以下简称"高校学生")。该《办法》明确规定了"高等学校""高校学生"的范围,有利于理解"大学生士兵"的范围。从上述规定可以看出,该专项计划的范围并不包括军校学生。专项计划针对的是"退役大学生士兵",而"大学生士兵"应当是从普通高等学校应征入伍的高校学生。

本案中,辛晶在入伍前属于高中学历,退出现役后参加高考,之后大学毕业,明显不符合专项计划中的"大学生士兵"要求。学校作出不予录取的处理决定,事实清楚,证据确凿,依据正确。

---

[1] 《教育部出台6项新举措鼓励大学生携笔从戎》,新华网,http://www.xinhuanet.com/politics/2015-05/13/c_1115275605.htm.(最后访问时间:2019年1月3日)

（二）对不符合报名条件考生的处理

不论是高考,还是研究生入学考试,教育部、地方教育行政部门和各招生单位对考生的报名条件都有相应的要求,一般包括考生思想道德、遵纪守法、身体状况、学历情况等要求。例如,教育部公布的《2018 年全国硕士研究生招生工作管理规定》在第四章以专章的形式对不同类型考生的报名条件进行了专门规定。那么,对不符合报名条件的考生应当如何处理呢? 这应当根据招生单位在招生工作中所处的阶段分别进行处理。一是在报名阶段,应当不允许考生报名。二是在现场确认环节,应当取消考生的报名资格。三是在招生录取环节,考生还未被录取,招生单位应作出不予录取的处理决定;如果考生已被录取,则应取消考生录取资格。四是在入学阶段,应取消其入学资格。五是在考生已正式取得学籍时,应当取消其学籍。六是在考生已正式毕业后,则应撤销其取得的学位和学历证书。如表 1-1 所示。

表 1-1　对不符合报名条件考生的处理

序号	阶段		处理	参考案例
1	报名		不允许报名	——
2	现场确认		取消报名资格	——
3	招生录取	未录取	不予录取	辛晶诉上海海事大学不予录取案
		已录取	取消录取资格	
4	入学审查		取消入学资格	徐戈诉中国人民解放军艺术学院取消入学资格决定案
5	已取得学籍		取消学籍	——
6	正式毕业		撤销学位和学历证书	翟建宏诉郑州大学撤销学位证书案

（三）本案中 24 号文是否属于法院附带审查的范围

2014 年修订的《行政诉讼法》确立了附带性审查制度,其中第五十三条规定,公民、法人或者其他组织认为行政行为所依据的国务院部门和地方人民政府及其部门制定的规范性文件不合法,在对行政行为提起诉讼时,可以一并请求对该规范性文件进行审查。所谓附带审查,又称具体审查,主要是指依附于具体案件的审查方式,即法院在为了实现彻底解决具体行政争议这个主要目标时,不得不对作为行政行为依据的规范性文件进行附带性的审查。也就是说,对规范性文件的审查,只是必要的手段,其根本目的是为了实质性地彻底解决具体行政争议。①

"附带"体现的是附属性,其必须依附于作出的行政行为,即起诉人申请附带审查的必须是据此作出的行政行为的规范性文件。本案中,原告因不符合报考条件而未被录取,原告却提出一并审查《关于做好2016年"退役大学生士兵专项硕士研究生招生计划"考试报考资格审查有关工作的通知》,而事实上,该文件并非被告作出被诉处理意见的依据。据此,原告的审查请求明显缺乏法律依据,该文件并非行政诉讼附带审查的范围。

三、法条索引

《2016年全国硕士研究生招生工作管理规定》

第十三条　2016年起,国家设立"退役大学生士兵专项硕士研究生招生计划",专门面向退役大学生士兵招生。该计划在全国研究生招生总规模内单列下达,专项专用,不得挪用。

第二十条　(一)网上报名要求

…………

7. 报考"退役大学生士兵专项硕士研究生招生计划"的考生在报名时应选择填报退役大学生士兵专项计划,并填报本人入伍批准书编号和退出现役证编号。

…………

9. 考生应按要求准确填写个人网上报名信息并提供真实材料。考生因网报信息填写错误、填报虚假信息而造成不能考试或录取的,后果由考生本人承担。

《关于做好2016年"退役大学生士兵专项硕士研究生招生计划"招生工作的通知》

三、招生报名

(一)凡符合全国硕士研究生报考条件的已退出现役的大学生士兵均可报考。考生报考时须持有服役部队签发的《退出现役证》。

(二)考生须按照《2016年全国硕士研究生招生管理规定》和《2016年全国硕士研究生招生考试公告》有关要求办理网上报名和现场确认手续。网上报名应填报本人《入伍批准书》编号和《退出现役证》编号,现场确认时应提供本人《退出现役证》。

---

① 耿玉娟:《规范性文件附带审查规则的程序设计》,载《法学评论》2017年第5期。

（三）招生单位应按教育部有关规定对考生报考资格进行严格审查。教育招生考试管理部门将会同军队相关部门对考生身份进行审核。对不符合报考条件的,不得准予考试。有弄虚作假的,按有关规定严肃处理。

《中华人民共和国行政诉讼法》(2017 年修正)

第五十三条 公民、法人或者其他组织认为行政行为所依据的国务院部门和地方人民政府及其部门制定的规范性文件不合法,在对行政行为提起诉讼时,可以一并请求对该规范性文件进行审查。

前款规定的规范性文件不含规章。

第二节 入学考试作弊

2. 高校发现在读学生高考作弊该如何处理
——刘佩东诉江苏警官学院取消学籍处理决定案

一、典型案例

（一）案号

一审:江苏省南京市雨花台区人民法院(2007)雨行初字第 18 号。

二审:江苏省南京市中级人民法院(2008)宁行终字第 54 号。

（二）裁判要旨

高等院校是法律法规授权的组织,有培养人才并对接受普通高等学历教育的学生依法管理的法定职责。在授权范围内,享有行政主体的资格。根据《普通高等学校学生管理规定》之规定,高等学校有权对本校学生的学籍进行管理,取消学籍便是其中一种管理方式。而根据《行政处罚法》及《教育行政处罚暂行实施办法》第九条关于行政处罚种类的相关规定,取消学籍并不在教育行政处罚之列。因此,学生因学籍被取消而以行政处罚为由提起行政诉讼的,其诉求将不被法院支持。

（三）基本案情

2003 年 6 月,刘佩东参加高考,最终被江苏警官学院治安专业录取。2007 年 6 月,江苏警官学院接到举报称,刘佩东在参加高考时存在冒名顶替行为,学院随即对该举报内容进行调查。江苏警官学院提取到刘佩东高考报名时的照片,经过鉴定发现,该照片与刘佩东本人的脸部特征明显不同,可以得出高考时的照片与刘佩东并非同一人,证明刘佩东在高考中存在舞弊行为,且情节严重。江苏警官学院据此对刘佩东作出取消学籍的处理决定。刘佩东不服,诉至法院。

(四)原告主张及理由

原告刘佩东诉称,被告认定事实不清,原告在高考中并不存在弄虚作假的行为。同时,《行政诉讼法》规定有两年的诉讼时效,即使原告有舞弊行为,也不能再给予追究,且被告在未进行听证的前提下作出处理决定,程序违法。原告在校成绩优秀,在即将毕业时被取消学籍显属不当。故诉请法院依法撤销被告的处理决定。

(五)被告意见

原告在高考中的冒名顶替行为事实清楚,证据确凿。经鉴定,原告参加高考时的照片与其本人明显不是同一人。被告依据教育部的相关规定对原告做出的处理决定并无不当。取消学籍的处理决定并不属于行政处分和行政处罚,并不适用听证程序和诉讼时效。即使适用两年的诉讼时效,原告违规入学的行为持续存在,也排除了诉讼时效的适用。故请求依法驳回原告的诉讼请求。

(六)争议焦点

(1)原告在高考时是否存在弄虚作假、严重舞弊的行为。

(2)被告对原告作出取消学籍的处理行为是否属于行政处罚。

(七)裁判理由及结果

南京市雨花台区人民法院经审理认为,原告刘佩东在高考报名时弄虚作假,存在冒名顶替行为,违反了国家的招生规定,依法不能取得入学资格,更不能获得学籍,也就丧失了取得大学毕业证书的资格。而在取消学籍的法律性质上,法院认为,行政处罚的法定种类并不包括取消学籍,其主张不予支持。因此,一审法院判决驳回原告刘佩东的诉讼请求。

宣判后,刘佩东不服,上诉至南京市中级人民法院。二审法院经审理认为,原审判决认定事实清楚,审判程序合法,适用法律正确。最终,二审法院判决驳回上诉,维持原判。

二、案件评析

(一)对高考作弊的认定及处理方式

考试作弊特别是高考作弊一直是社会关注的焦点,主要在于高考是国家选拔人才的重要渠道,事关社会公平公正、诚信社会建设等重大问题。纵观近年来高考作弊现象,以替考、高科技作弊为主要方式。为确保考生的切身利益,维护高考的公信力,国家以法律的形式将考试作弊入刑。《刑法》第二百八十四条之一规定:在法律规定的国家考试中,组织作弊的,处三年以下有期徒刑或者拘役,并处或者单处罚金;情节严重的,处三年以上七年以下有期徒刑,并处罚金。为他人实施前款犯罪提供作弊器材或者其他帮助的,依照前款的规定处罚。为实施考试作弊行为,向他人非法出售或者提供第一款规定的考试的试题、答案的,依照第一款的规定处罚。代替他人或者让他人代替自己参加第一款规定的考试的,处拘役或者管制,并处或者单处罚金。可见,国家已经将打击考试作弊上升到前所未有的高度。面对高考舞弊现象,需要前期预防与后期处理相结合,前期加强对考生舞弊行为的检查,将这种检查纳入考前、考中、考后的各个环节。同时,加强对舞弊考生的处理,特别是高校在新生入学时,要全面做好新生的入学审查和复查工作,防止舞弊考生"进入"大学校园。

2012 年新修订的《国家教育考试违规处理办法》(以下简称《办法》)第六条、第七条共列举十三种考生考试作弊的情形,并附有兜底条款。同时,该《办法》第三章专门对考试作弊行为的处理及救济程序进行了规定(详见图 1-1 至图 1-3)。

此外,《办法》规定,在评卷过程中发现考生有本办法第七条所列考试作弊行为的,由省级教育考试机构做出处理决定,并通知市级教育考试机构。

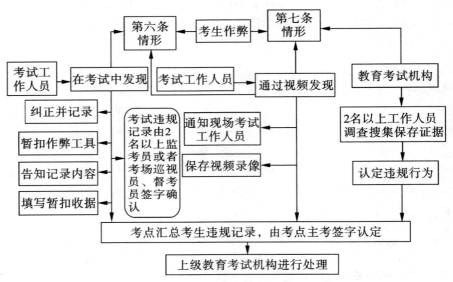

图 1-1 对高考作弊行为的认定程序

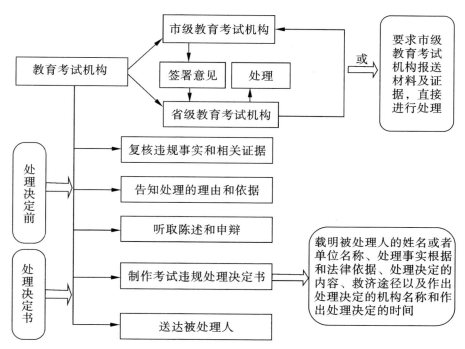

图 1-2 对高考作弊行为的处理程序

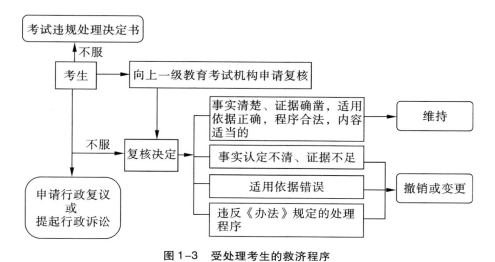

图 1-3 受处理考生的救济程序

在高考和研究生入学考试中,认定和处理作弊行为的主体上存在一定的差别。根据《办法》第二十一条第二款的规定,考生在参加全国硕士研究生招生考试中的违规行为,由组织考试的机构认定,由相关省级教育考试机构或者受其委托的组织考试的机构作出处理决定。省级教育考试机构应当及时汇总本地区违反规定的考生及考试工作人员的处理情况,并向国家教育考试机构报告。

高尔基曾说过:"走正直诚实的生活道路,必定会有一个问心无愧的归宿。"诚信是衡量考生思想道德和人生价值的重要因素,也是社会主义核心价值观的应有要求。2005年,教育部办公厅发布《关于建立高等学校招生全国统一考试考生诚信档案的通知》,要求各省级招生单位建立参加全国统考考生考试诚信档案。《办法》第三十条规定:"教育考试机构应当建立国家教育考试考生诚信档案,记录、保留在国家教育考试中作弊考生的相关信息。国家教育考试考生诚信档案中记录的信息未经法定程序,任何组织、个人不得删除、变更。国家教育考试考生诚信档案可以依申请接受社会有关方面的查询,并应当及时向招生机构提供相关信息,作为招生参考条件。"诚信档案能够对考生形成内在和外在的双重约束机制,培养考生的诚信意识,确保高等学校招生的公平、公正。

(二)取消学籍处理决定的法律依据和性质

本案系在校生被发现高考时存在作弊行为而被取消学籍的情形。那么,高校作出取消学籍处理决定的法律依据是什么?对取消学籍的性质怎么界定呢?

目前,我国并没有专门的法律、法规对取消学生学籍做出具体规定,只是在教育行政部门出台的相关规章、规范性文件之中有取消学籍的相关规定。2004年教育部颁布的《国家教育考试违规处理办法》第六条和第十一条规定,学生以舞弊行为被录取或入学的,由录取学校取消录取资格或者学籍。2005年教育部颁布的《普通高等学校学生管理规定》第八条规定,凡弄虚作假、徇私舞弊取得学籍者,一经查实,学校应当取消其学籍。由此可知,2007年江苏警官学校对刘佩东作出取消学籍决定是有充分法律依据的。

本案中刘佩东认为,学校取消其学籍的决定属于行政处罚。根据行政处罚的含义可知,行政处罚是针对行政相对人违反行政法律规范的行为做出的,而本案被告取消原告以不正当手段取得的学籍,是对违法行为的纠正,不属于行政处罚。退一步讲,如果刘佩东应当受到处分或处罚,教育行政部门针对的应该是其让别人假冒自己高考的行为,而非取得学籍的行为。同时,《行政处罚法》及其他相关法律、法规中规定的行政处罚并不包括取消学籍。因此,将取消学籍纳入行政处罚的范围并无法律依据。

我国相关法律、法规并没有明确表明取消学籍的性质。而2016年12月16日新修订的《普通高等学校学生管理规定》第五十六条规定:"对学生作出取消入学资格、取消学籍、退学、开除学籍或者其他涉及学生重大利益的处理或者处分决定的,应当提交校长办公会或者校长授权的专门会议研究决定,并应当事先进行合法性审查。"由此可知,取消学生学籍属于高校作出的处理决定,其针对的对象是不符合取得学籍条件但事实上已经取得学籍的学生。此时,学校取消学籍并不是因为学生在校期间的行为而受到处分,而是对学生不符合取得学籍条件的一种纠正、处理行为。结合高校的法律地位,高校是经法律法规授权能够行使行政职权的组织。因此,取消学籍的性质应为一种行政处理行为。

(三)高校作出取消学籍处理决定的程序

任何权力必须公正行使,对当事人不利的决定必须听取他的意见,这是英美普通法的一个重要原则,称为自然公正原则。[①] 高校作出取消学籍的处理决定最基本的要求就是坚持正当法律程序原则。正当法律程序对行使公权力的组织提出三项要求:一是自己不做自己的法官;二是说明理由;三是听取陈述和申辩。在行政领域,该原则可称为行政程序正当原则,它是指通过设置正当行政程序规范行政权,为行政相对人提供一个最低限度的程序正义,驱使行政机关在实现行政目的时采取更善的手段,从而提高行政相对人对行政行为为接受的程度。法定的行政程序如果失去了正当性的支持,可能就是行政机关作"恶"的合法性借口。[②] 我国的法律同样将正当程序原则视为圭臬,例如,我国的《行政处罚法》《行政许可法》《普通高等学校学生管理规定》等法律、法规均有行政机关作出行政行为时说明理由和听取行政相对人陈述和申辩的规定和要求。

高等院校是法律法规授权的组织,在行使职权时应当遵守正当程序原则。并且,《普通高等学校学生管理规定》第五十五条规定:"在对学生作出处分或者其他不利决定之前,学校应当告知学生作出决定的事实、理由及依据,并告知学生享有陈述和申辩的权利,听取学生的陈述和申辩。"该条款规定高等学校作出处分或对学生的不利决定时应当遵守的最低限度的要求。按照行政程序正当原则,根据《普通高等学校学生管理规定》第五十三条至五十六条的规定,高校对于学生不符合入学资格等可能取消学籍的情形,可以指定学生所在院系或者学生处进行调查。调查结束后,由调查部门出具处理意见。调查部门认为应当取消学生学籍的,则首先要出具关于拟取消×××学籍处理决定书,例如:

---

① 王名扬:《英国行政法》,北京大学出版社 2007 年版,第 116–117 页。
② 章剑生:《现代行政法总论》,法律出版社 2014 年版,第 54–55 页。

关于拟取消×××学籍处理决定书

×××,男,×××院 2018 级×××专业学生,学号:××××××。在新生入学复查中,发现×××在入学考试时,让别人假冒自己参加考试,从而获得入学资格,并取得学籍(注明事实、理由)。

为严肃学校学籍管理,按照《普通高等学校学生管理规定》第十一条第二款之规定"复查中发现学生存在弄虚作假、徇私舞弊等情形的,确定为复查不合格,应当取消学籍"和《×××大学学籍管理规定》第×章第×条的规定(注明依据),经研究,学校拟决定取消×××的学籍。

以上同学对该处理决定享有陈述和申辩的权利,如有异议,可在公告发出×日内向校学生处(注明地址)进行陈述和申辩。如逾期未提出,将视为已放弃陈述和申辩的权利。

联系人:×××

联系电话:×××

××大学

2018 年 11 月 8 日

《关于拟取消×××学籍处理决定书》要确保能够送达学生本人,使其知晓享有的权利。当然,正当程序原则可以对高校提出更严格的程序要求。为了避免取消学籍的处理决定给学生带来不利或不公正的影响,高校可以公开举行听证会,广泛听取各方面的意见,以保证作出的决定合法、适当。按照第五十六条的规定,对学生作出取消学籍的处理决定前,应当提交校长办公会或者校长授权的专门会议研究决定。经会议研究后,高校认为应当取消学生学籍的,应以学校的名义出具关于取消×××学籍处理决定书,决定书应当包含学生的基本信息、作出处分的事实和证据、处分的种类和依据、申诉的途径和期限等。然后,高校应当将处理决定书直接送达学生本人。学生拒绝签收的,可以以留置方式送达;已离校的,可以采取邮寄方式送达;难于联系的,可以利用学校网站、新闻媒体等媒介予以公告。

三、法条索引

《普通高等学校学生管理规定》(教育部令第 21 号)

第八条　新生入学后,学校在三个月内按照国家招生规定对其进行复查。复查合格者予以注册,取得学籍。复查不合格者,由学校区别情况,予以处理,直至取消入学资格。凡属弄虚作假、徇私舞弊取得学籍者,一经查实,学校应当取消其学籍。情节恶劣的,应当请有关部门查究。

《普通高等学校学生管理规定》(教育部令第 41 号)

第五十六条 对学生作出取消入学资格、取消学籍、退学、开除学籍或者其他涉及学生重大利益的处理或者处分决定的,应当提交校长办公会或者校长授权的专门会议研究决定,并应当事先进行合法性审查。

《教育行政处罚暂行实施办法》(国家教委令第 27 号)

第九条 教育行政处罚的种类包括:

(一)警告;

(二)罚款;

(三)没收违法所得,没收违法颁发、印制的学历证书、学位证书及其他学业证书;

(四)撤销违法举办的学校和其他教育机构;

(五)取消颁发学历、学位和其他学业证书的资格;

(六)撤销教师资格;

(七)停考,停止申请认定资格;

(八)责令停止招生;

(九)吊销办学许可证;

(十)法律、法规规定的其他教育行政处罚。

教育行政部门实施上述处罚时,应当责令当事人改正、限期改正违法行为。

《国家教育考试违规处理办法》(教育部令第 33 号)

第十一条 考生以作弊行为获得的考试成绩并由此取得相应的学位证书、学历证书及其他学业证书、资格资质证书或者入学资格的,由证书颁发机关宣布证书无效,责令收回证书或者予以没收;已经被录取或者入学的,由录取学校取消录取资格或者其学籍。

3. 高校能否因在校生参加研究生入学考试作弊而开除学籍
——边柳诉北京市教育委员会、中央美术学院教育行政处理决定案

一、典型案例

(一)案号

一审:北京市西城区人民法院(2007)西行初字第 254 号。

二审:北京市第一中级人民法院(2008)一中行终字第 220 号。

（二）裁判要旨

《普通高等学校学生管理规定》①（以下简称《规定》）适用于普通高等学校、承担研究生教育任务的科学研究机构对接受普通高等学历教育的研究生和本科、专科（高职）学生的管理。对在校生在参加研究生入学统一考试中的作弊行为，高校仍有权按照《规定》的规定，对其作出处理决定。

依据《国家教育考试违规处理办法》（以下简称《办法》）和《规定》中关于考试的相关规定，学生在参加考试时，携带电子通讯设备进入考场，构成考试作弊，其行为性质严重，影响恶劣。高校有权对其作出开除学籍的处分决定。

（三）基本案情

边柳是中央美术学院 2002 级雕塑系本科学生。2007 年 1 月 20 日，边柳在全国研究生入学统一考试政治理论科目考试中，被监考老师发现其利用电子设备接收与考试有关的信息。边柳随即被监考老师带离考场，其违规行为被记录在案。当日，中央美术学院作出硕士研究生入学考试违规处理决定书，认定边柳本次考试各科成绩无效。3 月 28 日，中央美术学院作出《拟开除边柳学籍处分的通知书》。经边柳申请，中央美术学院于 4 月 25 日举行听证会。6 月 8 日，中央美术学院作出《关于开除边柳学籍处分的决定书》。边柳不服该决定，先后向中央美术学院学生申诉处理委员会和北京市教育委员会提出申诉申请，最终都维持了中央美术学院开除边柳学籍的处分决定。边柳不服，遂向法院提起行政诉讼。

（四）原告主张及理由

原告边柳认为，北京市教育委员会及中央美术学院适用法律法规错误，对原告行为进行定性与处理应当适用《办法》，而不能适用《规定》。原告认为其在研究生考试中作弊，被告因此对原告作出开除学籍的处分决定，其处分畸重。同时，原告认为被告处分程序违法，原告所携带的电子通讯设备的部分装置不属于作弊工具，不应暂扣，且在暂扣时未依据《办法》第十八条的规定向原告出具收据。因此，原告诉请法院撤销北京市教育委员会的申诉决定和中央美术学院开除学籍的处分决定。

（五）被告意见

被告辩称，原告在参加研究生入学统一考试政治科目考试中携带电子通讯设备进入考场，并接收与考试有关的信息，事实清楚，证据充分。依据

---

① 本案例引用的是 2005 年教育部颁布的《普通高等学校学生管理规定》（教育部令第 21 号）。

《办法》的规定,原告的行为已构成考试作弊。依据《规定》第五十四条的规定,被告有权对原告作出开除学籍的处分。同时,被告作出处分决定前听取了原告的陈述和申辩,并告知其有听证权利。处分决定作出后,被告送达原告,并告知其相关权利。可见,被告作出的处分决定法律依据正确,程序合法。因此,请求法院依法驳回原告的诉讼请求。

(六)争议焦点

被告开除原告学籍的处分决定有无法律依据和事实根据。

(七)裁判理由及结果

法院经审理认为,根据《办法》第六条的规定,边柳参加全国硕士研究生入学统一考试政治理论科目考试时,携带电子通讯设备进入考场,并在考试中使用该设备接收与考试内容有关的信息的行为,已构成考试作弊。同时,根据《规定》第五十四条,中央美术学院有权对违反上述规定的学生处以开除学籍处分。另根据《规定》第六十三条的规定,边柳作为受教育者对学校给予的处分不服有权提出申诉,北京市教育委员会作为本市教育行政管理部门,依法具有受理学生因学校给予处分决定不服提出申诉并作出处理决定的职责。

根据《规定》第五十二条第二款,边柳作为在校本科学生,明知《办法》及《规定》中关于考试作弊的相关规定,在参加全国硕士研究生入学统一考试政治理论课目考试时,仍携带电子通讯设备进入考场,构成考试作弊,其行为性质严重,影响恶劣。因此,中央美术学院及北京市教育委员会的处理决定并无不当。

综上所述,一审法院依据《最高人民法院关于适用〈中华人民共和国行政诉讼法〉的解释》第五十六条第(四)项、第六十二条第一款之规定,判决驳回边柳的诉讼请求。宣判后,边柳不服,上诉至北京市第一中级人民法院。最终,二审法院判决驳回上诉,维持一审判决。

二、案件评析

本案是在校本科生因参加研究生入学统一考试作弊而被开除学籍引起的行政纠纷,主要争议焦点在于:高校是否有权对参加研究生入学统一考试作弊的在校生作出开除学籍的处分决定? 中央美院作出开除学籍的处分决定是否适当? 程序是否合法?

(一)高校有权对在校考生作出开除学籍的纪律处分

《规定》第二条规定:“本规定适用于普通高等学校、承担研究生教育任务的科学研究机构(以下称高等学校或学校)对接受普通高等学历教育的研究生和本科、专科(高职)学生的管理。"《规定》第五十一条、五十二条规定高校对作弊学生有开除学籍处分的权力。根据《办法》第六条,考生携带与考试内容相关的文字材料或者存储有与考试内容相关资料的电子设备参加考试,或者在考试过程中使用通讯设备的应当认定为考试作弊。

本案中,边柳携带电子通讯设备进入考场,并接收与考试有关的信息,显然构成考试作弊。但是,本案的特殊性在于边柳作为中央美术学院的本科生,在参加研究生入学统一考试时被发现作弊,随后被开除学籍。研究生招生考试属于国家教育考试,高校是否有权对在校考生参加研究生入学统一考试进行处分有争议,实践中也存在不同观点。一种观点认为,在校考生参加研究生入学统一考试时仍属于在校学生,学校当然有权按照《规定》及校规校纪对作弊考生进行处理。例如本案中中央美术学院的做法。实践中,对学生在参加四六级考试时的作弊行为,高校也往往按照《规定》进行处理。在殷学强诉中国传媒大学教育行政管理决定一案①中,殷学强在英语四六级考试时由他人冒名代替参加考试,中国传媒大学据此对殷学强作出开除学籍的处分决定。法院基本认可了中国传媒大学的处分决定,最终驳回殷学强的诉讼请求。另一种观点认为,研究生入学统一考试、四级和六级英语考试不属于学校组织的考试,属于国家组织的教育考试,应当由教育行政部门处分,而非高校。《国家教育考试违规处理办法》规定,在国家教育考试中的违规行为,由教育考试机构作出处理。目前允许高校这么做,是一种扩大解释。笔者认为,应当对《规定》中的"作弊"作限缩性解释,仅限于高校组织的各种考试。对于国家教育考试中的违规行为,应当由教育考试机构进行处理。

(二)本案中高校对边柳的处分决定是否适当

根据《普通高等学校学生管理规定》第五十二条的规定,对有违法、违规、违纪行为的学生,学校应当给予批评教育或者纪律处分。学校给予学生的纪律处分,应当与学生违法、违规、违纪行为的性质和过错的严重程度相适应。高校对违纪学生作出处分决定应与其过错程度相一致。高等学校对学生作出处分决定,应当考虑违纪情节轻重、学生日常表现、悔改表现、对社会危害程度等情形,进行综合判定。高校的目的是教书育人,应坚持以教育为主、惩罚为辅的原则,否则就与上述法律的内在精神相背而驰。然而,高校如果对违纪学生的处分决定过轻,又无法达到教育、警示的目的。因此,高校在对学生作出处分决定时应把握适度原则。

---

① 北京市第三中级人民法院(2017)京 03 行终 87 号行政判决书。

本案中,边柳认为对其作出开除学籍的处分决定畸重,违反了《普通高等学校学生管理规定》第五十二条的规定。而本案事实是,边柳明知对考试作弊的相关规定,仍携带电子通讯设备进入考场,接收与考试相关的信息,其行为性质严重,影响恶劣。据此,学校依据相关规定,对其作出开除学籍的处分决定并无不当。

(三)本案中高校作出的处分决定程序是否合法

高校作出处分决定要严格依照法律规定,既要保证处分决定的合法性,也要保证程序的合法性。根据《普通高等学校学生管理规定》第五十五条的规定,学校对学生的处分,应当做到程序正当、证据充分、依据明确、定性准确、处分适当。第五十六条至第六十条详细规定了对学生作出处分决定的程序。学校在对学生作出处分决定前,应告知处分的事实、理由、依据及其陈述和申辩的权利。处分决定应当由校长办公会议或者校务会议研究决定,并将决定书依法送达受处分的学生。同时,告知学生享有申诉的权利。

本案中,边柳认为中央美术学院的处分程序违法,理由是其违反了《国家教育考试违规处理办法》第十八条第三款的规定,考试工作人员应当向违纪考生告知违规记录的内容,对暂扣的考生物品应填写收据。中央美术学院予以认可存在上述不当行为。虽然该行为并不影响对边柳考试作弊事实的认定。但是,中央美术学院作出的处理决定程序上存在瑕疵。根据原《行政诉讼法》第五十四条之规定,违反法定程序的,人民法院判决撤销或者部分撤销,并可以判决被告重新作出具体行政行为。因此,本案的判决是值得商榷的。

根据新修订的《行政诉讼法》第七十四条第一款第(二)项和《最高人民法院关于适用〈中华人民共和国行政诉讼法〉的解释》第九十六条的规定,中央美院作出行政行为的程序轻微违法,法院应当判决确认行政行为违法。

三、法条索引

《中华人民共和国高等教育法》(1998 年)

第四十一条 高等学校的校长全面负责本学校的教学、科学研究和其他行政管理工作,行使下列职权:

…………

(四)聘任与解聘教师以及内部其他工作人员,对学生进行学籍管理并实施奖励或者处分;

…………

高等学校的校长主持校长办公会议或者校务会议,处理前款规定的有关事项。

《国家教育考试违规处理办法》

第六条　考生违背考试公平、公正原则,在考试过程中有下列行为之一的,应当认定为考试作弊:

(一)携带与考试内容相关的材料或者存储有与考试内容相关资料的电子设备参加考试的;

…………

(四)携带具有发送或者接收信息功能的设备的;

…………

第十八条　考试工作人员在考试过程中发现考生实施本办法第五条、第六条所列考试违纪、作弊行为的,应当及时予以纠正并如实记录;对考生用于作弊的材料、工具等,应予暂扣。

考生违规记录作为认定考生违规事实的依据,应当由 2 名以上监考员或者考场巡视员、督考员签字确认。

考试工作人员应当向违纪考生告知违规记录的内容,对暂扣的考生物品应填写收据。

《普通高等学校学生管理规定》(教育部令第 21 号)

第二条　本规定适用于普通高等学校、承担研究生教育任务的科学研究机构(以下称高等学校或学校)对接受普通高等学历教育的研究生和本科、专科(高职)学生(以下称学生)的管理。

第五十二条　对有违法、违规、违纪行为的学生,学校应当给予批评教育或者纪律处分。

学校给予学生的纪律处分,应当与学生违法、违规、违纪行为的性质和过错的严重程度相适应。

第五十四条　学生有下列情形之一,学校可以给予开除学籍处分:

…………

(四)由他人代替考试、替他人参加考试、组织作弊、使用通讯设备作弊及其他作弊行为严重的;

第五十五条　学校对学生的处分,应当做到程序正当、证据充分、依据明确、定性准确、处分适当。

…………

第六十三条　学生对复查决定有异议的,在接到学校复查决定书之日起 15 个工作日内,可以向学校所在地省级教育行政部门提出书面申诉。

省级教育行政部门在接到学生书面申诉之日起 30 个工作日内,应当对申诉人的问题给予处理并答复。

第三节 录取条件

4.高校招生中择优录取的标准
——林群英诉厦门大学拒绝录取案

一、典型案例

(一)案号

一审:福建省厦门市思明区人民法院(2005)思行初字第 80 号。

二审:福建省厦门市中级人民法院(2006)厦行终字第 29 号。

(二)裁判要旨

博士研究生的招生权属于教育行政管理职权,高等学校作为法律授权的组织,有权行使法律规定的行政管理职权。

高等学校按照法律法规的规定,可以对录取工作原则以及录取名单的确定制定相关规则。高等学校采取择优录取的规则,即"原则上按总成绩高低顺序依次录取",该原则并无不当,也未违反相关规定。

(三)基本案情

2005 年 3 月,林群英报名参加厦门大学国际经济法专业博士研究生入学考试,报考导师为廖益新教授。林群英的初试成绩总分为 220 分,并进入复试,复试成绩为 70.8 分。结果,林群英在报考导师廖益新教授的学生中排第三名,在报考厦门大学国际法学专业进入复试的所有学生中排在最后一名。最后林群英未被录取,其报考导师廖益新教授拟录取的学生为黄某、付某、丁某,前两位是总成绩排名前两名的考生,第三位丁某是报考曾华群教授的考生。林群英对此不服,遂向法院提起诉讼。

(四)原告主张及理由

原告林群英认为,根据《厦门大学 2005 年博士研究生复试录取工作意见》的规定,每位博士生导师招生数不超过三名,原告初试和复试成绩均符合被告的招生要求,理应被录取为廖益新教授的博士生。被告最终录取了报考曾华群教授的考生中排名第五的丁某,这实际上剥夺了原告攻读博士研究生的资格,侵犯了原告的合法权益。原告认为,被告在招生过程中存在违规操作、违反行政程序公开原则、滥用招生权力的违法行为。因此,原告请求法院撤销被告作出的 2005 年国际经济法方向博士生录取名单,并判令被告按公布确定的录取规则录取原告。

(五)被告意见

被告辩称,被告在录取程序上是公正的。原告的最终成绩排在所有参加复试考生中的最后一名,故其既不能为所报考导师录取,也不能调剂到其他导师名下,这是学校"择优录取"的录取原则的具体体现。原告的诉讼请求没有事实和法律依据。因此,被告对原告作出不予录取为博士生的决定是合法的,请求法院依法驳回原告的全部诉讼请求。

(六)争议焦点

(1)被告厦门大学不予录取原告的行为是否合乎规定。

(2)被告不予录取行为是否违反调剂办法的有关规定。

(七)裁判理由及结果

厦门市思明区人民法院经审理认为,根据教育部《关于招收攻读博士学位研究生的暂行规定》《关于做好 2005 年全国研究生录取工作的通知》及被告公布的录取规则,本案的实际录取情况完全是按照各考生最终成绩排名顺序,被告的行为符合择优录取和公平、公正原则。被告下属的法学院制定的《厦门大学法学院 2005 年国际法学专业博士生录取的指导教师及专业方向调剂办法》,目的是为了贯彻择优录取的原则,尽可能保证录取最终成绩排名顺序在前的考生。而且,其执行结果对其他考生而言也是公正的。因此,被告对此的辩解理由成立。

综上,依照《最高人民法院关于执行〈中华人民共和国行政诉讼法〉若干问题的解释》第五十六条第(四)项之规定,法院判决驳回原告林群英的诉讼请求。

一审宣判后,林群英不服,向厦门市中级人民法院提起上诉。

厦门市中级法院审理认为,2005 年厦门大学博士研究生国际法学专业拟录取共 18 名考生,按总成绩从高到低依次录取,该做法并无不当,也未违反规定。林群英的总成绩排在第 19 名是不争的事实,厦门大学未录取林群英为博士研究生的行为并未违背招收博士研究生所确定的基本原则,一审判决对此认定并无不当。厦门大学作出的《厦门大学 2005 年博士研究生复试录取工作意见》中规定"本校博导招生数不超过 3 名……"不能理解为每位导师均需招满 3 名学生。林群英认为其考试成绩排在报考廖益新教授的考生中的第 3 名,根据每个导师招收博士研究生不超过 3 名的规定,应录取其为博士研究生的观点,不能成立。因此,判决驳回上诉,维持原判。

二、案件评析

该案被称为"中国博士研究生招生录取第一案",最终法院判决驳回原告林群英的诉讼请求。本案系考生不服高等学校博士招生录取行为而引发的教育行政诉讼,主要涉及以下几个方面的问题。

(一)高等学校博士研究生招生权的性质及可诉性

关于高等学校博士研究生招生权的性质,《教育法》第十五条第一款规定:"国务院教育行政部门主管全国教育工作,统筹规划、协调管理全国的教育事业。"第二十九条第(三)项规定,学校及其他教育机构行使招收学生或者其他受教育者的权利。《高等教育法》第十一条规定:"高等学校应当面向社会,依法自主办学,实行民主管理。"第十九条第三款规定:"硕士研究生毕业或者具有同等学力的,经考试合格,由实施相应学历教育的高等学校或者经批准承担研究生教育任务的科学研究机构录取,取得博士研究生入学资格。"因此,高等学校属于法律法规授权的组织,其行使的招生权,属于行政管理职权,即教育行政权力。

但一直以来,在我国相关行政法律中,并没有明确对高等学校的诉讼地位进行规定,造成高等学校的地位在法律上的缺失。[1] 虽然 1990 年的《行政诉讼法》和 2000 年的行政诉讼法司法解释分别作出"法律、法规授权的组织""具有国家行政职权的机构和组织"的规定,更加接近将高等学校作为行政主体赋予行政诉讼被告的资格,但这些规定均不是对高等学校作为行政诉讼被告资格的直接规定,因而司法实践中对高等学校作为被告的行政诉讼采取了不同的对待,理论界对此也并未形成统一的看法。在学生诉高等学校的行政诉讼案件中,虽然有些法院受理了此类案件,例如,田永诉北京科技大学拒绝颁发毕业证和学位证案[2]、武华玉诉华中农业大学教育行政行为案[3]、何小强诉华中科技大学拒绝授予学位案[4]、于艳茹诉北京大学撤销博士学位案[5]等,但是,法院更多是以高等学校不具有行政诉讼的被告资格为

---

[1] 赵婷:《试析高等学校能否成为教育类行政诉讼被告》,载《法制与社会》2007 年第 4 期。

[2] 田永诉北京科技大学拒绝颁发毕业证、学位证案,最高人民法院指导性案例第 38 号,载《最高人民法院公报》1999 年第 4 期。

[3] 《中国行政审判指导案例》第 1 卷第 9 号案例,中国法制出版社 2010 年 10 月第 1 版。

[4] 最高人民法院指导性案例第 39 号,载《最高人民法院公报》2012 年第 2 期。

[5] 《2016 年度中国行政诉讼十大案件》,中国政法大学国家监察与反腐败研究中心网 http://fzzfyjy.cupl.edu.cn/info/1021/6490.htm.(最后访问时间:2018 年 12 月 2 日)

由不予受理或者裁定驳回起诉。具体到招生领域,在闵笛诉苏州大学自主招生案①中,法院就以"高等学校的招生行为属于学校自主管理权范畴,不属于行政诉讼的受案范围"为由裁定驳回原告的起诉。随着我国行政法治的发展,2018 年 2 月 6 日最高人民法院公布了《最高人民法院关于适用〈中华人民共和国行政诉讼法〉的解释》,其中第二十四条第三款规定:"当事人对高等学校等事业单位以及律师协会、注册会计师协会等行业协会依据法律、法规、规章的授权实施的行政行为不服提起诉讼的,以该事业单位、行业协会为被告"。最高人民法院以司法解释的形式明确将高等学校依据法律、法规、规章授权实施的行政行为纳入行政诉讼的受案范围。

(二)关于择优录取的解读

择优录取,顾名思义,就是选择优秀的考生进行录取。因研究生招生不同于本科生,研究生需要经过初试、复试,体现对一个考生综合能力的考察。在历年研究生招生中,教育部都要求招生单位要按照"择优录取、保证质量、宁缺毋滥"的原则开展录取工作。在具体招生录取环节,各普通高等学校、承担研究生教育任务的科学研究机构也坚持贯彻该原则。那么,究竟怎么才是择优录取?显然,考试成绩是高校进行择优录取参考的重要条件,但是绝不能将择优录取理解为"择分录取"。择优录取是以考试成绩为基础,同时将考生的兴趣特长、获奖情况、内在潜质及综合能力作为重要参考。

本案中,原告认为被告暗箱操作,使考生林某挤占了自己的位置,导致原告不能被录取。因此,被告录取丁某是否符合择优录取原则,就决定了被告不予录取原告的行为是否合乎规定。教育部发布的《关于做好 2005 年招收攻读博士学位研究生工作的通知》规定:"招生单位要按照'德智体全面衡量、择优录取、保证质量、宁缺毋滥'的原则进行录取工作。"按照该规定精神,厦门大学在《厦门大学 2005 年博士研究生复试录取工作意见》中明确了相应的录取规则,即在进行录取工作时要坚持公平、公正、公开的原则,择优录取;录取工作原则上按总成绩高低顺序依次录取;调剂录取原则上在同专业不同导师间进行;拟录取名单的确定应根据考生总成绩的高低排序和学校确定的录取原则等。根据厦门大学的答辩意见,国际法专业四个研究方向的考生在评价体系和标准上是一致的。这就说明原告与其他参加国际法专业复试的考生所面对的初试试题、复试类型都是一样的,他们具有可比性。2005 年厦门大学博士研究生国际法学专业拟录取 18 名考生。经过复试,厦门大学按总成绩从高到低依次录取,而原告的总成绩排名第 19 名,不在录取范围,厦门大学对其不予录取并无不当。允许报考相同专业、不同导

---

① 江苏省高级人民法院(2005)苏行终字第 005 号行政裁定书。

师的考生进行调剂,恰恰正是贯彻择优录取原则的体现。

在研究生招生过程中,各普通高等学校、承担研究生教育任务的科学研究机构应制定明确的招生录取规则,正确运用择优录取原则,一定要在相同的评价体系和标准上,严格按照考生总成绩从高到低进行录取。国家在制定硕士研究生招生政策时,也在不断构建多元化的招生制度体系。实践中,一些高等学校会采用破格录取制度,录取那些业务能力强、专业成绩突出的考生。高等学校采取破格录取政策,既丰富了高等学校招生的形式,又防止一些考生因个别科目被"一票否决"。这也是高校行使办学自主权的一种形式。但是,高等学校需要制定严格的破格录取制度,严格限制破格录取的考生数量,同时要加大对破格录取考生的信息公开力度,接受社会监督。

(三)高校博士招生是否允许在导师之间相互调剂

本案中,林群英提出异议的是,其本人最终成绩(初试+复试)在报考廖益新教授的学生中排名第三。但是,厦门大学法学院网站公布录取名单时并没有林群英的名字。在廖益新教授名下录取的名单中,前两位是总成绩排名第一、第二的学生,第三位则是报考曾华群教授的丁某。这其中就凸显出一个问题:高校博士招生是否允许在导师之间相互调剂? 在教育部公布的博士招生管理办法中并没有对该问题作出回应。大部分高校在博士招生简章中更多强调的是"择优录取,宁缺毋滥"的录取原则。武汉大学公布的《武汉大学 2018 年招收攻读博士学位研究生简章》规定:"培养单位研究生招生工作领导小组根据招生计划、考生综合考核总评成绩确定初录考生名单,初录考生名单须报研究生院审核,经政审、体检合格后,确定拟录取考生名单并公示。"武汉大学在博士招生中,只强调按照总评成绩确定初录考生,没有涉及上述问题。郑州大学研究生院发布的《2018 年博士招生统考科目合格线及录取工作通知》在录取工作要求中强调,依据考生成绩,综合其申请材料审核结果、思想政治品德、综合素质及身体状况等确定拟录取名单,加大导师选择考生的自主权,同时允许校内相近专业进行调剂。在博士招生中,郑州大学强调导师的自主选择权,并允许调剂,但是规定比较宏观,缺乏具体的操作性。

高校博士招生一般由各招生学院具体负责,这就需要具体考量各院系的录取规则。浙江大学法学院公布的《浙江大学光华法学院 2018 年博士研究生复试与录取工作办法》规定:"录取方式结合所报学科按综合成绩从高到低拟录取。经考生和拟接收导师组双方同意,复试考生可调剂至相同专业或相近专业的其他导师处。"可见,浙江大学法学院根据报考学科按成绩从高到低录取,并且允许考生调剂到相同或相近的其他导师处。

北京大学法学院公布的《北京大学法学院 2017 年博士研究生入学考试

复试通知》规定:"各专家组在考试成绩合格的考生中按照导师的计划招生人数,由高分到低分确定拟初录名单。"北京大学法学院在博士招生中的录取规则强调"成绩合格""导师计划招生人数""高分到低分"三个方面,即按照导师计划招生人数从高分到低录取考试成绩合格的考生。并且,该招生单位在复试通知中并没有设定调剂规则。

清华大学法学院在公布的《清华大学法学院 2019 年博士生招生综合考核及录取办法》规定:"法学院研究生招生工作领导小组以申请人的综合考核成绩为主要依据,每位导师名下的考生按综合考核成绩进行排序,综合考虑具体招生情况和培养条件,并结合当年招生名额确定推荐拟录取名单(如果有导师未完成招生指标需要调剂,必须在报考方向、笔试试卷、面试小组均相同的考生中择优调剂录取),报学校研究生招生工作领导小组审核批准。"清华大学法学院在确定拟录取名单时,同样坚持每位导师名下的考生按综合成绩确定拟录取名单的规则,同时在招生指标未完成的前提下,允许考生调剂,但必须在相同评价体系下的考生中择优调剂录取。

南京大学公布的《南京大学 2017 年博士生录取分数线和录取办法》规定:"每位导师须用同一标准综合衡量考生的业务水平和能力,确定拟录取名单,并负责面对上线未录取考生的质询做出解释。"进一步加大了导师选择考生的自主权,由导师综合衡量其名下报考的考生,确定拟录取名单。

综上所述,各招生单位在博士招生中,确定拟录取名单的方式可分为两种:一是按照考生总成绩从高到低录取;二是按照每位导师名下考生的综合考核成绩录取。这两种方式的最大区别是将全部考生纳入报考学科综合排序,还是对报考某一导师的考生进行单独排序。笔者认为,第二种方式为最佳录取规则。首先,博士招生应反映导师取向,赋予导师更大的自主选择权,由导师在成绩合格的考生中择优录取。同时,结合每一专业的招生计划,在余有招生名额的前提下,允许成绩合格的考生进行调剂,避免优秀的考生失去录取的机会。

因此,针对上述问题,高校博士招生应当允许在导师之间相互调剂,但这种情况只能作为"例外"情形存在,即当招生指标尚有空缺时,才能允许成绩合格但未被录取的考生调剂到未完成当年招生指标的导师名下。而按照每位导师名下报考考生的总评成绩从高分到低分录取应当是"一般"录取情形,一方面保证了导师的自主权,另一方面避免热门方向扎堆报考、冷门方向无人问津的现象。高校应当综合本校情况制定统一招生细则或者招生方案,同时赋予各学院、导师一定的自主权,做到"放管结合",规范招生行为,防止出现"暗箱操作"的现象,确保招录公平、公正。

三、法条索引

《中华人民共和国教育法》(2015年修正)

第十五条　国务院教育行政部门主管全国教育工作,统筹规划、协调管理全国的教育事业。

…………

第二十九条　学校及其他教育机构行使下列权利:

…………

(三)招收学生或者其他受教育者;

…………

《中华人民共和国高等教育法》(2018年修正)

第十一条　高等学校应当面向社会,依法自主办学,实行民主管理。

第十九条　硕士研究生毕业或者具有同等学力的,经考试合格,由实施相应学历教育的高等学校或者经批准承担研究生教育任务的科学研究机构录取,取得博士研究生入学资格。

《最高人民法院关于适用〈中华人民共和国行政诉讼法〉的解释》(2018年)

第二十四条　当事人对高等学校等事业单位以及律师协会、注册会计师协会等行业协会依据法律、法规、规章的授权实施的行政行为不服提起诉讼的,以该事业单位、行业协会为被告。

《关于做好2005年全国研究生录取工作的通知》

一、基本要求

…………

(三)继续坚持按需招生、德智体全面衡量、择优录取、保证质量、宁缺毋滥的原则,同时统筹兼顾,积极促进不同地区研究生教育的协调发展,优化学科专业结构和生源结构。

…………

5. 高校在研究生复试环节招收调剂考生的法律依据
——吕春晓诉北京师范大学不予录取案

一、典型案例

（一）案号

一审：北京市海淀区人民法院（2017）京 0108 行初 749 号。

二审：北京市第一中级人民法院（2018）京 01 行终 232 号。

（二）裁判要旨

高等学校依法享有办学自主权，有权根据本校情况制定相关规范性文件，制定招生简章，开展招生录取工作。教育部《2017 年全国硕士研究生招生工作管理规定》第四十八条规定："复试是硕士研究生招生考试的重要组成部分，用于考查考生的创新能力、专业素养和综合素质等，是硕士研究生录取的必要环节，复试不合格者不予录取。"因此，高等学校对复试成绩不合格的考生作出不予录取的决定，并无不当。

（三）基本案情

2016 年 12 月，吕春晓参加北京师范大学 2017 届硕士研究生入学考试，总成绩为 333 分，超过其报考的科学与技术教育专业复试线 23 分。2017 年 3 月，吕春晓参加了该专业的复试笔试及面试。复试后，北京师范大学的工作人员告知吕春晓未被录取，理由是复试笔试成绩不及格。事后，吕春晓得知，该专业招生简章写明招生 14 人，最后却录取了 26 人，录取第一志愿上线考生仅 8 人，其余全部为调剂考生。吕春晓对北京师范大学不予录取的行为不服，遂向人民法院提起诉讼。

（四）原告主张及理由

原告吕春晓认为，根据《2017 年北京师范大学硕士研究生复试分数线、复试方案及调剂方案、录取相关规定》第一条及第五条的规定，原告作为第一志愿上线考生总成绩高于所有调剂复试考生，应优先于所有调剂复试考生被录取。被告在招生过程中没有按照录取规定中第一条和第五条严格执行录取规定。被告的行为违反了《2017 年全国硕士研究生招生工作管理规定》《普通高等学校招生违规行为处理暂行办法》的规定。原告一直未收到被告发放的录取通知书，无法正常入学，对原告造成了极其严重的后果和恶劣影响。因此，原告诉请法院确认被告不予录取原告吕春晓的行为违法。

（五）被告意见

被告北京师范大学辩称，被告科学与技术专业录取统考生 26 人符合规定。第一志愿复试考生和调剂复试考生均需复试合格才能被录取。原告虽然进入复试环节,但其复试笔试成绩为 77 分,未达到复试笔试 90 分的及格线,因此不予录取。此外,第一志愿复试考生和调剂考生的总成绩计分办法不同、分值不同,不具有可比性。学校科学与技术教育专业录取调剂复试考生符合各项规定,行为合法。第一志愿上线考生作为第一优先级按考生总成绩单独排序择优录取,其成绩并不与调剂复试考生作比较,录取前提条件为复试合格。学校对科学与技术教育专业第一志愿上线考生按照总成绩排序,从高到低依次录取第 1 至 8 名,第一志愿上线考生中复试合格者全部被录取。因第一志愿上线考生中的复试合格者不满足招生计划,剩余名额用于招收调剂复试考生。因此,被告复试录取工作充分保障了第一志愿上线考生的权益,录取调剂复试考生合法合规,请求法院依法驳回原告的诉讼请求。

(六)争议焦点

北京师范大学的不予录取行为是否违法。

(七)裁判理由及结果

北京市海淀区人民法院经审理认为,北京师范大学作为高等学校,依法享有办学自主权,有权根据本校情况制定相关规范性文件,制定招生简章,开展招生录取工作。根据教育部及北京师范大学制定的相关文件,复试是研究生招生环节的重要组成部分,复试不合格者,不予录取。因吕春晓复试不合格,北京师范大学对其不予录取的行为并无不当。综上,一审法院判决驳回原告吕春晓的诉讼请求。

宣判后,吕春晓不服,向北京市第一中级人民法院提起上诉。二审法院经过审理认为,根据《北京师范大学 2017 年硕士生招生复试与录取须知》规定,录取方法系依第一志愿上线考生>破格复试考生>调剂复试考生的优先级,依据总成绩分别排序录取。前述所指第一志愿上线考生应以复试合格为要件,因吕春晓复试不合格,故其主张缺乏事实依据。因此,北京师范大学不予录取吕春晓的行为并无不当,依法判决驳回上诉,维持原判。

二、案件评析

(一)高校开展招生调剂工作的基本要求

调剂是研究生招生中的重要环节,能够给予考生更多选择的机会,是保障考生权益的重要渠道。同时,也是招生单位提高新生入学质量的重要保证。《高等教育法》第三十二条规定:"高等学校根据社会需求、办学条件和国家核定的办学规模,制定招生方案,自主调节系科招生比例。"本案中,北京师范大学作为公立高等院校,享有自主办学权,有权依据相关法律、法规、规定制定招生简章,开展招生工作。

按照惯例,教育部每年都会公布当年全国研究生招生工作管理规定,对招生工作中的调剂环节进行详细规定。2017年,教育部公布的《2017年全国硕士研究生招生工作管理规定》第六十一条规定:"招生单位应按教育部有关政策确定并公布本单位调剂工作的具体要求和程序。"在招生录取工作中,高校具有招收调剂考生的权力,但是高校要根据教育部的规定,结合本校实际制定调剂方案,并确保调剂方案的公正、公平、公开。

具体到本案,北京师范大学依据教育部的相关规定制定了《北京师范大学2017年硕士生招生复试与录取须知》《2017年北京师范大学硕士研究生复试分数线、复试方案及调剂方案、录取相关规定》,其中明确规定复试不合格者,一律不予录取。本案中,北京师范大学因吕春晓复试不合格而不予录取,具有明确的法律依据和事实根据。因吕春晓所报考专业第一志愿上线考生中的复试合格者不满足招生计划,剩余名额用于招收调剂复试考生,并无不当。

(二)调剂考生应注意的问题

因初试或复试成绩不合格,参加研究生入学考试的考生往往会选择调剂到其他缺额院校。调剂考生要充分了解调剂条件和调剂申请程序。一般情况下,每年研究生招生管理规定都定会对调剂要求进行专门规定,例如教育部公布的《2018年全国硕士研究生招生工作管理规定》第九章专章对调剂工作进行了规定。结合上述规定,各招生单位会根据本单位实际作出具体规定,例如北京师范大学公布的《2017年北京师范大学硕士研究生复试分数线、复试方案及调剂方案、录取相关规定》要求调剂工作按照调剂方案进行。

目前,研究生招生调剂必须通过教育部指定的"全国硕士生招生调剂服务系统"进行(各加分项目考生、享受少数民族政策考生可除外)。调剂考生应在调剂系统开放时间,查询各院校缺额情况。更重要的是,调剂考生应认真了解各招生单位公布的调剂要求及申请条件。考生在缺额列表中,可选择相应的招生单位及专业研究方向,进行调剂申请。考生在申请调剂时,要注意正确填写联系方式,以便目标院校联系。提交调剂志愿后,考生如果收到复试通知,应通过调剂系统确定是否参加。考生如果复试合格,会收到招生单位发送的"待录取通知",此时考生应在拟被录取高校规定的时间内完成确认。否则,该高校可以取消"待录取通知"。考生接受录取通知后,调剂完成,不得再次进行调剂。考生如果想取消待录取通知,必须征得招生单位同意后,并在系统中确认,可继续进行调剂程序。

(三)高校对考生复试笔试不合格的异议处理程序

本案中,北京师范大学以复试笔试成绩不及格为由未录取吕春晓。吕春晓以第一志愿上线考生总成绩高于所有调剂复试考生为由,认为其应优先于所有调剂复试考生被录取。但是,这里有一个不容忽视的问题:考生能否对复试笔试成绩提出异议?如果能够提出异议,高校的处理程序是什么?众所周知,高考成绩、研究生初试成绩公布后,省招办、校招办会发布成绩复核的通知,允许考生复核成绩,充分保障考生的合法权益。例如,河南省2018年普通高校招生《考生指南》规定:"考生应在报名所在地招办规定的时间内,凭准考证到报名点领取本人的高考成绩证书。如对成绩有疑问需要复核的,须于6月27日18:00前到县(市、区)招办提交申请,逾期不予受理。复核只检查是否漏评、分数合计是否存在差错,不复核评分宽严。考生须在规定时间内到县(市、区)招办领取复核结果。"郑州大学研究生院公布的《郑州大学2018年硕士研究生初试成绩查询须知》中规定:"考试成绩在省、校评卷过程中已经过严格核对。如果考生确有异议,请在规定时间提交书面复核申请……"但是,各高校在研究生复试办法中对复试笔试环节并未规定成绩复核程序,对复试考生的权利救济产生了不利影响。实践中,复试考生因复试成绩不合格未被录取,往往选择直接起诉高校,例如,肖虹诉中国科学院大学不予录取决定案、于景仪诉西南民族大学不履行法定职责案、韩朝阳诉武汉大学不履行法定职责案等。这样既限缩了考生权利救济的渠道,在一定程度上也浪费了司法资源。因此,高校在《研究生招生简章》或《复试办法》中,应当允许考生对复试笔试、面试成绩进行复核,明确规定异议处理规则及程序,以保证考生的权利救济。

三、法条索引

《中华人民共和国高等教育法》(2015年修正)

第三十二条 高等学校根据社会需求、办学条件和国家核定的办学规模,制定招生方案,自主调节系科招生比例。

《2017年全国硕士研究生招生工作管理规定》

第四十八条规定 复试是硕士研究生招生考试的重要组成部分,用于考查考生的创新能力、专业素养和综合素质等,是硕士研究生录取的必要环节,复试不合格者不予录取。

第四十九条 复试时间、地点、内容范围、方式由招生单位自定。

第六十一条 招生单位应按教育部有关政策确定并公布本单位调剂工作的具体要求和程序。

6. 高校不得因学生残疾而拒绝录取
——王伟诉平顶山财贸学校不予录取案

一、典型案例

（一）案号①

（二）裁判要旨

普通高级中等学校、中等专业学校、技工学校和高等院校，必须招收符合国家规定的录取标准的残疾考生入学，不得因其残疾而拒绝招收；拒绝招收的，当事人或其亲属、监护人可以要求有关部门处理，有关部门应当责令该学校招收。

人民法院对行政案件宣告判决或者裁定前，原告申请撤诉的，或者被告改变其所作具体行政行为，原告同意并申请撤诉的，人民法院可以裁定准许撤诉。

（三）基本案情

王伟年幼时因患小儿麻痹造成下肢残疾。1997 年，王伟参加河南省普通中专学校考试，报考院校是平顶山市财贸学校。王伟的考试成绩达到了平顶山市财贸学校的录取条件。但是，该校却拒绝录取王伟，理由是其计算机房在四楼为由，王伟因残疾无自理能力。王伟认为，平顶山市财贸学校不予录取的行为违法，侵犯了其受教育权。为此，王伟诉至法院。

（四）原告主张及理由

原告王伟认为，被告平顶山市财贸学校不予录取的行为侵犯了其受教育权。按照《中华人民共和国残疾人保障法》（以下简称《残疾人保障法》）第二十二条之规定："普通高级中等学校、中等专业学校、技工学校和高等院校，必须招收符合国家规定的录取标准的残疾考生入学，不得因其残疾而拒绝招收；拒绝招收的，当事人或其亲属、监护人可以要求有关部门处理，有关部门应当责令该学校招收。"请求依法判令被告尊重本人的报考志愿，将其录取为该校 97 级学生。

（五）被告意见

在审理本案的过程中，被告平顶山市财贸学校经过对原告王伟的残疾

---

① 暂未查询到本案案号。

程度进行详细调查后,认为原告王伟的考试成绩和身体残疾程度均符合国家规定的录取标准。为此,被告平顶山市财贸学校于1997年10月18日将原告王伟录取到该校学习。

（六）争议焦点

被告不予录取原告的行为是否合法。

（七）裁判理由及结果

《行政诉讼法》第五十一条规定:"人们法院对行政案件宣告判决或者裁定前,原告申请撤诉的,或者被告改变其所作具体行政行为,原告同意并申请撤诉的,是否准许,由人民法院裁定。"被告改变原具体行政行为后,原告的合法权利得到了保护。原告自愿申请撤诉的,其理由符合法律规定。

最终,法院裁定准许原告撤回起诉。

二、案件评析

本案系在学校招生工作中引起的侵犯残疾考生受教育权的教育行政纠纷,主要涉及残疾考生的受教育权问题。

（一）残疾考生的受教育权

我国《宪法》第四十六条规定:"中华人民共和国公民有受教育的权利和义务。"《教育法》第九条规定:"公民不分民族、种族、性别、职业、财产状况、宗教信仰等,依法享有平等的受教育机会。"我国以宪法、法律的形式规定了公民的受教育权,旨在保障公民享有学习文化科学知识的权利。而现实中,残疾人作为一个特殊的群体,常常因身体残疾而受到隐性歧视。本案中,王伟作为残疾人就受到了教育歧视。而我国一直以来高度重视对残疾人权利的保障,特别是受教育权。1990年颁布实施的《残疾人保障法》特别规定:"残疾人的公民权利和人格尊严受法律保护。""国家保障残疾人受教育的权利。""普通高级中等学校、中等专业学校、技工学校和高等院校,必须招收符合国家规定的录取标准的残疾考生入学,不得因其残疾而拒绝招收。"我国专门颁布的《残疾人教育条例》明确规定,教育机构必须招收符合国家规定录取标准的考生入学,不得因其残疾而拒绝招收。我国还专门制定《残疾人参加普通高等学校招生全国统一考试管理规定》,为残疾人平等参加普通高等学校招生全国统一考试提供支持和便利。可以说,我国目前对残疾人受教育权保护已经形成比较完善的法律保障体系。

本案中,平顶山市财贸学校以考生王伟身体残疾为由而不予录取显然违反了相关法律规定。虽说在王伟起诉后,平顶山市财贸学校经调查,同意录取王伟,但实际上已经导致王伟不能及时入学的法律后果,事实上侵犯了王伟的受教育权。

随着我国社会主义法治建设的不断推进,国家对残疾人学习、生活、就业给予更加人性化的关怀。由于残疾人群在社会竞争中处于不利地位,全社会理应给予特别的关注和照顾。在新时代背景下,关爱残疾人群不仅是政府的责任,也是社会的责任,更是每个公民的责任。

(二)教育平等权的实现

教育平等权是指公民在宪法和法律规定的范围内,平等地享有受教育的权利。它具有人权与公民权的双重属性。作为人权,它的价值依据是人的尊严与人的价值,规范依据是国际人权法;作为公民权,它的依据是宪法以及相关法律、法规。[①] 我国《宪法》规定,中华人民共和国公民有受教育的权利。我国制定的《义务教育法》《教育法》《职业教育法》《高等教育法》等相关配套法律法规,为教育平等权的实现提供了具体的法律依据。此外,我国制定的《残疾人保障法》《未成年人保护法》等法律法规,专门对特殊人群教育权予以保护。在高等教育阶段,将教育权和平等权联系在一起,其必要的审查标准就是是否构成歧视,这其中体现的是教育机会均等权。在我国影响最大的是"按省分配名额"的高考制度。我国各省高考录取分数线存在一定差异,每年山东、河南等高考大省的重点分数线远高于全国绝大多数省份,不仅高于西部经济、教育水平低的省份,而且高于北京、上海等教育水平高的省市。在这样的制度背景下,"高考移民""骗改民族""冒名上大学""重点大学招生去本地化"等怪异现象引起我们对高等教育平等权的保障现状全新的思考。这些现象背后所反映的更深层次问题正是对我国高考教育机会不均等的抗议,是对我国现行教育制度不公的挑战。[②]

但是,我国目前还没有建立高等教育平等权的权利保障机制和司法救济体系。例如,在张天珠等人诉教育部侵犯受教育权案中,原告就以此为由状告教育部,法院最终驳回原告起诉。不过,这起案例依然具有极大现实意义,为实现教育平等权迈出艰难的一步。基于维护实质平等的需要,以招生计划确定各省招生数额的做法有其必要性,但录取分数的差异性越来越成为公众呼吁教育平等的有利"武器"。基于此,有学者提出,坚持以"统一试卷"制度为基础、对少数民族地区有所倾斜为补充的考试制度,是我国在高

---

① 陈云生、蒋剑华:《宪法视野下的教育平等权初探》,载《河南社会科学》2014 年第 6 期。

② 熊文钊、吴旸:《试论高等教育平等权的实现机制》,载《浙江学刊》2010 年第 1期。

等教育转型时期保障公民高等教育平等权的最有效的实现机制。① 因此,从长远看,教育部等相关部门应尽快探索更为适宜的招生录取方案,进而保证全部考生享有高等教育平等的权利。

(三)不予录取条件的确定

不予录取是因考生不符合所报考学校的条件而不被录取的行为。结合相关案例,不予录取的原因有不符合报名条件、成绩不合格、政审未通过、特殊身体状况等。针对第一种情况,教育行政部门及高校在招生录取阶段发现考生不符合报名条件而报考,应进行严格审查,证据确凿的,应当作出不予录取的处理决定。例如,在辛晶诉上海海事大学不予录取案中,经教育部审核,发现辛晶不符合专项计划的报名条件。上海海事大学因此对其作出不予录取的处理决定。第二种情况,考生成绩不合格,高校当然不应当录取。根据现有规定,高校只对成绩合格的考生予以公示,即视为作出对成绩不合格考生不予录取的行为。因此,未被录取的考生可以未被录取为由提起行政诉讼。第三种情况,考生因政审不合格而不予录取。例如,在滕汉昱诉兰州大学取消研究生拟录取资格案中,滕汉昱因往年存在替考作弊行为,并且在 2010 年研究生招生录取过程中也未主动提及此事。兰州大学根据《2010 年招收攻读硕士学位研究生管理规定》第六十一条的规定,取消了滕汉昱的拟录取资格。《2018 年全国硕士研究生招生工作管理规定》第六十六条规定,凡有违反国家教育考试规定、情节严重受到停考处罚,在处罚结束后继续报名参加研究生招生考试的,招生单位有权决定是否予以录取。第四种情况,考生因存在特殊身体状况,而不能录取到某些特殊专业。当然,这不同于考生因残疾而不被录取的情况。具体可参见《普通高等学校招生体检工作指导意见》(教学〔2003〕3 号)的规定。

三、法条索引

《中华人民共和国宪法》(1999 年修正)

第四十六条　中华人民共和国公民有受教育的权利和义务。

《中华人民共和国教育法》(1995 年)

第九条　中华人民共和国公民有受教育的权利和义务。

公民不分民族、种族、性别、职业、财产状况、宗教信仰等,依法享有平等的受教育机会。

---

① 熊文钊、吴旸:《试论高等教育平等权的实现机制》,载《浙江学刊》2010 年第 1 期。

《中华人民共和国高等教育法》（1998 年）

第九条　公民依法享有接受高等教育的权利。

国家采取措施,帮助少数民族学生和经济困难的学生接受高等教育。

高等学校必须招收符合国家规定的录取标准的残疾学生入学,不得因其残疾而拒绝招收。

《中华人民共和国残疾人保障法》（2008 年修正）

第二十五条　普通教育机构对具有接受普通教育能力的残疾人实施教育,并为其学习提供便利和帮助。

普通小学、初级中等学校,必须招收能适应其学习生活的残疾儿童、少年入学;普通高级中等学校、中等职业学校和高等学校,必须招收符合国家规定的录取要求的残疾考生入学,不得因其残疾而拒绝招收;拒绝招收的,当事人或者其亲属、监护人可以要求有关部门处理,有关部门应当责令该学校招收。

《中华人民共和国行政诉讼法》（1989 年）

第五十一条　人们法院对行政案件宣告判决或者裁定前,原告申请撤诉的,或者被告改变其所作具体行政行为,原告同意并申请撤诉的,是否准许,由人民法院裁定。①

7. 高校能否以考生政审未通过为由取消其录取资格
——滕汉昱诉兰州大学取消研究生拟录取资格案

一、典型案例

（一）案号

一审:兰州市城关区人民法院(2010)城法行初字第 68 号。

（二）裁判要旨

高校在招生录取时,具有对报名参加考试考生的报考资格、思想政治素质及道德品质等方面进行审核、考核的职责。对思想政治素质和道德品质考核不合格的考生,高校有权决定取消其拟录取资格。

---

①　2014 年 11 月 1 日《行政诉讼法》修改后为第六十二条。

根据教育部《2010年招收攻读硕士学位研究生管理规定实施细则》之规定,学校只有对被正式录取的考生须书面通知,对未被录取的考生如何答复没有作出规定。因此,高校对未被录取的考生进行电话通知,未进行书面通知,该做法没有违反法律规定。

(三)基本案情

2009年,原告滕汉昱报考兰州大学科学社会主义与国际共产主义运动专业的硕士研究生。通过初试、复试后,滕汉昱与兰州大学签订了兰州大学2010年拟录取自筹经费(非在职)培养硕士研究生告知书。后来,兰州大学发现,滕汉昱在在考生报名信息中未如实填写2008年全国硕士研究生考试替考作弊的相关情况,在复试中也未主动陈述此事,在思想政治品德考核"自我鉴定"中也未填写此事。因此,兰州大学鉴定滕汉昱政审不合格,决定取消其2010年研究生拟录取资格。滕汉昱不服,向法院提起诉讼。

(四)原告主张及理由

原告滕汉昱诉称,被告研究生院工作人员电话询问因替考作弊受处理一案,原告就该事作了陈述。被告仅通过口头通知的方式便取消了原告录取资格,并没有正式的书面通知,原告要求被告出示有关信息亦被拒绝。被告作出的决定侵犯了原告的受教育权,没有明确的法律依据。因此,请求依法撤销被告对原告作出的错误的行政决定,恢复其录取资格。

(五)被告意见

被告兰州大学辩称,被告作出取消原告录取资格的决定法律依据正确,事实清楚,证据确凿。经教育部录检网审查,原告为往年作弊考生,且原告在整个招生录取环节,均未主动提及此事。因此,被告鉴定原告思想政治素质考核不合格,根据教育部相关规章和规范性文件作出不予录取原告的决定。根据研究生招生录取相关法律规定,因原告未被录取,被告没有义务作出书面通知,且被告的处理程序合法。总体来说,被告的处理是审慎的、负责任的,也是符合法定程序的。综上,请求人民法院依法驳回原告的诉讼请求。

(六)争议焦点

兰州大学取消原告的拟录取资格有无法律依据和事实根据。

(七)裁判理由及结果

法院经审理认为,根据教育部《2010年招收攻读硕士学位研究生管理规定》,被告兰州大学具有对参加2010年攻读硕士学位研究生考试的考生报考资格、思想政治素质及道德品质等方面进行审核、考核的职责。根据教育部高校学生司《关于做好2010年拟录取硕士生中往年作弊考生思想品德状况复核工作的通知》的要求,对经考核不合格者,有权决定取消考生的拟录取资格。因原告滕汉昱思想政治品德考核不合格,兰州大学作出取消原告的拟录取资格,该决定并无不当。同时,根据教育部《2010年招收攻读硕士学位研究生管理规定实施细则》的规定,兰州大学通过电话方式将学校取消其拟录取资格的决定通知了原告滕汉昱,该做法没有违反法律规定。

综上,法院判决驳回原告滕汉昱的诉讼请求。

二、案件评析

(一)学校是否有权取消拟录取考生的录取资格

"拟录取"是指考生经过招生单位复试和政审环节,且均合格,招生单位经讨论后确定的准备录取名单,但是该名单尚未经过所在省(市)教育厅审核,也没有报教育部备案,只是招生院校初步录取名单,一旦经过所在省(市)教育厅审核,再报教育部备案,就是正式录取名单。无论是第一志愿还是调剂志愿,都有"待录取"程序,但是如果在省级教育行政部门审核过程中没有通过,考生被拟录取后也会被取消录取资格。因此,考生被拟录取只是一种"待录取"状态,未经过进一步审核的,仍然会被取消录取资格。

本案中,滕汉昱进入拟录取名单,只是一种待录取状态。学校经审核发现滕汉昱并不符合录取资格,遂取消其拟录取资格,该做法并无不当。

(二)高校能否以考生思想品德有问题取消其录取资格

考生思想品德考核不合格能够作为取消录取资格的必要条件。《2010年招收攻读硕士学位研究生管理规定》第六十一条规定:"招生单位要充分利用全国统一考试考生诚信档案,将考生诚信状况作为思想品德考核的重要内容和录取的重要依据,对于思想品德考核不合格者不予录取。对在当年研究生招生考试中作弊的考生,下一年度不允许报考。相关单位应及时按规定将作弊考生的有关情况通报其所在学校或单位,并记入考生的诚信档案和人事档案,作为其今后升学和就业的重要参考依据。"

本案中,学校在将硕士拟录取库上传至教育部进行录取自查过程中,教育部录检网反馈信息:"该生为往年作弊考生。"原告在报考信息、面试、政审考核时,均未提及此事。依据教育部高校学生司《关于做好2010年拟录取硕士生中往年作弊考生思想品德状况复核工作的通知》的要求,对考核不合格者,有权决定取消考生拟录取资格。据此,兰州大学取消滕汉昱的拟录取资格的行为事实清楚、依据准确。

目前,教育行政部门及招生单位越来越重视考生的思想政治素质和道德素质。根据《2018年全国硕士研究生招生工作管理规定》第六十六条的规定,思想政治素质和品德考核主要是考核考生本人的现实表现,内容应包括考生的政治态度、思想表现、道德品质、遵纪守法、诚实守信等方面。招生单位要强化对考生诚信的要求,充分利用《国家教育考试考生诚信档案》记录,对考生在报考时填写的考试作弊受处罚情况进行认真核查,将考生诚信状况作为思想品德考核的重要内容和录取的重要依据。凡有违反国家教育考试规定、情节严重受到停考处罚,在处罚结束后继续报名参加研究生招生考试的,由招生单位决定是否予以录取。可见,现在已明确:凡有违反国家教育考试规定、情节严重受到停考处罚,在处罚结束后继续报名参加研究生招生考试的,招生单位有权决定是否予以录取。

(三)学校是否有义务向未录取考生通知录取结果

据教育部《2010年招收攻读硕士学位研究生管理规定实施细则》第十条第(四)项、第(五)项的规定,学校对被正式录取的考生须进行书面通知,对未被录取的考生如何答复亦没有作出规定。本案中,依据上述规定,兰州大学并没有书面通知滕汉昱被取消拟录取资格的法定义务。兰州大学通过电话方式将学校取消其拟录取资格的决定通知了原告滕汉昱,其未通过书面的方式通知滕汉昱的做法并没有违反相关规定。

未录取考生可分为两类:一是在拟录取前未被录取;二是在拟录取后未被正式录取。对于前者,因不符合报名条件、成绩不合格或思想鉴定不合格等原因,考生不能取得高校的拟录取资格。高校在对外公布拟录取名单后,未进入该名单的考生自然不可能被录取。但是,对于后者,已进入拟录取名单的考生对该名单产生了合理信赖,高校取消拟录取考生的录取资格,会对其权利会造成一定影响。教育行政部门也逐渐重视这个问题,明确规定高校有义务对拟录取名单的变动进行说明,根据《2018年全国硕士研究生招生工作管理规定》第八十条之规定,招生单位的研究生招生管理部门应当统一公示拟录取名单,公示时间不少于10个工作日,公示期间名单不得修改;名单如有变动,须对变动部分作出说明,并对变动内容另行公示10个工作日。未经招生单位公示的考生,一律不得录取,不予学籍注册。高校公示的拟录取名单的行为属于行政行为,对拟录取后未被正式录取考生的权利会产生不利影响。因此,学校有义务进行公示,并对变动原因作出说明。

三、法条索引

《2010年招收攻读硕士学位研究生管理规定》

第十三条 招生单位负责组织实施本单位的招生工作。其主要职责是:

…………

(七)审核考生的报考资格。

············

（九）组织命题、评卷、复试、体检、思想政治素质与道德品质考核和录取等工作，并做好相应的安全保密工作。

《2018 年全国硕士研究生招生工作管理规定》

第四十八条　复试是硕士研究生招生考试的重要组成部分，用于考查考生的创新能力、专业素养和综合素质等，是硕士研究生录取的必要环节，复试不合格者不予录取。

第六十五条　思想政治素质和品德考核是保证入学新生质量的重要工作环节，招生单位必须严格遵循实事求是的原则认真做好考核工作，对于思想品德考核不合格者不予录取。

第六十六条　思想政治素质和品德考核主要是考核考生本人的现实表现，内容应包括考生的政治态度、思想表现、道德品质、遵纪守法、诚实守信等方面。

招生单位要强化对考生诚信的要求，充分利用《国家教育考试考生诚信档案》记录，对考生在报考时填写的考试作弊受处罚情况进行认真核查，将考生诚信状况作为思想品德考核的重要内容和录取的重要依据。凡有违反国家教育考试规定、情节严重受到停考处罚，在处罚结束后继续报名参加研究生招生考试的，由招生单位决定是否予以录取。

第七十一条　经考生确认的报考信息在录取阶段一律不作修改，对报考资格不符合规定者不予录取。各招生单位不得将未通过或未完成学历（学籍）审核的考生列入拟录取名单公示或上报。

8. 高校招生办工作人员发出的录取通知有无法律效力
——赵庆杨诉中国政法大学招生录取行为案

一、典型案例

（一）案号
一审：北京市昌平区人民法院（2016）京 0114 行初 103 号。
二审：北京市第一中级人民法院（2017）京 01 行终 176 号。

（二）裁判要旨
高校下属的各学院均是高校的内设机构，故各学院及其相关工作人员在招生录取工作中实施行为的法律责任应由高校承担。各学院作出的决定应视为高校作出的行为。

招生单位应确保录取工作公平、公正、公开。高校在未履行平等、公平告知义务的情况下,对考生作出的录取决定不符合相关法律、法规及规范性文件的规定。但是,高校对其不当录取决定及时作出自行纠正,并无不当。需要注意的是,高校在招生录取工作中,应遵循相关法定程序,通过法定形式表现的要式行为,要做到方式规范、程序严谨,充分保障考生权益。

(三)基本案情

赵庆杨报名参加 2015 年在职人员攻读硕士学位全国联考,报考学校为中国政法大学,学位类别为法律硕士。经过初试、复试后,赵庆杨总成绩与另一考生涂某并列第 101 名(当年录取名额为 100 名)。后来,案外人涂某申请放弃该录取资格。于是,中国政法大学工作人员电话通知赵庆杨被录取,并要求其缴纳学费。赵庆杨缴纳学费后,又被告知其与涂某协商由谁获得该录取名额。经协商,涂某主动放弃录取资格。随后,中国政法大学工作人员却告知赵庆杨,他和涂某都不被录取。最后,在职法律硕士专业录取 99人,而赵庆杨未在录取名单中。赵庆杨不服,遂诉至法院。

(四)原告主张及理由

被告中国政法大学是法律授权具有招生权的单位,原告经考试合格,被中国政法大学通知录取,并缴纳了学费,原告已经履行了相应的义务,被告应当继续录取工作。高校录取属于具体行政行为,行政行为一经作出,非有法定事由和非经法定程序不得随意撤销、废止或改变,被告的录取行为对考生来说具有权威性和公信力,考生对其享有信赖利益。综上,被告撤销原告录取资格的行为违法,已经侵犯了原告的受教育权。故原告诉至法院,请求判决确认被告撤销录取原告的行为违法,被告对原告的录取有效,原告取得硕士研究生入学资格。

(五)被告意见

被告中国政法大学辩称:首先,被告并未录取原告,不存在具有法律效力的行政行为。因已被录取的一名考生放弃入学申请,被告下设机构法律硕士学院一位工作人员听闻与原告并列的考生涂某已调剂其他学校,出于好心,故向原告发出信息,但发现有关涂某的信息并不准确后,便立即告知原告先前发出的信息有误。其次,被告作为具有独立法人资格的高等教育机构,研究生录取的职责在研究生院,具体执行机构是该院下属的招生办公室,法律硕士学院不具备决定录取学生的资格。故不具有研究生录取资格的法律硕士学院工作人员发出的错误信息,不能产生被告已经同意录取原告的法律效果。再次,研究生录取依据的是录取通知书。被告并未向原告发出过录取通知书,原告也未收到过录取通知书,被告录取行为并未发生,不存在原告诉求的撤销录取行为违法问题。综上,原告与被告之间不存在行政行为,原告请求确认被告行为违法无法律依据,要求确认被告对其录取有效更自始缺乏相应依据,请求人民法院依法驳回原告的诉讼请求。

(六)争议焦点

(1)法律硕士学院工作人员向原告发送的短信能否认定是对原告的录取决定。

(2)被告最终未予录取原告是否违法。

(七)裁判理由及结果

北京市昌平区人民法院经审理认为,研究生院及法律硕士学院均是被告中国政法大学的内设机构,故两机构及其相关工作人员在涉案招生录取工作中实施的行为的法律责任,应由被告中国政法大学承担。本案中,法律硕士学院工作人员向原告发送的短信应视为被告对原告作出了录取决定。被告关于短信系误发的主张,事实根据不足,本院不予支持。被告在发现向原告发送录取短信的行为不当后,通过电话、短信的方式告知原告对其不予录取,并就退费等问题与原告进行沟通,最终,被告未将原告纳入网上公布的录取名单,亦未向原告发送录取通知书。本院认为,被告的上述行为系对其不当录取决定的自行纠正,并无不当。原告关于被告对其撤销录取的行为违法,被告对其录取有效,原告取得硕士研究生入学资格的主张,没有事实和法律根据,不予支持。综上,法院判决驳回原告赵庆杨的诉讼请求。

宣判后,赵庆杨不服,向北京市第一中级人民法院提起上诉。二审法院经审理,判决驳回上诉,维持一审判决。

二、案件评析

(一)高校工作人员发出录取信息的性质如何认定

招生单位所属的各院系属于招生单位的内设机构,各院系及其工作人员在工作中实施的行为应属职务行为,其法律后果应由招生单位承担。本案中,中国政法大学法律硕士学院工作人员在招生工作中,以电话、短信的形式通知原告被录取并通知其缴纳学费等事宜,短信落款为"法律硕士学院",并且事实上原告收到的录取短信和其他拟被录取考生收到的一致,该行为足以让原告产生合理信赖,认为其已被录取的事实。因此,高校工作人员发出的录取信息应视为高校的录取决定。

(二)如何评价本案原告在招生录取过程中的行为

根据《高等教育法》的规定,高等学校享有办学自主权。高校在招生过程中,可以根据需要,通过电话、短信或电子邮件等方式开展具体工作,但高校招生录取行为应系遵循相关法定程序并通过法定形式表现的要式行为,对被录取学生学费的收取也应符合相关规定。本案中,被告采取发送信息的方式通知被录取考生,并要求缴纳学费。特别是在通知原告被录取后,该工作人员又以短信形式通知原告不被录取。这些对考生有重大影响的通知,采取发送短信的方式,显然形式不规范,程序不严谨,在一定程度上损害了考生权益。

在高考录取过程中,省级招生主管部门组织实施高校招生录取工作,高校自主性受到一定限制。省级招生主管部门按照高校调档的要求和考生填报的志愿,根据程序设定,将符合高校调档条件的考生的电子档案在网上投向各个高校。最后,高考考生可通过阳光高考教育信息平台或各省招办官网查看录取情况。而在研究生招生录取中,各高校具体实施录取工作,具有较强的自主性。由于招生工作持续时间长、任务重,高校一般授权各学院具体负责本学院的招生工作,部分学院在招生中忽视招生录取程序。例如,本案中,学校工作人员通过短信通知考生被录取及缴纳学费事宜,程序上是不严谨的。在涉及考生重大利益的事项上,学校应当通过官方网站通知、电子邮件或邮寄的方式告知考生,同时可以辅之电话或短信的方式提醒考生注意。

因此,招生单位在招生录取工作中,要规范方式、方法,严把程序关口,确保录取公平、公正、公开。

(三)被告最终未录取原告的行为是否违法

研究生录取的程序分为报名、笔试、复试、调剂、录取五个阶段。考生必须符合报考条件、笔试和复试合格才符合录取条件。此时,在招生计划内的考生,或者通过调剂程序的考生,才有资格被录取。本案中,被告在确定递补录取人员时,因原告和案外人涂某排名相同,但被告仅通知了原告。被告发现其发出的录取通知不当时,又通知原告不被录取,并就退费问题进行沟通。被告的行为系对其不当录取决定的自行纠正,并无不当。同时,被告在未履行平等、公平义务的情况下,对原告作出的录取决定本就不符合相关法律、法规及规范性文件的规定。被告也未将原告纳入网上公布的录取名单,亦未向原告发放录取通知书。因此,被告最终未录取原告的行为并无不当。

三、法条索引

《中华人民共和国高等教育法》(2015 年修正)

第十四条 国务院教育行政部门主管全国高等教育工作,管理由国务院确定的主要为全国培养人才的高等学校。国务院其他有关部门在国务院规定的职责范围内,负责有关的高等教育工作。

第三十二条　高等学校根据社会需求、办学条件和国家核定的办学规模,制定招生方案,自主调节系科招生比例。

《中华人民共和国行政诉讼法》(2014 年修正)

第六十九条　行政行为证据确凿,适用法律、法规正确,符合法定程序的,或者原告申请被告履行法定职责或者给付义务理由不成立的,人民法院判决驳回原告的诉讼请求。

第七十二条　人民法院经过审理,查明被告不履行法定职责的,判决被告在一定期限内履行。

第四节　录取通知书发放

9. 高校的录取通知书应由谁发放
——王雨霖诉郑州大学不履行发放录取通知书法定职责案

一、典型案例

(一)案号

原审:

一审:河南省中牟县人民法院(2017)豫 0122 行初 143 号。

二审:河南省郑州市中级人民法院(2018)豫 01 行终 195 号。

重审:

一审:河南省中牟县人民法院(2018)豫 0122 行初 64 号。

二审:河南省郑州市中级人民法院(2018)豫 01 行终 915 号。

(二)裁判要旨

根据教育部的规定,各招生单位在中国高等教育学生信息网"阳光高考"招生信息发布及管理平台发布的招生章程,均经过各省级教育行政部门审核、备案,上述招生章程对高校全称、校址、办学类型、招生计划分配的原则和办法,以及录取规则、学费标准、颁发学历证书的学校名称及证书种类等均予以明确。考生对拟报考单位的办学地点、录取批次等具体录取规则应当是明知的。

考生被录取后,自愿放弃入学资格,又以招生单位不履行法定职责为由,要求招生单位为其发放录取通知书的诉讼请求,法院不予支持。

（三）基本案情

王雨霖是山东省2016年高考考生。高考后，王雨霖在本科二批第一志愿中填报郑州大学，选报专业分别为通信工程、金融学、会计学。最终，王雨霖被郑州大学通信工程专业录取，办学地点为郑州大学西亚斯国际学院。2016年8月，郑州大学西亚斯国际学院向王雨霖发放录取通知书。但是，王雨霖并不认可郑州大学西亚斯国际学院向其发放的录取通知书，认为郑州大学未履行发放录取通知书的法定职责。于是，王雨霖将郑州大学诉至法院。

（四）原告主张及理由

原告王雨霖诉称，原告高考后，按照山东省高考指南的要求，填报了被告理科二批通信工程专业。经山东省教育考试院网上平台确认，原告被被告理科本科二批通信工程专业录取。但被告录取原告后，至今未向被告发放录取通知书，不履行法定职责，侵害了原告的受教育权。因此，原告诉请法院判决被告向原告发放2016年高等教育通信工程专业录取通知书。

（五）被告意见

被告郑州大学辩称：①郑州大学西亚斯国际学院发放的录取通知书上含有"郑州大学"字样，本身代表郑州大学的认可。因此，郑州大学已经录取原告，也为其发放录取通知书，郑州大学不存在不履行法定职责的情形。②被告的行为对原告合法权益明显不产生实际影响。在被告已经做出录取决定的情况下，原告的实体权利已经实现，放弃入学是原告的选择，被告发放录取通知书的程序性行为并未影响其合法权益。因此，被告发放录取通知书的行为，对原告合法权益不产生实际影响，原告的起诉不符合法定起诉条件，应当驳回。

（六）争议焦点

被告是否履行了发放录取通知书的法定职责。

（七）裁判理由及结果

中牟县人民法院认为，郑州大学西亚斯国际学院作为被告的内设机构，其发放录取通知书系代表郑州大学向原告履行发放录取通知书的职责。被告以内设机构的印章发放录取通知书虽不规范，但并不影响被告就发放录取通知书的行为对外承担全部的法律责任。因此，被告已经履行了向原告发放录取通知书的法定职责，判决驳回原告的诉讼请求。原告不服，向郑州市中级人民法院提起上诉。

二审法院经审理认为，上诉人被郑州大学录取后，自愿放弃入学资格，又以郑州大学不履行法定职责为由，要求判令人郑州大学为其发放录取通知书,其诉讼请求不能成立。最终,判决驳回上诉,维持原判。

二、案件评析

本案是由高校发放录取通知书不规范行为引起的教育行政诉讼,涉及的主要问题是如何评价西亚斯国际学院发放录取通知书的行为以及被告是否侵犯了原告的受教育权。

(一)高校发放录取通知书的行为是否属于行政诉讼的受案范围

根据《行政诉讼法》第二条的规定,公民、法人或者其他组织认为行政机关和行政机关工作人员的行政行为侵犯其合法权益,有权依照本法向人民法院提起诉讼。前款所称行政行为,包括法律、法规、规章授权的组织作出的行政行为。

根据《高等教育法》第九条第一款规定,公民依法享有接受高等教育的权利。第十九条第一款规定,高级中等教育毕业或者具有同等学力的,经考试合格,由实施相应学历教育的高等学校录取,取得专科生或者本科生入学资格。因此,考试合格的考生享有接受高等教育的权利。结合前面所述,高等学校的招生权,属于法律授权组织行使的行政管理职权,而录取合格考生是高校招生工作的重要环节。因此,对于被录取考生,高等学校是否发放及如何发放录取通知书的行为属于行政行为,其产生的结果对被录取考生的合法权益具有直接影响,该行为属于行政诉讼的受案范围。

本案中,王雨霖作为 2016 年郑州大学录取的高考考生,因其不认可郑州大学西亚斯国际学院发放的录取通知书,认为郑州大学未履行发放录取通知书的职责,有权向法院提起行政诉讼。

(二)原告的受教育权是否受到侵害

我国《宪法》第四十六条规定:"中华人民共和国公民有受教育的权利和义务。"《高等教育法》第九条第一款规定:"公民依法享有接受高等教育的权利。"因此,受教育权是公民法定的基本权利。本案中,原告的受教育权是否受到了侵害?

原告认为报考的是郑州大学,收到却是其二级学院的录取通知书,因此郑州大学并未履行向原告发放录取通知书的义务,侵害了原告的受教育权。问题的关键是,在被告已经作出录取决定的情况下,原告的实体权利已经实现。原告根据高考成绩选择报考郑州大学西亚斯国际学院,经投档后,原告符合被告的录取条件,被正式录取,并获得被告发放的录取通知书及其他相关录取材料。这说明原告已经取得了郑州大学西亚斯国际学院的入学资格,郑州大学已经履行了相关义务,并未侵犯其受教育权。原告凭收到的录取通知书即可在规定时间内前往郑州大学西亚斯国际学院办理入学与注册手续,在通过入学资格审查、复查后,就可以正式取得学籍。而原告在规定的时间内没有到校报到。根据 2005 年教育部颁布的《普通高等学校学生管理规定》第七条规定:"国家招生规定录取的新生,持录取通知书,按学校有关要求和规定的期限到校办理入学手续。因故不能按期入学者,应当向学校请假。未请假或者请假逾期者,除因不可抗力等正当事由以外,视为放弃入学资格。"因此,原告在没有办理请假手续的前提下,一直未到校办理入学手续,视为其自动放弃入学资格。

(三)考生录取通知书应由谁来发放

根据《2016 年普通高等学校招生工作规定》的要求,高校根据经有关省级招办核准备案的录取考生名册填写考生录取通知书,由校长签发录取通知书,加盖本校校章,并负责将考生录取通知书连同有关入学报到须知、资助政策和办法等相关材料一并直接寄送被录取考生。因此,招生单位在录取新生时,应由校长签发录取通知书,加盖校章,以招生单位的名义将录取通知书寄送给被录取考生。因此,招生单位发放录取通知书应以招生单位的名义发放。

本案中,西亚斯国际学院作为郑州大学的二级学院,其招生行为应由郑州大学负责。中牟县人民法院在审理中认为,郑州大学西亚斯国际学院作为被告内设机构,其发放录取通知书系代表郑州大学向原告履行发放录取通知书的职责。被告以内设机构的印章发放录取通知书虽不规范,但并不影响被告就发放录取通知书的行为对外承担全部的法律责任。法院也认可郑州大学以二级机构的印章发放录取通知书的行为存在不规范性。本案中,经郑州大学授权,西亚斯国际学院向原告发放了录取通知书,原告也进行了签收,证明郑州大学履行了发放录取通知书的义务。但是,在实践中,为了减少纠纷的发生,招生单位应以自己的名义履行发放录取通知书的职责。

三、法条索引

《中华人民共和国高等教育法》(2015 年修正)

第九条 公民依法享有接受高等教育的权利。

第十九条 高级中等教育毕业或者具有同等学力的,经考试合格,由实施相应学历教育的高等学校录取,取得专科生或者本科生入学资格。

《2016 年普通高等学校招生工作规定》

第五十二条 高校须将拟录取考生名单(包括统考、保送、单独考试拟录取的考生等)标注录取类型后,报生源所在省级招办核准,并通过全国普通高校招生来源计划网上管理系统增补或调整相应计划。省级招办核准后形成录取考生数据库,并据此打印相应录取考生名册,加盖省级招办录取专用章,作为考生被有关高校正式录取的依据,予以备案,同时须在高校同批次录取结束后 3 日之内将录取考生名册寄给有关高校。

高校根据经有关省级招办核准备案的录取考生名册填写考生录取通知书,由校长签发录取通知书,加盖本校校章,并负责将考生录取通知书连同有关入学报到须知、资助政策办法等相关材料一并直接寄送被录取考生。

《中华人民共和国行政诉讼法》(2017 年修正)

第二条　公民、法人或者其他组织认为行政机关和行政机关工作人员的行政行为侵犯其合法权益,有权依照本法向人民法院提起诉讼。

…………

第二十五条　行政行为的相对人以及其他与行政行为有利害关系的公民、法人或者其他组织,有权提起诉讼。

…………

第七十四条　行政行为有下列情形之一,不需要撤销或者判决履行的,人民法院判决确认违法:

…………

(三)被告不履行或者拖延履行法定职责,判决履行没有意义的。

第八十九条　人民法院审理上诉案件,按照下列情形,分别处理:

…………

(三)原判决认定基本事实不清、证据不足的,发回原审人民法院重审,或者查清事实后改判;

…………

第五节　入学条件

10. 高校能否因学生档案未转入而取消其学籍
——项俊诉武汉大学教育行政处理案

一、典型案例

(一)案号

一审:湖北省武汉市武昌区人民法院(2015)鄂武昌行重字第 00002 号。

二审:湖北省武汉市中级人民法院(2016)鄂 01 行终 242 号。

再审:湖北省高级人民法院(2017)鄂行再 27 号。

(二)裁判要旨

考生是否被录取,应以招生单位向考生发出录取通知书为前提。考生收到招生学校的研究生录取通知书,方可确定成为该校录取的新生,才初步具备了入学的条件。新生报到入学后,学校要在三个月内根据规定,进行政治业务和健康复查,复查合格,予以注册,取得学籍。

对取得学籍的学生实行学籍电子注册,这是一种学籍信息化的辅助管理手段。电子注册的信息应与客观事实相符,与原始的纸质档案信息相匹配,如不相符或不相匹配则可更改。高等学校对网络上学籍电子信息的清除纠错行为,并非行政处分,对受教育者的权益并不产生实际影响。

(三)基本案情

项俊报名参加武汉大学马克思主义哲学专业 2011 年博士研究生考试,报考类别是普通培养。项俊参加考试后,顺利进入武汉大学拟录取名单中。因项俊未将其档案转入,武汉大学未向项俊发放研究生录取通知书和研究生入学纪念卡。项俊承诺会将档案转入,武汉大学允许其先入学,后转入档案。项俊入学后,武汉大学为其发放了研究生证,并办理了电子学籍注册手续。同时,项俊还通过了武汉大学新生入学资格复查。但项俊始终未将档案转入。2014 年 4 月,武汉大学在研究生管理系统网站上将项俊的学籍状态标注为"取消入学资格",并在在中国高等教育学生信息网上将项俊的学籍信息清除。项俊对武汉大学"取消入学资格"的行为不服,诉至法院。

(四)原告主张及理由

原告项俊诉称,原告通过被告组织的初试、复试及入学复查程序,被告也为原告制作了录取通知书。原告入学后,被告为其发放研究生证,取得学籍,并办理学籍注册,表明原告完全符合录取条件,且被告也同意其录取并入学。入学后,被告同意和默许原告延迟调档。原告也实际缴纳了学费,获得相应的课程成绩和学分,说明被告认可了原告具有入学资格,原告对被告的行为产生信赖。被告在原告不知情的情况下,清除其电子注册信息,取消了原告的入学资格和学籍,没有法律依据和事实根据。因此,原告请求撤销被告武汉大学对原告项俊作出的取消入学资格和取消学籍的处理决定,允许原告继续完成博士学业。

(五)被告意见

被告武汉大学辩称,原告报考的类别是普通培养,按照招生要求,需要将档案及工资关系转入。但原告没有通过政审将档案转入武汉大学,也未到校办理入学手续,故未取得入学资格,当然未取得武汉大学的学籍。被告对符合入学资格的新生进行复查,而原告不符合入学资格,故不在复查之列。被告清除原告电子注册信息的行为,属于学校对有误或者缺失的电子注册信息的自我纠正的日常管理行为,不是对项俊进行处分的行政行为,不具有行政可诉性,不属于行政诉讼的受案范围。被告为原告制作录取通知书(未发放)、研究生证校园卡等身份证件以及原告缴纳的学费均不能作为其取得入学资格和学籍的证据。由于项俊实际上并未依法取得入学资格和学籍,武汉大学作出的是对原告电子系统误登误录的注册信息的清除纠错行为,故请求法院依法驳回原告的诉讼请求。

(六)争议焦点

被告取消原告入学资格的行为有无事实和法律依据。

(七)裁判理由及结果

武汉市武昌区人民法院经审理认为,武汉大学作出取消项俊入学资格及取消学籍的行为时没有以书面形式作出,也没有听取项俊的陈述和申辩,不符合正当程序的要求,属程序违法。至于项俊要求继续完成学业的请求,不属于人民法院合法性审查的范围。因此,判决撤销被告武汉大学对原告项俊作出的取消入学资格和取消学籍的处理决定,驳回原告其他诉讼请求。

宣判后,武汉大学不服,向武汉市中级人民法院提起上诉。

武汉市中级人民法院经审理认为,考生是否录取,应以招生单位向考生发出录取通知书为前提。正因为项俊未通过政审,未获得研究生录取通知书,故在新生报到时未办理报到和注册等入学手续,各项须填写的表格均没有记载,那么在武汉大学研究生院中既没有项俊的人事档案,也没有项俊被录取的纸质个人原始档案,表明其因不具备入学的法定条件而未取得入学资格,也因其不是"已录取的新生",故而也不在《普通高等学校学生管理规定》"三个月"的复查范围内,即未注册、未取得学籍。因此,从法律层面而言,上诉人武汉大学在网络上清除的纠错行为,并不是行政处分行为,对被上诉人项俊的权益并不产生实际影响。此外,被上诉人项俊攻读普通培养类博士研究生学位,没有完成政审、没有调入人事档案而没有被录取、没有取得学籍,其明知未被正式录取,却想依据学校网络错误登记的信息取得学籍的行为不是一个正当利益的行为,该行为的本质与信赖保护原则保护的正当利益价值相悖,因此,不应得到信赖保护原则的保护。

因此,二审判决撤销一审判决中的"撤销被告武汉大学对原告项俊作出的取消入学资格和取消学籍的处理决定";维持一审法院判决中的"驳回原告项俊的其他诉讼请求";驳回被上诉人即原审原告项俊要求"撤销被告武汉大学作出的取消原告入学资格的具体行政行为"的诉讼请求。

宣判后,项俊不服,向湖北省高级人民法院申请再审。最终,再审法院维持了二审判决。

二、案件评析

(一)研究生报考的考生类别有哪些?区别是什么?

我国在研究生培养机制改革过程中,将研究生报考类别分为普通培养、委托培养和定向培养(详见表1-2)。

表1-2 研究生报考类别

类 别	就读形式	费用承担	要 求
普通培养	全日制	自费	转入档案及工资关系
委托培养	在职	委培单位负担	录取时签订委托协议
定向培养	在职	国家负担	录取时签订定向协议

普通培养,即国家计划内的非定向培养,考生缴纳学费,国家按月向考生发放一定数额的生活费。入学时,考生需要将个人档案及工资关系转到学校。毕业时,学生就业实行"双向选择"模式。委托培养,由委托单位提供培养费用,高校负责培养,考生毕业后回到原单位继续工作。录取时,考生所在单位、录取学校和考生本人签订委托培养协议,不转移考生档案和工资关系。定向培养,即国家计划内的定向培养。录取前,考生工作单位、录取学校、考生本人三方签署定向培养协议,培养费用由国家财政负担,毕业后考生回到定向培养单位工作。

根据武汉大学发布的《武汉大学2011年招收攻读博士学位研究生简章》的要求,考普通培养类别的研究生为非在职全日制研究生,录取时需将档案及工资关系转入武汉大学。项俊在报考时选择了普通培养,被录取后,却始终未将档案转入,违反了教育部及武汉大学关于招收博士生的相关规定。

(二)被录取考生不符合入学条件的情形

考生通过入学考试、复试、体检、政审等环节,就能够获得高校发放的录取通知书。但是,高校如果发现被录取考生不符合入学条件,有权取消学生的入学资格。对已经取得学籍的,学校应当作出开除学籍的处理决定。具体包括以下三个方面:一是全日制考生未将个人档案转入学校;二是无故超期未办理入学手续;三是经审查有入学违规情形等。

（三）如何评价本案中武汉大学清除原告学籍的行为

2007年,我国开始在普通高等学校开始陆续实行新生学籍电子注册制度,对取得学籍的学生实行学籍电子注册,这是一种学籍信息化的辅助管理手段。根据《普通高等学校新生学籍电子注册暂行办法》的有关规定,电子注册的信息应与客观事实相符,与原始的纸质档案信息相匹配,如不相符或不相匹配则可更改。高等学校对网络上学籍电子信息清除的纠错行为,并非行政处分,对受教育者的权益并不产生实际影响。本案中,武汉大学在进行电子管理系统清查时,发现项俊的信息所显示是"注册学籍",与原始纸质档案不一致,与客观事实不相符,因此,武汉大学对电子管理系统进行更正,从有限的选项中选取与清除电子学籍注册信息最相近的一项"取消入学资格",以达到清除和纠错的目的,该行为的本质就是一种内部纠错行为。

（四）信赖保护的限制

信赖保护原则源自于法治国家中法律的安定性和诚实信用原则两个方面。其中,最具说服力的当属法的安定性,它是行政行为法律效果不受瑕疵影响和存续力的根据,并且给行政行为赋予自己的特性。无论如何,撤销授益行政行为的判断不仅要考虑依法行政原则,也要考虑信赖保护原则。由于这两个原则在违法授益行政行为方面相互冲突,在权衡过程中应当审查哪一个原则更为重要,并作出是否撤销（或部分撤销）已作出的行政行为。①哈雷尔在谈到信赖保护的条件时,说到"受益人信赖行政行为存在,并且根据与撤销的公共利益的权衡,其信赖值得保护"。受益人如果是通过欺诈、胁迫等恶意手段取得的行政授益行为,其本就不存在可保护的利益。

在行政管理过程中,行政相对人对行政机关作出的行政行为具有固有的可信赖性,据此可能会对行政相对人产生相应的正当利益,行政机关应当予以尊重和保护。如果基于维护社会利益和公共利益的目的,行政机关确需变更或撤销已生效的行政行为,应当给予无过错相对人合理的赔偿或补偿。

随着法治的进步,信赖保护原则也被引入我国的立法和司法实践,例如本案在判决中就引入了信赖保护理论。信赖保护原则的基础和前提是具有正当利益。而项俊在攻读普通培养类博士研究生学位时,因没有完成政审、没有调入人事档案而未被录取,也未取得学籍,其明知未被正式录取,却想依据学校网络错误登记的信息取得学籍,该行为本质与信赖保护原则保护

---

① ［德］哈特穆特·毛雷尔:《行政法学总论》,高家伟译,法律出版社2000年版,第277-278页。

的正当利益价值相悖,因此,项俊不应得到信赖保护原则的保护。

三、相关法条

《普通高等学校学生管理规定》(教育部令第 21 号)

第七条　按国家招生规定录取的新生,持录取通知书,按学校有关要求和规定的期限到校办理入学手续。因故不能按期入学者,应当向学校请假。未请假或者请假逾期者,除因不可抗力等正当事由以外,视为放弃入学资格。

第八条　新生入学后,学校在三个月内按照国家招生规定对其进行复查。复查合格予以注册,取得学籍。复查不合格者,由学校区别情况,予以处理,直至取消入学资格。

《普通高等学校新生学籍电子注册暂行办法》

第二条　实行高等学校新生学籍电子注册是政府运用现代信息技术手段,对高等学校招收的普通高等学历教育本专科新生学籍注册工作实施监督的管理方式。

第四条　新生报到后,高等学校按国家招生规定和《普通高等学校学生管理规定》对其进行入学资格复查。复查包括在网上核对以下录取信息内容;

(一)考生号、姓名、性别、民族、出生日期、身份证号、入学年月;

(二)录取院校、专业,层次(本科、专科、预科),录取类型(统考、单招、保送等)。

复查合格取得学籍的依据本办法及时进行学籍电子注册。

第五条　高等学校核对录取信息有误或网上没有录取信息的学生,应当及时与学生生源地省级招办复核。省级招办对高等学校要求复核的录取信息应当认真负责地办理,对确属工作原因漏报及需要更正的信息须及时补报教育部,并将复核结果及时反馈学校。

第十一条　高等学校和省级教育行政部门分别在各自网站公布已注册新生学籍信息供学生本人查询,并将网站名称、网址告学生。网上公布的新生学籍信息内容为学校名称、姓名、性别、专业、层次、入学年月。学生以本人姓名、考生号、身份证号码进入网站查询学籍注册情况。

第六节　高校在招生录取工作中应注意的问题

招生工作是高校人才培养的重要环节,招收新生的质量决定着高校人才培养质量和目标的实现。可以说,高校在人才培养方面,招生是基础。但是,近年来高校与考生(或入学新生)因招生引起的纠纷呈上升趋势。引起这种现象的原因主要有两个方面:一是部分考生纯粹因对高校不予录取、取消学籍等处理行为不满而刻意诉讼;二是个别高校在招生工作中确实存在不当行为、程序瑕疵等现象。因此,各招生单位应明确其所享有招生权的法律依据、法律性质,结合已发生的相关案例,在开展具体招生录取工作时能够做到依法、有据。

一、高校招生行为属于可诉的行政行为

(一)高校招生权的来源

高等学校享有的招生权具有明确的法律依据。《教育法》第二十九条规定,学校行使招收学生和其他受教育者的权利,并有权拒绝任何组织和个人对教育教学活动的非法干涉。该条文明确规定学校依法享有招生的权利。《高等教育法》第十一条规定,高等学校应当面向社会,依法自主办学,实行民主管理。该条文明确规定了高校的办学自主权,而招生权属于办学自主权的重要内容,因此,高校有权按照国家招生规定,根据本校实际情况开展招生工作。而新修订的《普通高等学校学生管理规定》对高校招生工作中新生的入学与注册问题专章进行了规定。因此,高校的招生权具有明确的法律依据。

(二)高校招生权的性质及可诉性

关于高等学校招生权的性质,在第三节林群英诉厦门大学拒绝录取案中有所谈到。《教育法》第十五条第一款规定:"国务院教育行政部门主管全国教育工作,统筹规划、协调管理全国的教育事业。"第二十九条第(三)项规定,学校及其他教育机构行使招收学生或者其他受教育者的权利。《高等教育法》第十一条规定:"高等学校应当面向社会,依法自主办学,实行民主管理。"第十九条规定:"高级中等教育毕业或者具有同等学力的,经考试合格,由实施相应学历教育的高等学校录取,取得专科生或者本科生入学资格。本科毕业或者具有同等学力的,经考试合格,由实施相应学历教育的高等学校或者经批准承担研究生教育任务的科学研究机构录取,取得硕士研究生入学资格。硕士研究生毕业或者具有同等学力的,经考试合格,由实施相应学历教育的高等学校或者经批准承担研究生教育任务的科学研究机构录取,取得博士研究生入学资格。允许特定学科和专业的本科毕业生直接取得博士研究生入学资格,具体办法由国务院教育行政部门规定。"因此,高等学校的招生权,属于法律授权的组织行使的行政管理职权,即教育行政权力。由此可知,高校的招生行为属于行政诉讼的受案范围,这在最高院新公

布的《最高人民法院关于适用〈中华人民共和国行政诉讼法〉的解释》第二十四条中已经明确规定。

二、严格审查专项计划考生的报名资格

（一）高校专项招生计划的种类

详见表1-3。

表1-3 高校专项招生计划的种类

序号	计划名称	开始年份	条件	适用阶段	招生录取的优惠政策
1	退役大学生士兵硕士研究生招生计划	2016	退出现役	考研	初试总分加10分,同等条件下优先录取;荣立二等功及以上,符合报考条件,可申请免试(初试)攻读研究生
2	大学生志愿服务西部计划	2003	服务期满考核合格	考研	初试总分加10分,同等条件下优先录取
3	"三支一扶"计划	2005	服务期满考核合格	考研	初试总分加10分,同等条件下优先录取
4	农村义务教育阶段学校教师特设岗位计划	2006	服务期满考核合格	考研	初试总分加10分,同等条件下优先录取
5	国际汉语教师中国志愿者计划	2004	服务期满考核合格	考研	初试总分加10分,同等条件下优先录取
6	选聘高校毕业生到村任职计划	2004	服务期满考核称职	考研	初试总分加10分,同等条件下优先录取,其中报考人文社科类专业研究生的,初试总分加15分
7	面向贫困地区定向招生专项计划	2012	贫困地区考生	高考	单报志愿、单设批次、单独划线、定向招生
8	高层次人才强军计划	2002	现役军官	考研	单独考试,不收学费
9	援藏计划	2003	西藏在职干部	考研	单独考试
10	少数民族高层次骨干人才计划	2006	特定省市考生	考研	自愿报考、统一考试、单独划线、择优录取

（二）专项计划的招生录取——以"退役大学生士兵专项计划"为例

1. 实施背景、报名条件、优惠政策

从 2016 年起，教育部设立退役大学生士兵硕士研究生招生计划，专门招收退役大学生士兵攻读硕士研究生，为退役大学生士兵提供广泛成长成才的道路。该计划的目的是鼓励更多高素质大学生参军入伍，以建设强大国防，实现强国梦、强军梦。教育部要求，对符合报考条件的退役大学生士兵，相关招生单位应按照"自愿报名、统一招考、自主划线、择优录取"的原则，严格规范做好招生录取工作。

报考考生应为高等学校学生应征入伍退出现役，且符合硕士研究生报考条件者。报名时，报考"大学生士兵专项计划"的考生在报名时应选择填报退役大学生士兵专项计划，填报本人入伍批准书编号和退出现役证编号，并在现场确认时提供本人入伍批准书和退出现役证原件或复印件。

"大学生士兵专项计划"的计划招生人数与其他指标并不冲突，专项专用，不得挪用。高校学生应征入伍服义务兵役退役，达到报考条件后，3 年内参加全国硕士研究生招生考试的考生，初试总分加 10 分，同等条件下优先录取；在部队荣立二等功及以上，符合全国硕士研究生招生考试报考条件的，可申请免试（初试）攻读硕士研究生。

在辛晶诉上海海事大学不予录取案中，辛晶在入伍前属于高中学历，不符合报考"大学生士兵专项计划"的条件。因此，学校对其作出不予录取的处理决定。

2. 报名审查工作

按照教育部有关文件要求，招生单位要对考生报考资格进行严格审查。资格审查应贯穿招生录取的全过程。在考生报名过程中，招生单位应做好对考生相关文件、证件核验和报考资格审查等工作。考生通过资格审查才能够参加考试和录取程序。对资格审查未通过的考生，不得参与接下来的招生录取程序；对于具有弄虚作假行为的，应当依法进行处理。

上述案例就是在考生辛晶拟被录取时，招生单位在核查时发现辛晶不属于退役大学生士兵，故取消了辛晶的录取资格。第一次实行该专项计划，在报名现场确认时仅要求考生提交退出现役证。在拟录取考生后，才提交入伍批准书。而教育部发布的《2017 年退役大学生士兵硕士研究生招生计划工作通知》要求，考生在现场确认时应提供本人入伍批准书和退出现役证原件或复印件。2018 年教育部沿袭了 2017 年的要求，这就便于招生单位在考生报名后、考试前能够发现其是否有资格报考"退役大学生士兵专项计划"。

3.专项计划考生的调剂

报考"退役大学生士兵专项计划"的考生,申请调剂到普通计划录取的,其初试成绩须达到调入地区相关专业所在学科门类(专业学位类别)的全国初试成绩基本要求;符合条件的,可按规定享受退役大学生士兵初试加分政策。

报考普通计划的考生,符合"退役大学生士兵专项计划"报考条件的,可申请调剂到"退役大学生士兵专项计划"录取,其初试成绩须符合相关招生单位确定的接受其他招生单位"退役大学生士兵专项计划"考生调剂的初试成绩要求。

当然,普通计划考生纳入"退役大学生士兵专项计划"招录的,不再享受退役大学生士兵初试加分政策。

三、正确处理入学考试作弊的考生

学生在校期间考试作弊和入学考试作弊性质相同,但适用的规范性文件是不同的。在校期间,学校组织的期中考试、期末考试等属于校内考试,对学生作弊行为应当适用《普通高等学校学生管理规定》、大学章程、学籍管理规定等;而入学考试属于国家教育考试,应当适用《国家教育考试违规处理办法》(以下简称《办法》)进行调整。

(一)当场发现考生作弊的处理方式

考生在参加入学考试时被发现作弊,当然应当以《办法》为依据,对考生的违规违纪行为进行认定,同时根据《办法》、教育部以及其他教育行政部门发布的招生工作规定进行处理。例如,《办法》第九条规定,对符合相关作弊情形的考生,可以视情节轻重,同时给予暂停参加该项考试1至3年的处理;情节特别严重的,可以同时给予暂停参加各种国家教育考试1至3年的处理。

高考、研究生入学考试、英语四六级考试等均属于国家组织的教育考试,根据《办法》第二十条的规定,考点汇总考生违规记录,汇总情况经考点主考签字认定后,报送上级教育考试机构依据本办法的规定进行处理。因此,对于在国家教育考试中的作弊行为,应当由考点汇总情况,最终由教育考试机构(教育厅、教育局、教育考试院)处理。在边柳诉北京市教育委员会、中央美术学院教育行政处理决定案中,边柳作为中央美术学院在校本科生,在全国研究生统一考试中作弊,中央美术学院依据《办法》《普通高等学校学生管理规定》对边柳作出开除学籍的处理决定。该处理决定的主体存在不当,应当由中央美院将情况上报北京市教育委员会处理。

（二）考试结束后发现考生作弊的处理方式

这种情形可以分为两种情况。一是考生已被录取，还未入学。此时，招生单位应当将该情况上报有权处理的教育考试机构，由其对作弊考生进行处理，例如可以作出取消录取资格的处理决定。二是考生已正式入学，成为新生。例如，在刘佩东诉江苏警官学院取消学籍处理决定案中，刘佩东在入学三年后，被发现高考时作弊，因此江苏警官学院对刘佩东作出取消学籍的处理决定。这种情况，学生取得学籍的方式是不合法的，并且不合法的状态一直延续，因此高校对其作出的处理决定并不适用超过处罚时效的规定。只要一经查实，就可以依法作出处理。当然，对于以上两种情况仍应适用《办法》的相关规定，结合教育部及其他相关教育行政部门的规定，进行处理。按照《办法》的规定，对入学考试作弊考生的处理主体是上级教育考试机构，此时鉴于考生已经被录取或者就读，教育考试机构可以授权招生单位进行处理。

四、认真贯彻择优录取原则

择优录取，顾名思义，就是选择优秀的考生进行录取。在高等教育招生中，教育部都要求招生单位要按照"择优录取、保证质量、宁缺毋滥"的原则进行录取工作。择优录取原则属于我国构建多元化的招生制度体系的重要内容。按照教育部的规定，各普通高等学校、承担研究生教育任务的科学研究机构在具体招生录取环节必须坚持贯彻该原则。那么，究竟怎么才是择优录取？显然，考试成绩是高校进行择优录取参考的重要条件，但是绝不能将择优录取理解为"择分录取"。择优录取是以考试成绩为基础，同时将考生的兴趣特长、获奖情况、内在潜质及综合能力作为重要参考。

择优录取是为了避免"唯分数论"的招生弊端，毕竟我国现有的高等教育资源不足，择优录取原则能够将具有更大开发潜力、特殊能力的考生挖掘出来进行培养，以获得更大的社会效益。但是，我国高等教育择优录取工作在具体操作中还存在一定的问题，例如，在不以分数论成败的前提下，往往会滋生暗箱操作、"走后门"等现象的发生，从而不利于教育的公平、公正。因此，为了确保择优录取原则成效的最大化，招生单位应按照教育部的相关规定，制定明确、合理的招生录取工作方案，将择优录取的细节予以明确，对社会公开，接受社会监督。

五、重视调剂工作

调剂是高校招生录取工作的重要环节，是满足考生多元志愿选择、保障考生权益的重要渠道，同时也是招生单位提高新生入学质量、做好人才培养工作的重要保证。《中华人民共和国高等教育法》第三十二条规定："高等学校根据社会需求、办学条件和国家核定的办学规模,制定招生方案,自主调节系科招生比例。"因此,高校享有自主办学权,有权依据相关法律、法规、规定制定招生简章,开展招生工作。其中,调剂是高等教育招生的重要内容。

调剂往往涉及考生第二次志愿选择,高校调剂工作开展得好坏直接关系到大批考生的核心权益,也关系到高校的生源质量,更加关系到教育的公平、公正,因此高校应高度重视调剂工作。按照惯例,教育部每年都会对全国高等教育招生工作中的调剂环节进行详细规定。例如,2017年教育部公布的《2017年全国硕士研究生招生工作管理规定》第六十一条规定:"招生单位应按教育部有关政策确定并公布本单位调剂工作的具体要求和程序。"正如前面所述的吕春晓诉北京师范大学不予录取案,北京师范大学公布的《北京师范大学2017年硕士生招生复试与录取须知》规定,录取方法依第一志愿上线考生>破格复试考生>调剂复试考生的优先级,依据总成绩分别排序录取。第一志愿上线考生被录取的条件是复试合格,否则,学校可以依照该规定录取破格复试考生和调剂复试考生。该录取办法既符合教育部的相关规定,又体现了高校办学自主权;既维护了第一志愿报考考生的权益,又确保高校能够提高生源质量。因此,各招生单位可予以借鉴、参考该录取办法,同时要提前对外公布本单位的招生调剂办法,并将调剂录取的考生名单进行公示,接受社会监督。

六、规范录取通知

实践中,高校的招生权(硕士、博士的招生)往往是在高校招生办公室的主导下,由其具体院系负责本院系的招生工作,即:招生单位所属的各院系属于招生单位的内设机构,各院系及其工作人员在工作中实施的行为应属职务行为,其法律后果应由招生单位承担。随着科技的发展,负责招生工作的各部门、院系可以采取"互联网+招生"的方式,此时可以由各部门通过官方网站公布相关信息,也可以由具体工作人员运用电话、微信、QQ、电子邮件等方式开展具体招生工作。但是,涉及考生重大利益的事项,例如复试通知、拟录取名单公示、录取名单的公布以及学费的缴纳等,招生单位应以本招生单位的名义对外公布。在赵庆杨诉中国政法大学招生录取行为案中,中国政法大学所属的法律硕士学院的工作人员,以短信的方式通知被录取考生录取决定及缴费事宜,显然欠缺规范性,程序不严谨。特别是在未履行平等、公平告知义务的情况下,告知考生录取后又通知其不予录取,这不符合行政行为公定力的效力,在一定程度上损害了考生的权益。因此,招生单位在招生录取工作中,要规范方式、方法,严把程序关口,确保录取工作公平、公正、公开。

关于录取通知书的发放,近年来根据教育部每年公布的高等学校招生工作的规定,高校根据经有关省级招办核准备案的录取考生名册填写考生录取通知书,由校长签发录取通知书,加盖本校校章,并负责将考生录取通知书连同有关入学报到须知、资助政策和办法等相关材料一并直接寄送被录取考生。虽然说,因高校发放录取通知书而引起的纠纷并不多,但在王雨霖诉郑州大学不履行发放录取通知书法定职责案发生后,该问题开始引起人们的关注。按照规定,招生单位在录取新生时,应由校长签发录取通知书,加盖校章,以招生单位的名义将录取通知书寄送给被录取考生。实践中,经招生单位授权,产生了以招生单位的二级机构或内设机构的名义发放录取通知书的情形,这样虽然并不影响被录取新生的受教育权的实现,招生单位也履行了相应职责,但为了履职的规范性及减少纠纷的发生,高等院校应当以自己的名义发放录取通知书。

七、严把入学审查关

在《普通高等学校学生管理规定》"入学与注册"一节中,要求高校对入学新生进行初步审查和复查,如图1-4。

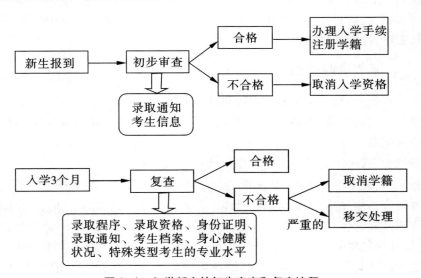

图1-4 入学新生的初步审查和复查流程

建立新生入学审查制度,要求高校对入学新生的录取资格、身份信息、身心状况、专业水平等进行复查,力求避免在考试过程、考试成绩、专业能力、录取资格等方面弄虚作假、违规违法的考生进入高校。这样更加完善了新生入学资格审查机制,弥补了以往高校在学生管理领域的不足,彰显了教育的公平、公正。

但是,高校在进行新生入学资格审查时,如果认为学生在入学时存在弄虚作假行为,要有充分、合理的证据,对学生违法违纪事实的证明标准要达到确凿无疑、排除合理怀疑的程度。否则,在对学校公信力造成影响的同时,也会深深伤害学生的情感,侵犯其合法权益。例如,在宗源诉东华大学取消录取资格教育行政处理决定案中,东华大学认定宗源在入学考试时存在弄虚作假行为,从而作出取消宗源学籍的处理决定,但是在案件审理过程中,法院认定东华大学的处理决定事实不清、证据不足,从而撤销处理决定。(本章案例详见表1-4)因此,为规范复查程序,招生单位应当建立健全新生入学初步审查和复查制度,这样既能尽最大限度的实现教育的公平、公正,也能防止审查不当侵犯学生合法权益事件的发生。当然,如果发生类似东华大学不当处理的案件,高校应积极采取补救措施,及时澄清事实,撤销对学生的不当处理决定,尽可能减少对学生学习和生活造成的不利影响。

表1-4 招生录取阶段校生纠纷案例汇总

序号	案例	案号
1	辛晶诉上海海事大学不予录取案	一审:上海市浦东新区人民法院(2016)沪0115行初470号 二审:上海市第三中级人民法院(2017)沪03行终270号
2	姜一峰诉武汉大学取消考试资格案	一审:湖北省武汉市武昌区人民法院(2013)鄂武昌行初字第00039号 二审:湖北省武汉市中级人民法院(2014)鄂武汉中行终字第00070号
3	白燕诉南开大学不予录取案	一审:天津市南开区人民法院(2013)南行初字第0013号 二审:天津市第一中级人民法院(2013)一中行终字第171号 再审:天津市高级人民法院(2014)津高行监字第0010号

续表1-4

序号	案例	案号
4	闵笛诉苏州大学自主招生案	一审:江苏省苏州市中级人民法院(2004)苏中行初字第004号 二审:江苏省高级人民法院(2005)苏行终字第005号
5	程蕴诉清华大学确认不予录取行为违法案	一审:北京市海淀区人民法院(2016)京0108行初911号 二审:北京市第一中级人民法院(2018)京01行终73号
6	刘沁诉中央美术学院不予录取案	一审:北京市朝阳区人民法院(2015)朝行初字第723号 二审:北京市第三中级人民法院(2016)京03行终362号
7	王为民诉西华师范大学不履行硕士研究生录取法定职责及行政赔偿案	一审:四川省南充市顺庆区人民法院(2014)顺庆行初字第96号 二审:四川省南充市中级人民法(2015)南行终字第42号 再审:四川省高级人民法院(2017)川行申7号
8	吕春晓诉北京师范大学不予录取案	一审:北京市海淀区人民法院(2017)京0108行初749号 二审:北京市第一中级人民法院(2018)京01行终232号
9	林群英诉厦门大学拒绝录取案	一审:福建省厦门市思明区人民法院(2005)思行初字第80号 二审:福建省厦门市中级人民法院(2006)厦行终字第29号
10	肖虹诉中国科学院大学不予录取决定案	一审:北京市石景山区人民法院(2015)石行初字第93号 二审:北京市第一中级人民法院(2016)京01行终261号
11	韩朝阳诉武汉大学不履行法定职责案	一审:湖北省武汉市武昌区人民法院(2015)鄂武昌行初字第00063号 二审:湖北省武汉市中级人民法院(2015)鄂武汉中行终字第00667号

续表 1-4

序号	案例	案号
12	于景仪诉西南民族大学不履行法定职责案	一审:四川省成都市武侯区人民法院(2016)川 0107 行初字 61 号 二审:四川省成都市中级人民法院(2016)川 01 行终 494 号 再审:四川省高级人民法院(2016)川行申 338 号
13	滕汉昱诉兰州大学取消研究生拟录取资格案	一审:兰州市城关区人民法院(2010)城法行初字第 68 号
14	周卓然诉暨南大学招生纠纷案	一审:广州铁路运输第一法院(2016)粤 7101 行初 1972 号 二审:广州铁路运输中级法院(2017)粤 71 行终 1846 号
15	王伟诉平顶山财贸学校不予录取案	——
16	徐戈诉中国人民解放军艺术学院取消入学资格决定案	一审:北京市海淀区人民法院(2015)海行初字第 556 号 二审:北京市第一中级人民法院(2015)一中行终字第 2465 号
17	刘佩东诉江苏警官学院取消学籍处理决定案	一审:江苏省南京市雨花台区人民法院(2007)雨行初字第 18 号 二审:江苏省南京市中级人民法院(2008)宁行终字第 54 号
18	项俊诉武汉大学教育行政处理案	一审:湖北省武汉市武昌区人民法院(2015)鄂武昌行重字第 00002 号 二审:湖北省武汉市中级人民法院(2016)鄂 01 行终 242 号 再审:湖北省高级人民法院(2017)鄂行再 27 号
19	于潆钧诉中国劳动关系学院取消学籍处理决定案	一审:北京市海淀区人民法院(2015)海行初字第 00262 号 二审:北京市第一中级人民法院(2015)一中行终字第 01087 号
20	宗源诉东华大学取消录取资格教育行政处理决定案	一审:上海市长宁区人民法院(2016)沪 0105 行初 3 号 二审:上海市第三中级人民法院(2017)沪 03 行终 57 号

续表1-4

序号	案例	案号
21	王雨霖诉郑州大学不履行法定职责案	一审:河南省中牟县人民法院(2017)豫0122行初143号 二审:河南省郑州市中级人民法院(2018)豫01行终195号
22	边柳诉北京市教育委员会、中央美术学院教育行政处理决定案	一审:北京市西城区人民法院(2007)西行初字第254号 二审:北京市第一中级人民法院(2008)一中行终字第220号
23	赵庆杨诉中国政法大学招生录取行为案	一审:北京市昌平区人民法院(2016)京0114行初103号 二审:北京市第一中级人民法院(2017)京01行终176号

第二章

处　分

第一节　可诉处分种类

1. 高校处分行为的司法审查界限
——崔子阳诉中国地质大学教育行政行为案

一、典型案例

（一）案号

一审:湖北省武汉市洪山区人民法院(2015)鄂洪山行初字第00135号。

二审:湖北省武汉市中级人民法院(2016)鄂01行终180号。

（二）裁判要旨

高校对学生作出留校察看等纪律处分决定,不涉及学生身份丧失,不影响其受教育权,属于高校在维护教育教学秩序过程中依法行使自主管理权范畴的行为,该行为不属于人民法院的受案范围。

（三）基本案情

崔子阳系中国地质大学机械与电子信息学院2014级学生。在2015年6月26日"大学物理C1"考试中,考生崔子阳、马坤、颜廷健被分在同一考场,颜廷健坐在马坤左边,崔子阳坐在马坤前面。考试中,崔子阳经监考老师同意前去厕所。返回后,监考老师发现马坤与颜廷健座位中间的空桌上有一张草稿纸。经学校调查认定草稿纸是崔子阳的,且草稿纸上写有填空题答案,因此学校认定崔子阳行为属于考试作弊。2015年7月9日学校向崔子阳作出拟处理通知书,之后作出正式留校察看处分决定。7 月 23 日,崔子阳向学校申诉,学校维持了处分决定。崔子阳不服学校的留校察看处分决定,向法院起诉。

(四)原告主张及理由

崔子阳认为处分决定不公,且程序失当、证据缺失,依法应予以撤销,理由如下:

(1)校教务处作出正式处分决定是 7 月 9 日,而原告收到"学生课程考核违规拟处理通知单"时间却是 7 月 10 日,且拟处理通知单和正式处分决定均为 7 月 9 日,被告在未听取原告陈述和申辩的情况下便作出处分决定,属程序违法。被告作出的处分决定中也未告知原告可以提出申诉及申诉期限。

(2)学校处分决定未列明或提及能证实崔子阳协助作弊的证据材料,不符合规定。原告在被告作出处分决定后多次要求学校调出监考录像,但被告始终不予理睬。因此,原告认为被告未经调查核实,仅凭主观臆断作出处分决定,证据缺失。

(3)根据刘某的情况说明,原告在上厕所过程中,草稿纸从桌上掉下,颜某捡起来,等原告回到考场,巡考老师进入考场并询问颜某、马某具体情况。根据颜某、马某的证明,颜某是在原告上厕所过程中发现地上有一张草稿纸,他捡起来交与马某,马某将草稿纸放于旁边的空位上。因原告当时并未在场,发生这种情况完全不受原告控制,原告没有与颜某、马某就事先协助作弊行为进行合谋,事中也并未协助,因此,不构成作弊。

综上,原告请求撤销被告作出对其留校察看一年的处分决定。

(五)被告意见

中国地质大学提出该行为不属于人民法院受案范围。

(1)留校察看处分不是具体行政行为,不具有可诉性。学校不是行政机关,其作出的行为,只有在行使法律授权的行政管理职能时才是具体行政行为。根据《教育法》第二十八条、《高等教育法》第四十一条、《普通高等学校学生管理规定》第五十三条,学校针对学生的学位、学籍作出的处分行为才是具体的行政行为。留校察看处分不影响学生的学位、学籍,未侵害学生受教育权利,不具备可诉性。

(2)从现行法律法规来看,留校察看不属于行政诉讼的受案范围。《行政诉讼法》第十二条规定了行政诉讼的受案范围,前十一项肯定不适用本案。第十二项为:认为行政机关侵犯其他人身权、财产权等合法权益的。然而,留校察看并未侵犯学生的受教育权。第十三项为:除前款规定外,人民法院受理法律、法规规定可以提起诉讼的其他行政案件。《教育法》《高等教育法》《普通高等学校学生管理规定》并未规定学生可以对留校察看处分进行起诉。而《普通高等学校学生管理规定》第六十一条至第六十三条明确规定对留校察看等处分行为的救济途径为向教育行政主管部门申诉。

(六)争议焦点

学校作出留校察看的处分决定是否可诉。

(七)裁判理由及结果

一审法院认为留校察看是对学生作出的一种比较严重的纪律处分,对学生的权利影响较大。学校对学生作出留校察看处分,应当做到证据确凿充分。被告在作出处分决定之前,未实际听取原告的陈述和申辩,属于程序违法。综上,一审法院判决撤销被告对原告作出的处分决定。宣判后,中国地质大学对判决结果不服,上诉至武汉市中级人民法院。

二审法院认为中国地质大学依据《普通高等学校学生管理规定》《中国地质大学(武汉)学生管理规定》《中国地质大学(武汉)学生违纪处分实施办法(修订)》《中国地质大学(武汉)本科生课程考核违规处理办法》的规定,对崔子阳作出留校察看的纪律处分决定,该行为因不涉及被上诉人学生身份丧失问题,不影响其受教育权,属于上诉人在维护学校教育教学秩序过程中,依法行使自主管理权范畴的行为,该行为不属于人民法院的受案范围。

二审裁定如下:①撤销湖北省武汉市洪山区人民法院(2015)鄂洪山行初字第00135号行政判决;②驳回被上诉人崔子阳起诉。

二、案件评析

(一)高校处分行为的性质

我国《普通高等学校学生管理规定》自1990年颁布至今,虽历经2005年和2017年两次修订,始终将开除学籍等处分表述为"纪律处分"。但是,法律中关于纪律处分的性质界定却并不清晰,使得当前理论与实务界对高校处分行为的法律性质认识不一。① 第一种观点认为,高等学校对学生作出的处分行为是行政行为的一种,因为此时高校是基于法律的授权作出的行为,而且是一种行政处罚行为。第二种观点认为,高校处分行为是一种纪律处分,并非行政处罚。该观点认为处分是基于高校与学生之间的教学管理关系而作出的内部惩罚、制裁行为。第三种观点认为这属于一种"准行政处

---

① 申素平、黄硕、郝盼盼:《论高校开除学籍处分的法律性质》,载《中国高教研究》2018年第3期。

罚"行为,该观点认为行政处罚主体仅限于狭义的行政机关,而高校并不属于狭义的行政机关,因此,不能将处分行为纳入行政处罚之中。

要准确认识处分的性质,需要明确高校与学生之间的关系。公务员与行政机关、学校与学生之间成立内部行政法律关系,区别于行政机关与相对人之间的外部法律关系。尽管调整内部关系的特别权力关系理论已被修正,但是这并非意味着内部行政法律关系的消失。而行政处分是指在内部行政法律关系中行政主体运用公权力对其成员作出具体的、一次性的制裁行为,故高校对于学生的处分行为可以认定为行政处分中的一种。

(二)内部行为可诉性的分析

《行政诉讼法》对现行受案范围的规定主要基于三个条文:第一章"总则"第二条以总括的方式确立了行政诉讼受案范围,明确行政诉讼受案条件;第二章"受案范围"第十二条以肯定列举方式,规定了十一类可受案的诉讼情形,表明行政行为通常可诉,行政主体实施的大部分行政行为均需接受司法审查或法院裁判;第十三条对排除司法审查的几类行政行为予以明确列举,同时将国家行为、抽象行政行为、行政终局行为及内部行政行为明确认定为不受法院司法审查的行为,概括与列举相互配合,对第二条总体规定进一步具体化,使其更具操作性。

早期受特别权力关系理论的影响,在行政诉讼法制定过程中学界普遍认为行政机关对工作人员的纪律处分行为属于机关建设问题,是一种特别权力行为,作为被管理对象不能对机关的惩戒行为寻求司法救济。[①] 随着法治不断发展,西方特别权力关系理论影响逐渐变小,基础关系理论逐渐取代特别权力关系理论成为学术界的通说。该理论以公权力行为对公民的影响程度不同为基础,将传统的特别权力关系划分为基础关系与管理关系。基础关系行为指的是产生、变更、消灭内部关系的一种行为,管理关系行为则是为实现内部关系的良性运行而采取的各种管理措施行为。基础关系行为使得内部关系发生质的变化,基于此,法院享有对基础关系行为的审查权,因为,此时当事人已脱离特别权力关系,成为一般公民;而对管理性行为仍不能提起诉讼。1972 年德国法院通过一系列案件确立了"重要性理论",进一步将管理关系中涉及人权的"重要事项"纳入司法审查范围。

(三)影响受教育权的处分可诉

随着实践的发展,越来越多的国家认识到公务员、学生等主体在具有特殊身份的同时也具有公民身份,应当享有作为一个普通公民所享有的法律

---

① 陈小华:《内部行政行为的可诉性研究》,载《行政与法》2001 年第 4 期。

保护权利。行政机关对公务员、学生等所为的内部行为应当作为法院司法审查对象,因此,公务员、学生的权利受到侵害时可以寻求司法救济。①

高校由法律法规授权对学生作出处分行为时属于行政主体的一种类型,即法律法规授权的组织,基于此,可以成为行政诉讼的适格被告;同时,对学生作出的处分属于行政处分的一种,也为高校处分行为可诉提供理论支撑。但是,无论按照特别权力关系理论、基础关系理论或者是重要性理论,并非所有处分行为均可纳入司法审查的范围。当前司法实践认为,只有当学生受到开除学籍、退学等涉及学生身份得失,影响其受教育权实现的处分时方可向人民法院提起行政诉讼,寻求司法救济。而警告、严重警告、记过、留校察看等处分,法院认为这属于学校内部管理事项,不涉及学生身份和受教育权问题,不属于人民法院受案范围,受处分学生不能向人民法院提起行政诉讼。

(四)未来可诉处分种类的发展趋势

当前高校处分可诉种类仍受到特别权力关系理论影响,导致如本案中留校察看的处分决定被排除在行政诉讼受案范围之外。但在国外,随着人权保护理念的不断深化,特别权力关系理论对公民基本权利的漠视,使得该理论的内涵不断被调整。在英美法系国家中并没有内部行政行为与外部行政行为的划分,也不存在调整内部行政行为的"特别权力关系理论",因此这类纠纷法院均享有管辖权。② 可见,并没有充足的理由限制内部关系进入行政诉讼领域。将内部处分纳入受案范围,使得内部行为也受到司法的审查,将更加直接保障学生的合法权益。同时,人民法院的司法监督也有助于推进高校依法治校进程,使得高校管理更加科学化。随着我国权利保护观念的不断强化,在不久的将来,留校察看等处分也将纳入行政诉讼受案范围。

三、法条索引

《普通高等学校学生管理规定》(教育部令第21号)

第六十条 学生对学校的处理或者处分决定有异议的,可以在接到学校处理或者处分决定书之日起10日内,向学校学生申诉处理委员会提出书面申诉。

---

① 辛长青:《从行政行为的可诉性谈我国行政诉讼受案范围》,载《淮海工学院学报》2011年第11期。
② 陈小华:《内部行政行为的可诉性研究》,载《行政与法》2001年第4期。

《中华人民共和国行政诉讼法》(2014 年修正)

第十二条 人民法院受理公民、法人或者其他组织提起的下列诉讼:

…………

(十二)认为行政机关侵犯其他人身权、财产权等合法权益的。

除前款规定外,人民法院受理法律、法规规定可以提起诉讼的其他行政案件。

第十三条 人民法院不受理公民、法人或者其他组织对下列事项提起的诉讼:

…………

(三)行政机关对行政机关工作人员的奖惩、任免等决定;

…………

第二节 处分应遵循的原则

2. 高等学校作出退学处理是否需遵循正当程序原则
——钟杨杰诉闽西职业技术学院教育行政行为案

一、典型案例

(一)案号

一审:福建省龙岩市新罗区人民法院(2010)龙新行初字第 11 号。

二审:福建省龙岩市中级人民法院(2010)岩行终字第 37 号。

(二)裁判要旨

(1)高校作出对学生不利的处分、处理决定时应当遵循正当程序原则,即作出处分前,应当将相关事实、理由和依据告知学生,并给予学生陈述、申辩的机会,以维护学生合法权益。未遵循正当程序的处分、处理决定人民法院有权予以撤销。

(2)按照行政诉讼法和司法解释的有关规定,高校承担证明其行为符合正当程序原则的责任,无正当理由未向人民法院提供相关证据材料的,视为没有履行相应程序,属程序违法。

(三)基本案情

钟杨杰系闽西职业技术学院化学化工系 2006 级学生。2008 年 1 月 14 日与 5 月 19 日因累计旷课达 32 次和 38 次,先后被学校给予两次记过处分。

6月16日因累计旷课达到48节,被学校给予留校察看处分。7月钟杨杰以水土不服为由向学校申请转学,学校在《高等学校学生转学申请(确认)表》中签署同意转学的意见并加盖公章。10月学校做出给予钟杨杰退学处理的决定,送达学生本人和家长,并上报福建省教育厅备案。后钟杨杰因学校退学决定,学籍被注销而无法办理转学手续,于是向人民法院起诉。

(四)原告主张及理由

钟杨杰认为,学校作出退学处理决定违反正当程序且没有法律依据,依法应予以撤销。学校在已经作出同意钟杨杰转学的情况下,短期内再次作出退学决定,有滥用职权嫌疑,同时也违反了诚实信用原则,故请求人民法院撤销学校作出的退学处理决定。

(五)被告意见

学校答辩称:退学决定属于学校实施的内部行政管理行为,该退学处理决定不属于行政诉讼受案范围。钟杨杰在学习期间无视考勤纪律,因旷课被给予三次纪律处分却仍不悔改,该退学处理决定有充分的事实根据。学校召开学校院长办公会作出了书面决定,程序完全符合法律规定。

(六)争议焦点

(1)退学决定是否可诉。

(2)退学决定作出程序是否正当。

(七)裁判理由及结果

法院认为闽西职业技术学院是经批准设立的高等院校,依法享有对学生学籍管理、奖励与处分的职权。学校作出退学处理决定,直接影响、限制和否定了学生受教育权和大学生身份权。因此,该退学处理决定系特殊的外部行政管理关系,属于行政诉讼受案范围。

学校作出处分决定时应当遵循正当程序原则,以维护学生的合法权益。学校在作出退学处理前,应当充分保障当事人权益,告知被处理者拟作出处理的事实、理由及依据,充分听取当事人陈述、申辩,确保意见的正当表达。闽西职业技术学院未告知学生所享有的救济权利和途径,属程序违法。学校退学处理决定中仅载明所引用的《闽西职业技术学院学分制学籍管理细则(试行)》第四十一条,并无援引法律、法规、规章中相对应实体法律责任条款,属适用法律错误。

一审判决撤销闽西职业技术学院于2008年10月24日作出的闽西职院学字第[2008]68号《关于给予钟杨杰同学退学处理的批复》的退学决定。

二审驳回闽西职业技术学院的上诉,维持原判。

二、案件评析

(一)学校针对学生作出的退学决定具有可诉性

在特定条件下,国家可以将本应由其执行的行政任务授权他人在相应权限范围内代为行使。由于被授权人在法律上享有独立地位并且可以自负其责地进行活动,故属于广义上的行政主体。① 高校原本并不具有行政主体资格,仅仅属于教书育人的场所。而依据《高等教育法》第四十一条的规定,高等学校享有对学生进行学籍管理或者实施奖励、处分的职权。基于《高等教育法》的这一授权,高等学校获得了对学生进行行政管理的职权,而我国通说认为行政主体不仅仅限于行政机关,也包括法律法规授权的组织,此时,高校便成为行政诉讼的适格被告。

在第一节可诉处分种类中已对内部行政行为可诉性理论基础做了简要分析,在此不再赘述。退学处理决定直接影响到学生受教育权的实现,从权利保障角度出发应当给予学生寻求救济的途径,而司法救济作为保障公平的最后一道防线,也应当允许学生寻求司法救济;在另一层面上看,退学处理将直接影响学生身份的得失,如果退学处理成立则学生将脱离学校,不再属于学校内部管理关系,从这个层面上看退学处理决定也属于人民法院受案范围。

(二)高校作出的退学决定不属于处分

《普通高等学校学生管理规定》第三十条第一款规定了学校可以给予学生退学处理的若干情形,第二款规定了学生可以主动申请退学。一般来说退学不属于对学生的处分,更多将其称为对学生的处理。因为退学情形主要是针对学生无法按时完成学业,学校为维护正常教学秩序而作出的一种处理方式;而处分主要是针对学生违反校规校纪,触犯学校管理规范作出的一种惩罚措施。同时《普通高等学校学生管理规定》第五十一条规定的纪律处分中并不包括退学,因而退学并不属于处分中的一类。但是,因为学校给予学生退学处理同样会影响到学生的受教育权,因此在本章处分中对退学处理一并分析。

(三)高校作出纪律处分或退学处理决定时应遵循正当程序原则

从严格意义上讲,我国法律中并没有关于"正当程序"的规定②,那么,高校在作出纪律处分或退学处理时是否需要遵循正当程序原则呢? 在上节中

---

① 毛雷尔:《行政法学总论》,法律出版社 2000 年版,第 501 页。
② 李爱春:《法制化视角下的高校管理》,载《中国青年研究》2008 年第 9 期。

我们已对高校处分权的法律性质做了简要分析,认为其属于行政处分的一种。诚然高等学校拥有对学生的处分权,因为这是学校管理过程中不可或缺的手段。我国《教育法》第二十八条和《高等教育法》第四十一条都授权学校有对学生的处分权。但是处分权并非不受限制,正当程序是法治的重要组成部分,同时也是限制高等学校对学生处分权的重要方面,是学生合法权益得到保障的重要手段。程序正义与实体正义是合法处分决定的一体两面,而正当程序是保障决定合法性的关键要素之一。

之前,高校作出处分决定的依据多为《教育法》《普通高等学校学生管理规定》,这些法律法规更多的是强调处分是法律法规对高等学校的依法授权,对学生的程序性权利鲜有关注。这很大程度上导致多数高校只重视学生违纪事实方面的认定,忽视了对学生程序性权利的保障。而新修订的《普通高等学校学生管理规定》则弥补了这一缺漏。高校在教育行政诉讼中败诉的主要原因之一是未保障学生的程序性权利,因此高校在作出纪律处分或退学处理决定时应当注意遵循正当程序原则,以免发生此类问题。

(四)高校作出退学处理决定应当符合正当程序要求

正当程序原则最早起源于英国古老的自然正义原则,其基本含义包含两方面:一是自己不做自己案件的法官;二是当事人有陈述和被倾听的权利。① 法律没有规定高校纪律处分或退学处理的具体程序时,不意味着高校的行为可以不受程序约束。

高等学校在依据上位法规定制定处分、处理程序条款时应当遵循正当程序原则,即事先将草案予以公布,广泛征求老师与学生的意见,保障参与权在高校规范性文件的制定过程中严格得以落实,最终构建出一套完整、科学的学生处分、处理流程。同时要求高校在行使处分权时严格遵循正当程序原则,即:作出处分前,应当将该决定所依据的事实、理由告知学生,并给予学生陈述、申辩的机会。

学校作出退学处理决定是否符合正当程序的要求是本案争议的焦点。闽西职业技术学院所依据的《闽西职业技术学院学分制学籍管理细则(试行)》,以及2005年教育部制定的《普通高等学校学生管理规定》,并未规定在拟作出退学等处理前,应告知被处理者拟作出处理的事实、理由及依据,充分听取当事人陈述、申辩,确保意见的正当表达等具体程序,仅概括规定了学校对学生的处分,应当做到依据明确、证据充足、程序正当、定性准确和处分恰当。尽管行政程序规定不明确、具体,但在对行政相对人作出不利决

---

① 　徐亚文:《程序正义论》,山东人民出版社2004年版,第10页。

定之时,也应当遵循正当程序的要求,特别是当行政行为将减损公民的基本权利之时更应当如此。即要求行政主体履行告知义务,给予相对人陈述、申辩权利,最大限度保障行政相对人的合法权益。本案法院在判决书中创造性地使用了正当程序原则作为判案依据,认为闽西职业技术学院在对钟杨杰作出退学处理决定时,没有履行告知和听取陈述、申辩的义务,违反了正当程序,应认定属于重大程序违法,故该退学决定不合法。

(五)高校作出退学处理决定时不可滥用职权

行政机关享有行政权力,但是并非不受限制,法律授予行政机关权力是为了服务于公共利益的目的,以及某个更为具体、特定目的,行政权力行使必须符合法律所规定的目的,否则即构成权力滥用。① 高校在作出法律授权的行为时,属于行政主体的一种,其行为应当具有合法目的。特别是在作出处分决定之时,因涉及学生的合法权益,更应当如此。法律授予高校处分权的目的是为了维护正常教学秩序,教育违纪学生改正其行为。《普通高等学校学生管理规定》中规定学校可作出退学处理的立法目的是赋予高校将"无继续接受教育可能性和必要性的学生"予以清退的一种权力。高校在学生转学申请表中签字确认的行为,证明学校认可学生已经将其之前违纪行为改正,符合申请转学学生应达到的学业、品德条件,并非属于"无继续接受教育可能性和必要性的学生"。而学校在数月之后再次作出退学决定,阻碍钟杨杰正常办理转学手续的行为,不符合立法目的,有滥用职权的嫌疑。

三、法条索引

《中华人民共和国行政诉讼法》(1989 年)
第六十一条　人民法院审理上诉案件,按照下列情形,分别处理:
(一)原判决认定事实清楚,适用法律、法规正确的,判决驳回上诉,维持原判;
…………

《中华人民共和国高等教育法》(1998 年)
第四十一条　高等学校的校长全面负责本学校的教学、科学研究和其他行政管理工作,行使下列职权:
…………
(四)聘任与解聘教师以及内部其他工作人员,对学生进行学籍管理并

---

① 邹瑜:《法学大辞典》,中国政法大学出版社 1991 年版。

实施奖励或者处分；

…………

高等学校和校长办公会议或者校务会议,处理前款规定的有关事项。

《普通高等学校学生管理规定》(教育部令第21号)

第五条 学生在校期间依法享有下列权利：

…………

(五)对学校给予的处分或者处理有异议,向学校或者教育行政部门提出申诉;对学校、教职员工侵犯其人身权、财产权等合法权益,提出申诉或者依法提起诉讼;

…………

第二十七条 学生有下列情形之一,应予退学；

…………

(四)未请假离校连续两周未参加学校规定的教学活动的;

…………

《闽西职业技术学院学分制学籍管理细则(试行)》

第四十一条 按四十条作退学处理的学生,由其所在系提出书面报告,送教务处审核提交院长办公会议研究决定。经研究决定后即出具退学决定书并送交本人,无法送达的在校内公告,自发出公告之日起经过15个工作日即视为送达,同时报省教育厅备案。

3. 高校作出处分决定是否需遵循处罚与教育相结合原则 ——蔡宝仪诉广州工业大学教育行政行为案

一、典型案例

(一)案号

一审:广州铁路运输第一法院(2016)粤7101行初1424号。

二审:广州铁路运输中级法院(2017)粤71行终330号。

(二)裁判要旨

高等学校有权依照《普通高等学校学生管理规定》的规定,在查明学生违纪事实的情况下,遵循教育与处罚相结合原则对违纪学生作出相应的处分决定。司法机关应就以上行为能否在处罚学生的同时,实现教育学生的目的进行司法审查。

(三)基本案情

蔡宝仪系广州工业大学 2012 级本科生。在一次考试中蔡宝仪被监考老师发现有作弊行为,后监考老师在广东工业大学考试考场情况记录表(教师用)中载明相关情况,上有蔡宝仪及监考人员的签名。同日蔡宝仪书写了《考试违规情况说明》,对其考试作弊情况进行了说明。之后广州工业大学向蔡宝仪作出考试违纪处理告知书,通知蔡宝仪之后将对其作弊行为作出相应处理。在听取蔡宝仪陈述、申辩后,广州工业大学校长办公会研究决定给予蔡宝仪开除学籍的处分决定,并将决定书送达蔡宝仪,同时告知其享有的救济权利。

(四)原告主张及理由

蔡宝仪认为:

(1)其违纪行为尚未达到可开除学籍的程度,学校处分过重。原《普通高等学校学生管理规定》(教育部令第 21 号)第五十四条规定:"使用通讯设备作弊"且"情节严重","可以"开除学籍。学校应当区分学生是否为初犯、违纪行为性质、过错严重程度以及平时在学校的表现等情况,综合决定是否适用开除学籍处分决定。

(2)学校处分程序不合法,两次送达的违纪处理告知书编码均为 NO. 20155,但是所依据的处罚文件却不相同。同时,违纪处分告知书中所依据的理由与最终处罚决定书也不相同。

(3)学校作出处罚决定并没有载明其援引的法律、法规或者规章依据,而仅仅说明了引用的学校内部管理规范。

故请求人民法院撤销学校作出的开除蔡宝仪学籍处分决定。

(五)被告意见

学校答辩称:

(1)蔡宝仪行为属于严重的作弊行为。使用通讯设备作弊本身就属于严重的作弊行为之一,学校可以给予开除学籍处分。在《教育部办公厅关于采取切实有效措施坚决刹住高等学校考试作弊歪风的紧急通知》(教电〔2003〕504 号)中也可以看出使用手机作弊是属于严重情形。

(2)蔡宝仪并没有悔改意思。蔡宝仪在承认作弊之后随即予以否认,甚至说是在老师威胁下写下了考场作弊的情况说明,并不是其真实意思表示。在此,是否决定从轻处分属于学校自由裁量权,学校可以在规定范围内自由行使,在自由裁量权范围内作出处分并没有任何超越法律规定的范围,不存在任何显失公平情形。

（3）学校作出处分决定程序完全正当，告知书并不是正式处分决定书，告知书目的在于保障学生陈述、申辩权。告知书发出后，还需要进一步核实相关事实之后才会作出正式决定书。蔡宝仪在接到告知书之后正常行使了陈述、申辩的权利，学校是在充分听取其陈述、申辩后作出的处分决定。

（六）争议焦点

（1）处分程序是否合法。

（2）学校处分是否合理。

（七）裁判理由及结果

学校在两次向蔡宝仪作出的告知书中均告知其享有陈述、申辩权利，告知程序基本适当。但是在处分决定中又增加认定了一项，虽然该项不影响结果，但是因其未能够提前告知蔡宝仪，故处分程序有失妥当。

学校处理违纪学生时应注意教育与处罚相结合并重在教育。在《广东工业大学本专科学生考试违纪情况说明》中，被上诉人所在学院意见一栏写明："……该生平时表现乖巧，也因此事多次表明后悔，诚心希望学校再次给机会让她完成学业……"被上诉人所在学院出具《关于蔡宝仪同学在校表现说明》也证实在该事件发生之前，该生在校期间并无其他违纪记录。诉讼中被上诉人也多次表示了认错悔改。作为高等学校享有自主管理职权，司法机关应当尊重，但是大学生仍处于为人和治学的起步阶段，教育应当以育人为本，需要学校有更多耐心与宽容，通过教育并实施必要惩罚，培养其建立起健全人格。

一审判决撤销被告广东工业大学于 2015 年 11 月 2 日作出的广工大教字〔2015〕209 号《关于蔡宝仪考试严重作弊处分的决定》。

二审判决驳回广东工业大学的上诉，维持原判。

二、案件评析

（一）作出处分前应告知受处分学生全部事实及依据

《普通高等学校学生管理规定》第五十五条规定："学校对学生的处分，应当做到程序正当。"第五十六条规定："学校在对学生作出处分决定之前，应当听取学生或者其代理人的陈述和申辩。"高等学校在对学生作出处分之前应当告知其处分事实、理由、依据等，依法保障学生的知情权。学校的告知义务是学生行使参与权、表达权的前提，处分事项与学生权益密切相关，处分前应当让学生充分知悉受处分的事实、理由及依据。而告知必然要求全面告知，即便部分事项不会对最终处理结果造成实际影响，亦应当告知相对人，以保障其知情权、参与权、表达权的完整性。

广东工业大学就蔡宝仪的考试舞弊行为作出过两份处理告知书,两次告知书均向被上诉人告知了其有陈述、申辩权利。其中广东工业大学考试违纪处理告知书,告知原告其"出现了利用通讯设备作弊;夹带与考试内容相关的材料的违纪(作弊)行为,已被记录在案,学校将根据《广东工业大学考试纪律与违纪处分办法》(广工大教字〔2007〕176 号)的有关规定处理"。随后,学校听取了蔡宝仪的陈述、申辩。但是,广东工业大学在《关于蔡宝仪考试严重作弊处分的决定》中增加认定蔡宝仪违反了《广东工业大学考试纪律与违纪处分办法》第二十条第(二)项第一目,即便该增加认定不改变处理结果,其亦应提前告知蔡宝仪,其未提前告知蔡宝仪,导致蔡宝仪未能对此进行陈述和申辩,程序存在不当之处。

(二)高校作出处分决定时应遵循处罚与教育相结合原则

行政机关保障法律实施的重要途径之一就是对违法违规行为实施行政处罚,但是行政处罚只能是手段,而不能是目的。处罚与教育相结合作为行政处罚体系中一条重要原则,对于保障公民合法权益,提高行政执法效率,化解社会矛盾具有重要现实意义。[①] 对一般违法违规者,更应该强调教育,通过教育预防违法违规行为。对轻微违法行为人进行说服教育,使其认识到自己行为的本质,以防再次发生违法行为;对严重违法行为人如果单纯进行说服教育无法达到目的时,采用教育与处罚相结合的方式,通过惩罚来加强教育。

执法者要坚持教育与处罚相结合原则,做到以教育为主,改变以往"说服教育浪费时间,效率太低""教育效果不明显"等错误观念,认识到教育的重要性。高等学校作为教书育人的重要场所,更应该发挥在教育方面的优势。高等学校在对学生作出处分决定时通过教育并辅以必要处分,付出更多耐心与宽容,从而引导学生走上正确道路,成为社会有用之才。

当然强调处罚与教育相结合中教育的作用,并不是说高校在处分过程中无论什么情形都限制惩罚措施的适用。应当根据学生的日常表现,是否有悔过意思等情况来综合判断。高校享有较大自由裁量权,如果在上位法没有规定的情况下,高校可以探索建立具体的裁量基准。例如,在规定中写明当什么情形时应当给予学生一次改过自新的机会,列举出几种情形;或者建立起校园专门的学生违纪教育机构,对违纪学生集中进行说服教育,并由老师根据平时表现作出相应减轻、解除处分的建议。

---

① 陈新魁:《对行政处罚与教育相结合条款的反思》,载《中山大学研究生学刊(社会科学版)》2015 年第 3 期。

（三）高校应注意区分"可以"处分与"应当"处分

《普通高等学校学生管理规定》规定的处分大多以"应当"或者"可以"进行区分，相应地高校在具体实施处分时也应当进行区分，不可一味将所有违纪情节都按照"应当"实施。"可以"意味着高等学校享有选择权，也就是说上位法将选择何种方式对学生进行处罚的权力赋予了高校；"应当"则意味着高校必须怎样做，没有进行选择的余地，但也并非绝对的羁束，当"应当"的内容存在选择空间之时，高校也可以进行适当的自由裁量。基于此，对于"可以"一词，我们应当理解为：首先，其表明高校享有选择处罚方式的空间，并非一律选择最重的处罚；其次，当"可以"一词属于复合内容之时，高校应当注意法律规范中关于复合内容的规定顺序，这在某种程度上表明了过错程度与处罚内容的递进关系。如《普通高等学校学生管理规定》第五十二条规定："学生有下列情形之一，学校可以给予开除学籍处分……"在此，高校就应当区分学生违纪行为的性质和情节的严重程度，对于可以开除学籍也可以不开除学籍的应当进行衡量，禁止不区分情形均予以开除学籍对待。

三、法条索引

《中华人民共和国教育法》（2015 年修正）

第二十九条　学校及其他教育机构行使下列权利：

…………

（四）对受教育者进行学籍管理，实施奖励或者处分；

…………

《普通高等学校学生管理规定》（教育部令第 21 号）

第五十二条　学校给予学生的纪律处分，应当与学生违法、违规、违纪行为的性质和过错的严重程度相适应。

第五十四条　学生有下列情形之一，学校可以给予开除学籍处分：

…………

（四）由他人代替考试、替他人参加考试、组织作弊、使用通讯设备作弊及其他作弊行为严重的；

…………

第五十五条　学校对学生的处分，应当做到程序正当、证据充足、依据明确、定性准确、处分恰当。

第五十六条　学校在对学生作出处分决定之前，应当听取学生或者其代理人的陈述和申辩。

《中华人民共和国行政诉讼法》(2014 年修正)

第七十条　行政行为有下列情形之一的,人民法院判决撤销或者部分撤销,并可以判决被告重新作出行政行为:

…………

(三)违反法定程序的;

…………

(六)明显不当的。

第八十九条　人民法院审理上诉案件,按照下列情形,分别处理:

(一)原判决、裁定认定事实清楚,适用法律、法规正确的,判决或者裁定驳回上诉,维持原判决、裁定;

…………

4. 高校作出处分行为是否需遵循过罚相当原则
——张超诉郑州航空工业管理学院教育行政行为案

一、典型案例

(一)案号

一审:河南省郑州市二七区人民法院(2012)二七行初字第 4 号。

二审:河南省郑州市中级人民法院(2012)郑行终字第 162 号。

(二)裁判要旨

(1)高等学校对违纪学生作出纪律处分,应当与学生违法、违规、违纪行为性质和过错严重程度相适应。高等学校未遵循过罚相当原则对违纪学生作出开除学籍等处分的,人民法院不予支持。

(2)高等学校对因违反校规、校纪的受教育者作出影响其基本权利的决定时,应当允许其申辩并在决定作出后及时送达,否则视为违反法定程序。

(三)基本案情

张超系郑州航空工业管理学院学生。在 2011 年大学英语四级考试过程中,张超因携带橡皮状接收器,上面带有英文相关内容,被监考老师发现。当日学校便在校园中张贴通告,认为张超行为属于严重考试作弊,该项考试成绩无效。6 月 22 日,学校正式作出开除张超学籍的处分决定,并向其送达。张超不服向学生申诉委员会提出申诉。经调查、听证后,学生申诉委员会维持了学校处分决定。张超不服向河南省教育厅申诉,教育厅作出维持决定。张超不服,起诉至法院。

(四)原告主张及理由

张超认为:

(1)其在考试中虽然持有作弊工具,但并未实际使用,属于作弊未遂,并系初犯,之后及时承认错误,有悔改表现,应当综合行为性质与过错程度给予适当处分。郑州航空工业管理学院作出最为严厉的开除处分,处罚过重,有失公允,

(2)学校作出上述决定严重违反法定程序。处罚决定是在 2011 年 6 月 22 日作出的,而原告是在 2011 年 6 月 28 日收到,原告作弊当天即 6 月 18 日,学校已公告开除原告,被告先有结果后有程序,违反相关规定。

故请求依法撤销被告作出的校教(2011)64 号《关于给予张超开除学籍处分的决定》,依法判令被告为原告恢复学籍。

(五)被告意见

学校答辩称:

(1)张超考试中使用电子橡皮接收装置作弊,事实清楚。作弊事实有两位监考老师填写的《郑州航院考试违纪情况说明》证实,且张超在本人所作的说明中也认可了该事实。

(2)教育部及被告规章制度均对考试中使用电子接收装置作弊作出开除学籍的规定,处罚依据明确。在发现张超使用电子接收器作弊的行为后,被告根据《郑州航空工业管理学院考务工作实施细则》以及《郑州航空工业管理学院学生违纪处分规定》作出开除其学籍决定,有充分的法律依据。

(3)处罚程序合法。作弊事件发生后,被告即于 2011 年 6 月 20 日向张超发出了学生违规处理告知书,张超进行了签收。后教务处讨论并提出了《关于给予张超开除学籍处分的决定》处理意见,在报经部门领导审核、院领导会议研究批准之后,2011 年 6 月 22 日被告正式印发了《关于给予张超开除学籍处分的决定》并向张超本人送达。张超收到处分决定之后,先后向被告学生申诉处理委员会和河南省教育厅进行了申诉。经过审查,两部门均认为被告关于开除张超学籍处分决定程序正当、证据充分、依据明确、定性准确、处分正当,作出了维持决定。并且,原告在考试中使用通信工具作弊性质严重,被告对其作出开除学籍处分决定并无不当。

综上,被告认为开除张超学籍决定证据确凿,适用法律、法规正确,符合法定程序,依法应予维持;张超起诉缺乏事实和法律依据,依法应予驳回。

(六)争议焦点

(1)被告对原告作出开除学籍处分决定是否过重。

（2）被告处分程序是否合法。

（七）裁判理由及结果

法院审理后认为：《普通高等学校学生管理规定》（以下简称《规定》）第五十二条规定：对有违法、违规、违纪的学生，学校应当给予批评教育或者纪律处分。学校给予学生的纪律处分，应当与学生违法、违规、违纪行为的性质和过错的严重程度相适应。根据上述规定，原告应受到与其过错相应的处罚，以达教育目的。现被告对原告作出开除学籍处分，处罚偏重。《规定》第五十六条规定：学校在对学生作出处分决定之前，应当听取学生或者其代理人的陈述和申辩。第五十七条规定：学校对学生作出开除学籍处分决定，应当由校长会议研究决定。第五十九条规定：学校对学生作出的处分决定书应当包括处分和处分事实、理由及依据，并告知学生可以提出申诉及申诉的期限。根据上述规定，被告在发现原告考试作弊当日即在其校园张贴通告，给予原告开除学籍处分，虽然此后被告履行了听取学生陈述和申辩等程序，但被告行为系先作出开除决定，后履行相关程序，属程序违法。

综上所述，一审法院判决撤销被告对原告作出的处分决定，并判令被告恢复原告学籍。宣判后，郑州航空工业管理学院不服，上诉至郑州市中级人民法院。二审法院经审理，判决驳回上诉，维持原判。

二、案件评析

（一）高校作出处分决定时应遵循过罚相当原则

过罚相当是行政处罚设定和实施需要遵守的法定原则。《行政处罚法》明确了过罚相当原则的含义，即"设定和实施行政处罚必须以事实为依据，与违法行为的事实、性质、情节以及社会危害程度相当"。

过罚相当原则主要适用于自由裁量行为，行政机关自由裁量权行使必须符合法律的宗旨和目的，并且根据违法行为的事实、性质、情节等因素，确定相对应处罚的种类和幅度，避免处罚畸轻畸重的情形出现。过罚相当原则是高校在制定本校学生违纪处分规定时必须要遵循的原则。高校处分权必须根据违纪行为的事实、性质、情节等因素设定，对不同的违纪行为设定不同的处分种类。过罚相当更是处分实施过程中应当遵循的原则。尽管在处分权设定过程中已经要求设定机关遵循过罚相当原则，但是由于学生违纪行为的严重程度不一，事先不可能对所有情况全面考虑。因此，必然要求在处分具体实施过程中贯彻过罚相当原则。

《普通高等学校学生管理规定》第五十二条规定：对有违法、违规、违纪的学生，学校应当给予批评教育或者纪律处分。学校给予学生的纪律处分，应当与学生违法、违规、违纪行为的性质和过错的严重程度相适应。学生违反校规校纪的行为情形多种多样,严重程度不一,无法对所有违纪学生规定统一的处罚措施,故法律法规必须赋予高校一定的处罚裁量权,当高校行使此项权力时必须坚持过罚相当原则。明确不同类型的处分种类适用的范围和条件,不能对轻微违纪的学生处以过重的处罚,也不能对严重违纪的学生处以过轻的处罚,这都是与适当性要求所不相符的。本案中郑州航空工业管理学院未区分张超过错程度与平时在校表现情况,而直接作出开除张超学籍处分决定,处罚偏重。

(二)高校作出处分决定时应遵循比例原则

比例原则一般指行政主体实施行政行为需要考虑行政管理目标的实现与行政相对人权利保护之间取得较好的平衡。当必须要采取某种行政措施之时,而且该措施将对相对人的权利造成损害,那么这种损害应当被限制在最小的范围之内,使其保持适当的比例。在内容上,比例原则包含适当性原则、必要性原则和均衡性原则三个子原则。适当性原则、必要性原则和均衡性原则可以作为评价某一行政措施是否具有正当性和合理性的依据。当行政机关可以采用多种措施达到行政目的时,比例原则就为其提供了论证方法。就高校处分而言,首先,该处分必须具有适当性,符合处分设置的立法目的;其次,该处分必须具有必要性,如果可以不进行处分或者可以选择更小的处分,却选择了其他处分,则该项处分不具有正当性;最后,该处分还必须符合均衡性,处分所给学生造成的损害要与行为相当。高校处分决定只有符合比例原则三项子原则要求时才可以成为正当合法的处分决定。

比例原则不仅适用于行政实体裁量,也适用于行政程序裁量,但是过罚相当原则仅仅适用于实体处罚裁量,在处罚的程序裁量中无法适用。比例原则具有便于操作的优点,可以成为过罚相当原则在实体处罚裁量中的分析工具,成为过罚相当与否的判断标准之一。

(三)高校作出处分决定不可违反法定程序

程序是行政主体作出行政行为必须要遵循的步骤、顺序、方法以及与之相适应的规则。违反行政程序的步骤,也就是违反程序的先后顺序,指行政机关在没有作出前一个步骤的情况下,便实施后一个行为,构成程序违法。在行政执法过程中应严格遵守法定程序,使得行政行为每一个环节都受到程序约束,避免其偏离法治轨道,减少不良执法造成的非法后果,从而充分保障和维护相对人的合法权益。即便行政机关在事后对先前程序进行了补正,也不能够认为该行为合法。因为欠缺法定步骤所作出的行政行为,忽视了对相对人权利的保障,结果不具有正当性。

《规定》第五十六条规定:学校在对学生作出处分决定之前,应当听取学生或者其代理人的陈述和申辩。第五十七条规定:学校对学生作出开除学籍处分决定,应当由校长会议研究决定。第五十九条规定:学校对学生作出的处分决定书应当包括处分和处分事实、理由及依据,并告知学生可以提出申诉及申诉的期限。根据上述规定,法院认为郑州航空工业管理学院在发现张超考试作弊当日即在其校园张贴通告,给予张超开除学籍处分,虽然此后郑州航空工业管理学院履行了听取学生陈述和申辩等程序,但学校行为系先作出开除决定,后履行相关程序,属程序违法。

三、法条索引

《普通高等学校学生管理规定》(教育部令第 21 条)

第五十二条　对有违法、违规、违纪的学生,学校应当给予批评教育或者纪律处分。

学校给予学生的纪律处分,应当与学生违法、违规、违纪行为的性质和过错的严重程度相适应。

第五十六条　学校在对学生作出处分决定之前,应当听取学生或者其代理人的陈述和申辩。

第五十七条　学校对学生作出开除学籍处分决定,应当由校长会议研究决定。

第五十九条　学校对学生作出的处分决定书应当包括处分和处分事实、理由及依据,并告知学生可以提出申诉及申诉的期限。

《中华人民共和国行政诉讼法》(1989 年)

第五十四条　人民法院经过审理,根据不同情况,分别作出以下判决:
…………

(二)具体行政行为有下列情形之一的,判决撤销或者部分撤销,并可以判决被告重新作出具体行政行为:

1. 主要证据不足的;

2. 适用法律、法规错误的;

3. 违反法定程序的;

4. 超越职权的;

5. 滥用职权的。

《最高人民法院关于执行〈中华人民共和国行政诉讼法〉若干问题的解释》(2000 年)

第二十六条　在行政诉讼中,被告对其作出的具体行政行为承担举证责任。

第三节 处分的事实

5. 学生在提交课程论文中存在剽窃、抄袭行为属考试作弊
——甘露诉暨南大学教育行政行为案

一、典型案例

(一) 案号

一审:广东省广州市天河区人民法院(2007)天法行初字第 62 号。

二审:广东省广州市中级人民法院(2007)穗中法行终字第 709 号。

再审:最高人民法院行政判决书(2011)行提字第 12 号。

(二) 裁判要旨

高等学校学生提交课程论文是考试的一种方式,课程论文抄袭行为属考试作弊,是违反考试纪律的行为,应当受到处罚,但高等学校不能将此种抄袭列为《普通高等学校学生管理规定》第五十四条第(五)项所规定的因剽窃、抄袭他人研究成果可以开除学生学籍的情形。

(三) 基本案情

甘露系暨南大学 2004 级研究生。在 2005 年课程考核中甘露提交的论文被任课老师发现存在剽窃、抄袭现象,任课老师要求甘露重新撰写提交课程论文。甘露重新撰写并提交课程论文之后,任课老师发现新提交论文仍然有剽窃、抄袭现象。2006 年 3 月 8 日,暨南大学作出开除甘露学籍的处分决定。甘露不服,向广东省教育厅提出申诉,广东省教育厅以暨南大学处分程序违法为由撤销该处分决定。暨南大学经听取甘露陈述、申辩之后重新作出开除甘露学籍处分决定。甘露不服,向法院起诉。

(四) 原告主张及理由

甘露主张:

(1)虽然其在先后两次提交给任课老师的课程论文中均有抄袭现象,但是该课程考试属于以撰写论文形式进行的开卷考试,这种抄袭行为不应当评价为《普通高等学校学生管理规定》第五十四条第(五)项中的"剽窃、抄袭他人研究成果"的情形,应按违反考试纪律的规定给予处分。

(2)暨南大学作出开除学籍决定没有法律依据,且处罚过重,学校在作出处分决定时应当做到程序正当、证据充足、依据明确、定性准确、处分恰当。应坚持教育与处分相结合原则,做到育人为本、罚当其责,使得违纪考

生得到公平对待。

故请求法院撤销开除学籍决定,责令暨南大学重新作出具体行政行为或者直接将开除学籍决定变更为其他适当处分。

(五)被告意见

学校答辩称:课程论文作为考试的形式之一,是考察研究生学习成果的重要组成部分,学生应该严肃认真地对待,连续两次抄袭行为足以说明甘露已经丧失了作为一个学生所应有的道德品质,应认定为《普通高等学校学生管理规定》第五十四条第(五)项中的"剽窃、抄袭他人研究成果"的情形。即便如甘露所述,该行为属于作弊,也可依照《普通高等学校学生管理规定》第五十四条第(四)项给予开除学籍处分。

(六)争议焦点

课程论文抄袭是否属于《普通高等学校学生管理规定》第五十四条第(五)项中的"剽窃、抄袭他人研究成果"可以给予开除学籍处分的情形。

(七)裁判理由及结果

法院认为:《普通高等学校学生管理规定》第五十四条第(五)项中的"剽窃、抄袭他人研究成果"的,可以给予开出学籍的处分。这里的"剽窃、抄袭他人研究成果"应当指高等学校学生在毕业论文、学位论文或者公开发表的学术文章、著作,以及承担的科研课题研究成果中,存在剽窃、抄袭他人研究成果的情形。所谓"情节严重",系指剽窃、抄袭行为具有非法使用他人研究成果数量大、在全部成果中所占地位重要、比例大,或者社会影响大、对学校声誉造成不良影响等情形。甘露提交的课程论文即便其中有抄袭行为,也不属于该项规定的情形,应当认定为属于考试作弊。暨南大学依据该规定制定的《暨南大学学生管理暂行规定》和《暨南大学学生违纪处分实施细则》作出开除学籍处分不当,但甘露表示已不愿继续回到学校学习,故判决确认学校开除学籍处分决定违法。

一审判决维持了开除学籍决定。

二审判决驳回甘露上诉,维持原判。

再审判决:①撤销广东省广州市中级人民法院(2007)穗中法行终字第709号行政判决和广州市天河区人民法院(2007)天法行初字第62号行政判决;②确认暨南大学暨学〔2006〕33号《关于给予硕士研究生甘露开除学籍处分的决定》违法。

二、案件评析

(一)本案不属于学术不端意义上的"抄袭"

本案法官在案件审理结束后表示,现实中存在两种不同的"抄袭"行为,其一为学术不端意义上的"抄袭",即在学位论文、公开发表的作品中存在"剽窃、抄袭"他人成果的行为;另一种则属于一般意义上的"抄袭",即作业中的"抄袭"行为。那么法官是基于何种考虑而将这两种"抄袭"进行区分呢?其中一个重要因素便是该文章是否会向社会上不特定主体公开。学术意义上的论文大多属于在社会上公开发表或者会对不特定对象公布的作品。而像甘露课程论文这种仅仅是提交给任课老师作为成绩考核依据,并不会向社会中不特定第三人公开发表。基于此,法官认定该行为并不属于教育部制定的《普通高等学校学生管理规定》(教育部令第 21 号)第五十四条第(五)项中"剽窃、抄袭"可以开除学籍的情形。

在《普通高等学校学生管理规定》修订过程中,教育部显然注意到了该问题,于是将第五十四条第(五)项中"剽窃、抄袭"以立法形式进行了限缩,修改为"学位论文、公开发表的研究成果存在抄袭、篡改、伪造等学术不端行为,情节严重的,或者代写论文、买卖论文的"可以给予开出学籍处分。这样看来,本案中最高人民法院正确理解了教育部出台该规章时的立法原意,或者是因为该判决作出后教育部认为该意见正确而将其纳入规章。无论基于何种理由,都可以看出目前可以开除学籍的几类情形中"剽窃、抄袭"的内涵确实进行了限缩,不包含课程论文考试这种"剽窃、抄袭"。

(二)本案属于考试作弊"抄袭"

甘露行为不应当认定为学术不端上的"剽窃、抄袭",而应当认定为考试作弊,主审法官在案件之后的评析意见中曾这样指出[①]。因为无论是教育部还是暨南大学均将考试作弊与剽窃并列为不同行为,而独立于考试作弊的剽窃主要应当属于对学生学术活动的规范。课程论文虽有学术活动成分但主要不是学术活动,因此应认定为考试作弊。

按照《普通高等学校学生管理规定》(教育部令第 21 号)第五十四条第四项"由他人代替考试、替他人参加考试、组织作弊、使用通讯设备作弊及其他作弊行为严重的"可以看出,作弊情形主要存在于考试中。而考试的主要目的就是检测学生学习成果,并给予学生相应成绩,课下完成论文目的与此相同,因此也可以认为这属于考试的一种形式。如对课程论文不进行规范,让学生随意抄袭,那么该环节设置的意义也就丧失了,也就没有办法对学生作出准确的成绩评定。因此,甘露行为应属于考试作弊。

(三)学校对考试作弊考生直接开除学籍是否适当

《暨南大学学生违纪处分实施细则》第二十四条规定,违反考试纪律,累

---

① 最高人民法院行政审判庭编:《中国行政审判案例》第三卷,中国法制出版社 2013 年版,第 63 页。

计两次以上(含两次)因考试作弊受到处分,给予开除学籍的处分。甘露并没有受到两次处分,并不能直接开除学籍。同时,从最高人民法院裁判文书中"高校在作出处分决定之时要做到育人为本、罚当其责"的内容也可以看出,甘露行为并没有达到情节严重的地步。甘露行为并没有造成严重社会影响,高等学校是教书育人的地方,同时也应当是最具有包容性的地方,对于学生做出影响其受教育权的开除学籍处分决定必然要慎之又慎。暨南大学固然可以在警告、严重警告、记过以及留校察看中选择一项对甘露进行处分,使其受到惩罚之后给予她一次继续学习的机会,以达到惩罚和教育目的。

(四)高校应对学生违纪事实做出准确认定

行政机关实施行政处罚必须坚持"以事实为根据、以法律为准绳"。这就要求行政机关在给予行政处罚时,必须要查明违法违纪事实,对违法违纪行为做出准确认定。行政机关得出正确事实结论,是处罚适当的必要前提。为了得出事实结论,行政机关应遵循以下步骤:首先,行政机关应当全面客观收集一切与案件有关的证据材料;其次,在调查过程中认真听取当事人陈述、申辩;最后,当出现事实难以定性时,应当主动向上级机关提出解释请求,防止主观臆断,造成对事实性质错误认定。就本案而言,暨南大学在对课程论文抄袭是否属于教育部《普通高等学校学生管理规定》(教育部令第21号)中规定的学术不端无法准确认定之时,应当提请有权解释机关做出解释说明,或者召开论证会,依据上级机关解释或论证结果得出结论。

三、法条索引

《普通高等学校学生管理规定》(教育部令第21号)

第五十四条　学生有下列情形之一,学校可以给予开除学籍处分:

…………

(五)剽窃、抄袭他人研究成果,情节严重的;

…………

《普通高等学校学生管理规定》(教育部令第41号)

第五十二条　学生有下列情形之一,学校可以给予开除学籍处分:

…………

(五)学位论文、公开发表的研究成果存在抄袭、篡改、伪造等学术不端行为,情节严重的,或者代写论文、买卖论文的。

…………

《暨南大学学生管理暂行规定》

第五十三条　学生有下列情形之一,给予开除学籍处分:

⋯⋯⋯⋯

(五)剽窃、抄袭他人研究成果,情节严重的。

《暨南大学学生违纪处分实施细则》

第二十五条　剽窃、抄袭他人研究成果,视情节轻重,给予留校察看或开除学籍处分。

《中华人民共和国行政诉讼法》(1989 年)

第六十一条　人民法院审理上诉案件,按照下列情形,分别处理:

⋯⋯⋯⋯

(二)原判决认定事实清楚,但适用法律、法规错误的,依法改判。

⋯⋯⋯⋯

《最高人民法院关于执行〈中华人民共和国行政诉讼法〉若干问题的解释》(2000 年)

第五十七条　人民法院认为被诉具体行政行为合法,但不适宜判决维持或者驳回诉讼请求的,可以作出确认其合法或者有效的判决。

有下列情形之一的,人民法院应当作出确认被诉具体行政行为违法或者无效的判决:

(一)被告不履行法定职责,但判决责令其履行法定职责已无实际意义的;

⋯⋯⋯⋯

6. 学生连续旷课高等学校可开除其学籍
——聂恒布诉河海大学教育行政行为案

一、典型案例

(一)案号

一审:江苏省南京市鼓楼区人民法院(2013)鼓行初字第 78 号。

二审:江苏省南京市中级人民法院(2014)宁行终字第 142 号。

(二)裁判要旨

学生旷课行为处于持续状态时,高等学校可以分阶段独立评价并先后作出多份处分决定,最高可予以开除学籍,这属于高校的自主管理权,司法机关应当予以尊重。司法机关应就上述行为证据是否充分、程序是否合法进行有限度的司法审查。

(三)基本案情

聂恒布系河海大学2010级机电学院学生。2012年暑假结束,聂恒布因在西藏进行极限运动,未能按时返校报到注册。8月26日,其委托吴辉海向学校申请休学,学院同意但教务处因其签名为他人代签而未同意。9月2日,聂恒布邮寄申请书和委托书,由吴辉海全权代理办理休学手续。9月19日,学校经会议决定不同意其休学申请,要求10月8日前返回上课,否则将予以处分,并以短信方式向其送达。学校老师于10月10日到聂恒布家中当面向其家长告知相关情况,但聂恒布仍未返校。10月12日,学校给予其严重警告处分。18日,在其仍未返校学习的情况下,学校再次给予严重警告处分。22日,聂恒布仍不返校,学校给予第三次严重警告处分。2013年2月24日,河海大学决定开除聂恒布学籍。

(四)原告主张及理由

聂恒布认为:

(1)其休学申请在学校未给予答复的情形下,应视为已获得批准。休学是学生的权利,不需要强制许可,并且学院已经签字确认,教务处仅进行程序性审查即可,没有审批权限。

(2)四次处分决定没有依法送达原告,学校通过短信告知学生处分决定不符合法定的送达程序。同时处分决定作出前应听取原告陈述、申辩,虽然原告不在学校,也应当听取代理人或直系亲属陈述、申辩。原告旷课行为是一个连续行为,并不是三次旷课,学校在短时间内连续作出三个严重警告处分决定,是作出开除学籍的恶意前置行为。原告行为应当适用连续旷课达40节以上的规定,给予留校察看处分。

故请求人民法院撤销开除学籍的处分决定。

(五)被告意见

学校答辩称:

(1)《河海大学全日制普通本科生学籍管理规定》第二十九条规定,学生申请休学,需经所属院(系)主管院长(系主任)同意,填表报教务处审批。聂恒布的休学事由并非河海大学明确可以休学的事由,聂恒布口头委托吴辉海办理休学事宜,虽然学院领导签字同意,但未得到教务处批准,其休学申请并未获准。虽然聂恒布随后邮寄了本人签字的书面申请及授权委托书,但河海大学常州校区召开校区书记主任会,决定不同意其休学,且已将不同意休学决定通知了聂恒布。

（2）聂恒布自暑假结束后一直未返校,属于擅自离校,旷课时数按每天实际上课时间算,实际上课时数低于 5 学时的按 5 学时计算,并且包括休息日在内。河海大学三次处分对聂恒布旷课时数认定事实清楚。河海大学在第三次作出严重警告处分决定后,也已告知聂恒布将要对其作出开除学籍处分决定。聂恒布拒不返校且没有回复的行为可视为对陈述、申辩权利的放弃,并不能限制河海大学对其作出处分决定。聂恒布拒不返校,河海大学决定采用短信方式送达 3 次严重警告处分决定,并且河海大学又于 2012 年 11 月 26 日专程赴聂恒布家向其父亲聂福春送达了上述处分决定,聂恒布的救济权利没有受到影响。

（六）争议焦点

河海大学作出关于给予学生聂恒布开除学籍处分决定是否合法。

（七）裁判理由及结果

学生有申请休学的权利,但休学申请的理由应符合学校的具体规定,且应按照学校要求办理审批手续,休学申请的最终审批权应由教务处行使。被上诉人在作出第一次严重警告处分之前短信告知、每次严重警告处分决定作出后短信告知、第三次作出严重警告处分决定时提醒上诉人将要受到开除学籍处分,以及三次严重警告处分决定、开除学籍处分决定作出之后分别赴上诉人家中向其父亲告知学校处分决定,上述行为应视为被上诉人在当时的客观条件下已充分保障了上诉人的陈述权和申辩权。旷课处于持续状态,在该种情况下被上诉人选择对上诉人旷课学时作独立评价并先后作出多份处分决定,体现了被上诉人作为高等院校对教育秩序的严格管理,不违反学校规定,应予尊重。

一审判决驳回原告聂恒布的诉讼请求。

二审判决驳回上诉,维持原判。

二、案件评析

（一）学生休学申请应经过学校审批

休学制度指的是在校正常注册学籍的学生因事无法正常完成学业而需要暂时中断学业,但是学校将保留其学籍,以便休学事由消失之后继续完成学业的制度。清华大学最早在国内开创了休学制度的实验,但是当时学校并没有批准权,仍需要由市教委对是否允许休学进行审批。① 因休学事项既涉及学生权利的保障,同时也涉及学校正常教学秩序的维护,所以,按照当时规定对学生休学申请学校尚无法自行决定。按照新修订的《普通高等学校学生管理规定》第二十五条,经学校批准可以休学,已经将休学批准权交由学校自主决定。休学一般包括学生主动申请和学校认为学生应当休学两种情况。学生主动申请休学应当经过学校同意,只要学生申请理由正当,学校就不应当过多干预。

(二)学生连续旷课学校最高可给予开除学籍处分

参加正常课堂教学学习是学生应尽的义务,对旷课的学生必然需要进行适当处分,否则正常的教学秩序将无法维护。但是,教育部规章等上位法应制定统一的裁量标准,以达到同样行为得到相同评价的效果。同时,高校应将旷课可能受到的处分种类事前告知学生,或者安排专门入学教育对学生进行讲解,以提高学生对旷课问题的重视程度,从而达到事前教育的目的。

(三)学校可以分阶段评价学生连续旷课行为

关于连续旷课是否可以分阶段分别给予处分的问题,笔者认同本案法官的观点。在聂恒布第一次旷课符合严重警告适用条件之时,学校给予其严重警告处分,目的正是对其进行说服教育,促使其尽快回到正常的教学活动中来。同时学校也不可能预见到严重警告之后聂恒布仍不予以理睬,继续进行旷课的事实。倘若学校按照聂恒布的说法对其行为不予理睬,而是等到后果严重到应当开除学籍之时才对其处分,那才真正是作为教育者的失职。因此,学校按照处分细则进行处分的行为完全合情合理,不存在恶意前置想要开除学生学籍的情况。而作为学生的聂恒布无视学校多次处分与劝告,无视校规校纪,学校对其作出开除学籍处分决定,并无不当。

三、法条索引

《中华人民共和国教育法》(2009 年修正)
第二十八条　学校及其他教育机构行使下列权利:
(一)按照章程自主管理;
(二)组织实施教育教学活动;
……………

---

① 黄娉婷:《高校休学创业政策的实施、评价与完善》,载《湖北函授大学学报》2017年第 5 期。

《普通高等学校学生管理规定》(教育部令第 21 号)

第四十五条 学生进行课外活动不得影响学校正常的教育教学秩序和生活秩序。

第五十六条 学校在对学生作出处分决定之前,应当听取学生或者其代理人的陈述和申辩。

第五十八条 学校对学生作出处分,应当出具处分决定书,送交本人。
…………

《河海大学全日制普通本科生学籍管理规定》

第二十九条 学生申请休学,应提出书面申请,并附有关证明,经所属院(系)主管院长(系主任)同意,填表报教务处审批,教务处批准后,方可到教务处办理休学手续。

《河海大学学生违纪处分条例》

第十七条 一学期内旷课累计学时达到不同限额者给予相应的处分:
…………

(三)旷课 20 学时至 29 学时者,给予严重警告处分;

(五)旷课 40 学时以上者,给予留校察看处分;

(六)累计三次因旷课受到警告以上处分者给予开除学籍处分。

7. 学生存在学术不端行为高等学校是否可以作出开除学籍处分
——郭金荣诉兰州大学教育行政行为案

一、典型案例

(一)案号
一审:兰州市城关区人民法院(2014)城行初字第 111 号。
二审:兰州市中级人民法院(2015)兰行终字第 80 号。
再审:甘肃省高级人民法院(2016)甘行申 115 号。

(二)裁判要旨
(1)高等学校有权依照《普通高等学校学生管理规定》(教育部令第 21 号)第五十二条的规定,在不与上位法相冲突的情况下,结合本校实际情况制定实施细则,并据此作出相应的行政行为。

(2)高等学校可根据学生学术不端行为的性质和情节给予相应处分,最高可予以开除学籍。

(三)基本案情

郭金荣系兰州大学信息科学与工程学院计算机软件与理论专业硕士研究生。2013年,其以两篇论文第二作者身份参加了由电子科技大学主办的国际学术会议。2013年12月12日,兰州大学收到举报信指出,郭金荣参会的两篇论文系采用网上软件生成的造假论文。经兰州大学调查,郭金荣从朋友处获取10篇小论文,除上述发表的两篇外,将剩余8篇分别给了其他同学。2014年1月10日,兰州大学学风建设委员会作出《关于信息科学与技术学院郭金荣等学术论文造假的调查处理意见》,后经校务会议研究,决定给予郭金荣开除学籍处分。

(四)原告主张及理由

郭金荣认为:兰州大学处分法律依据不当。兰州大学仅适用《兰州大学研究生学术道德规范(试行)》(以下简称《规范(试行)》)而未引用上位法规定就对其作出处分,处分依据不充分,且该《规范(试行)》的制定没有上位法依据。

请求撤销兰州大学作出的《兰州大学关于给予郭金荣等8名研究生纪律处分的决定》中对郭金荣开除学籍的处分。

(五)被告意见

兰州大学答辩称:郭金荣认为"兰州大学违背立法本意,没有明确的国家法律法规依据"不能成立。依据《教育法》、教育部《普通高等学校学生管理规定》(教育部令第21号)等法规列举了七种可以给予学生开除学籍处分的情形,而《兰州大学研究生学籍管理办法》也明确列出了开除学籍的七种情形。本校《规范(试行)》正是在上述法律法规基础上进一步细化,并不违反上位法。另外,最高人民法院指导案例对不违反上位法精神的高等院校校规校纪的效力也是明确认可的。

(六)争议焦点

《兰州大学研究生学籍管理办法》是否违反上位法,是否可据此对被告作出开除学籍处分决定。

(七)裁判理由及结果

法院认为:《普通高等学校学生管理规定》(教育部令第21号)第五十二条规定:"对有违法、违规、违纪的学生,学校应当给予批评教育或者纪律处分。学校给予学生纪律处分,应当与学生违法、违规、违纪行为的性质和过错的严重程度相适应。"第五十三条第五项纪律处分种类包括开除学籍。第五十四条规定了学校可以开除学籍处分的情形。2009年3月19日教育部下发教社科〔2009〕3 号《关于严肃处理高等学校学术不端行为的通知》明确指出,高等学校对下列学术不端行为,必须进行严肃处理。兰州大学制定的《规范(试行)》正是在上述法律、规章、规范性文件规定基础之上的进一步细化,其内容并不违反上位法立法精神。

依照《教育法》、教育部《关于严肃处理高等学校学术不端行为的通知》的规定,教育部授权各高校制定规章制度对学生学术不端行为进行惩治,并且可根据性质和情节给予相应处分。郭金荣以造假论文参加国际学术会议的行为,使得兰州大学学术声誉在国际上受到了不良影响。该行为符合《规范(试行)》第四条第二项之规定,是一种违反学术道德规范的行为,且在学术界和社会上也产生了不良影响。故兰州大学对郭金荣作出开除学籍处分并无不当。

一审判决驳回原告郭金荣诉讼请求。

二审判决驳回郭金荣上诉,维持原判。

再审裁定驳回郭金荣的再审申请。

二、案件评析

(一)高校依法制定的校规校纪可作为处分学生的依据

制定校规校纪是落实上位法中对高校管理行为授权的重要方式,也是实现大学自治的重要途径。但是校规校纪也会受到一定的限制,即校规校纪的适用范围仅限于本校师生;制定校规校纪应当遵循法律保留原则,当上位法未对重要事项予以规定之时,校规校纪无权规定。高校校规校纪是由高等学校在法律授权范围内制定的,是学生必须予以遵守的各项规则的总称。高校校规制定权来自三个方面的授权:《普通高等学校学生管理规定》《中华人民共和国学位条例暂行实施办法》《中华人民共和国高等教育法》。若学生违反校规校纪,学校有权在警告、严重警告、记过、留校察看、开除学籍等种类中选择适当的方式对其进行处分。校规校纪是学生行为的准则,同时也是高校管理学生的依据,即依法制定的校规校纪可作为处分学生的依据。

(二)不抵触的理解与认定

所谓抵触是指上位法与下位法针对同一事项作出规定,下位法与上位法规定的内容不一致,即下位法的规定违背了上位法的原则和条文。[①] 其中,与上位法条文冲突属于直接抵触;与上位法立法目的、基本原则和精神

---

① 胡建淼:《法律规范之间抵触标准研究》,载《中国法学》2016 年第 3 期。

冲突属于间接抵触。一部法律只有在找到上位法来源之时,它才是合法的。也就是要求在立法过程中除非另有授权,下位法应与上位法保持一致。

高校的违纪处分实施办法必须在相关上位法授权范围内制定、实施,具体应当做到以下两点:第一,对于上位法有明确规定的事项,必须在上位法规定范围内进行细化,不得擅自扩大上位法的授权范围;第二,对于上位法未进行规定的事项,不得违背上位法的立法目的、立法意图,对法律保留事项进行规定。本案中兰州大学制定的《兰州大学研究生学术道德规范(试行)》正是在上述法律、规章、规范性文件规定基础之上的进一步细化,其内容并不违反上位法的立法精神。

(三)高校应完善针对学生学术不端行为的惩处机制

学术不端行为主要是指研究者在从事科学研究过程中没有遵守科研共同体基本行为规范的行为。在自然科学与社会科学领域均可能存在,并且随着社会不断发展,会有各种新形式学术不端行为出现。要准确对其定义,还是要回归到学术规范的含义中来,一般主要指科研人员伪造或篡改数据、剽窃他人研究成果等行为。大学生学术诚信是整个国家诚信体系的重要组成部分,新修订实施的《普通高等学校学生管理规定》明确要求大学生要恪守学术道德、坚守学术诚信。在加强学术诚信教育的同时,制度上也采取了建立诚信档案、建立惩戒机制等措施,对于失信、学术不端行为,给予处分,甚至开除学籍或撤销学历证书和学位证书。

近年来,学术不端行为时有发生,社会开始关注如何建立起一套集教育、预防、监督、惩罚于一体的学术诚信体制,除国家层面外,各高校也纷纷开始制定相应的规范,确保学术行为的规范性与纯洁性[①]。但是,各高校之间认定标准有较大差异,如何统一完善高校学生学术不端行为的认定标准是当前值得注意的问题。目前各高校认定学生学位论文文字复制比没有统一标准,30%、20%、10%各不相同,缺乏科学依据,也没有遵循比例原则,认定标准各有不同。[②] 建议各高校对学术不端明确认定标准,细化认定规则,厘定统一惩处标准,合理制定惩处比例,以便学生能够将其内化为行动自觉。同时,各高校对于学生学术不端行为的认定机构不一,部分高校将认定权力交由各个培养单位即二级学院,部分高校将认定权力统一到学位办公室。不同的认定机构得出的结论就会不一致,其结果的公正性也就难以保

---

① 秦汉:《高校研究生学术不端处罚的权利救济与程序正义》,载《高校教育管理》2008 年第 1 期。

② 陈亮、康翠萍:《失范与规范:高校学生学术不端行为及纠偏路径》,载《大学教育科学》2016 年第 5 期。

障,因此,对认定机构问题也应予以关注。

三、法条索引

《中华人民共和国教育法》(2009年修正)

第二十八条 学校及其他教育机构行使下列权力:

··········

(四)对受教育者进行学籍管理,实施奖励或者处分;

··········

《普通高等学校学生管理规定》(教育部令第21号)

第五十二条 对有违法、违规、违纪的学生,学校应当给予批评教育或者纪律处分。

学校给予学生纪律处分,应当与学生违法、违规、违纪行为的性质和过错的严重程度相适应。

第五十四条 学生有下列情形之一,学校可以给予开除学籍处分:

··········

(五)剽窃、抄袭他人研究成果,情节严重的;

··········

8. 学生未在规定时间内修够学分高等学校可将其退学
——伍盾诉贵州财经大学教育行政行为案

一、典型案例

(一)案号

一审:贵州省贵阳市南明区人民法院(2015)南行初字第87号。

二审:贵州省贵阳市中级人民法院(2015)筑行终字第220号。

(二)裁判要旨

高等学校在不与上位法相冲突的情况下有权制定学生的学业完成年限,并可以据此对未按时完成学业的学生予以退学。司法机关应就以上行为证据是否充分、程序是否合法进行有限度的司法审查。

(三)基本案情

伍盾系嘉兴学院2008级学生,2009年转入贵州财经大学文化传播学院2009级学习。2012年12月,伍盾因入学以来课程学习未取得学分累计达

24 学分,学校决定将其转入下一年级学习。2014 年 6 月,经学校校长办公会研究决定给予伍盾退学处理,其父亲得知后多次向学校申诉,学院进行复查并组织开会进行情况说明。10 月 8 日,学校正式作出给予伍盾等 16 名学生的退学决定。伍盾的父亲在领取到决定之后,曾多次向学校申诉未果。2015 年 5 月 25 日,伍盾向法院起诉。

(四)原告主张及理由

伍盾认为:

(1)其自转入贵州财经大学学习以来,一直在 09 级广告 2 班学习,从来没有转入 10 级 1 班学习,不存在留级事实。

(2)学校仅凭盖有公章的情况说明来证明伍盾未修完学分,没有事实根据。

故请求人民法院撤销贵州财经大学作出的对伍盾退学处理决定,并给伍盾颁发毕业证书。

(五)被告意见

学校答辩称:

(1)原告从 2008 年进入嘉兴学院学习,2009 年转入被告广告学专业学习以来,至 2014 年已满六年。

(2)伍盾尚有"数字图文设计"(4 学分)、"中外广告史"(2 学分)、"多媒体广告制作"(3 学分)、"广告心理学"(3 学分)、"广告媒体研究"(3 学分)、"体育Ⅲ"(1 学分)、"跨专业综合实验"(2 学分)、"社会调查"(2 学分)、"课外素质"(6 学分),共计 26 学分的 9 门课程未参与考试或考试不及格,对此有原告在校学习时考试成绩原始记录等证据可以证实。

(3)根据学校制定的《广告学专业本科培养方案》,上述 9 门课程均系必修课,必须考试成绩合格方能取得相应学分。被告经校长会议研究决定予以原告退学处理,证据确凿,适用法律法规正确,符合法定程序。

(六)争议焦点

高校对在规定年限内未修够学分的学生作出退学处理决定,是否具有法律依据。

(七)裁判要旨及裁判结果

学校根据《普通高等学校学生管理规定》(教育部令第 21 号)第二十七条、第二十八条、第六十八条,以及《贵州财经学院本科学分制学籍管理规定》第三十一条等相关规定,经校长会议研究决定,作出予以伍盾退学的决定,具有事实依据和法律依据,程序合法。

一审判决驳回原告伍盾的诉讼请求。

二审驳回伍盾的上诉,维持原判。

二、案件评析

(一)对在规定年限内没有修够学分的学生可予以退学

为维护正常教育教学秩序,学校可以对未在规定年限内完成学业的学生予以退学处理。这是学校必要的管理手段,同时也是督促学生努力学习的一种有效激励机制。《普通高等学校学生管理规定》(教育部令第21号)第二十七条规定学生有下列情形之一,应予退学:①学业成绩未达到学校要求或者在学校规定年限内(含休学)未完成学业的……新修订的《普通高等学校学生管理规定》(教育部令第41号)第三十条规定学生有下列情形之一,学校可予退学处理:①学业成绩未达到学校要求或者在学校规定的学习年限内未完成学业的……正因为各个学校办学特色不同,该规章将最长学习年限赋予各高校自主决定。同时新规章也将之前"应当"退学修改为"可以"退学,表明高校自主办学权不断扩大。这就要求学校在制定最长学习年限之时,既不能不顾本校实际情况规定时间过长,影响学校正常教学管理秩序,也不可规定时间过短,侵害多数学生的受教育权利。各高校可以参照其他同类型、同水平高校的规定,合理、适当规定本校学生完成规定学业的年限。

(二)学校规定的最长学习年限是否包括转学前的学习年限

依照《贵州财经学院本科学分制学籍管理规定》第三十一条规定,学生有下列情况之一者,应予以退学:……⑩不论何种原因,本科学生在校学习时间累计超过6年以上者。仅从此规定来看并不能发现贵州财经学院制定该规定时是否包含转学之前的学习时间。作为制定规定主体的高校有权作出细化解释,只要在上位法授权范围之内,法院不应当干涉高校自主管理权。而上位法并未对该年限内涵作出硬性规定,即该年限应当按照高校解释认定为包括转学之前的学习年限。

(三)高校未来教学改革方向:弹性学制

弹性学制是指学习内容有一定选择性、学习年限有一定伸缩性的学校教学模式,是学分制的进一步发展演变。以选课为基础的学分制,是通过学分来衡量学生学业完成情况的一种具有弹性的教学管理制度,不同于以往规定的上课内容,予以学生一定的选择权。弹性学制具体而言就是在完全学分制的基础之上,学生可以根据自己的学习情况,在一定学习年限内对人才培养模式进行自主选择。[①] 弹性学制是尊重学生个性,在新形势下高校管理制度变革的必然选择。主要有以下特征:学习时间具有伸缩性,只要在学校规定时间内完成学业即可自主安排学习时间;学习过程具有实践性,学生可以通过实践的方式完成学习任务,通过学分认定,实现实践与学习学分的互认,这样学习内容将更加丰富,学习方式也将更加灵活。

三、法条索引

《普通高等学校学生管理规定》(教育部令第 21 号)

第二十七条　学生有下列情形之一,应予退学:

(一)学业成绩未达到学校要求或者在学校规定年限内(含休学)未完成学业的;

…………

第二十八条　对学生的退学处理,由校长会议研究决定。

…………

第六十八条　高等学校应当根据本规定制定或修改学校的学生管理规定,报主管教育行政部门备案(中央部委属校同时抄报所在地省级教育行政部门),并及时向学生公布。

…………

《贵州财经学院本科学分制学籍管理规定》

第三十一条　学生有下列情况之一者,应予以退学:

…………

10. 不论何种原因,本科学生在校学习时间累计超过 6 年以上者。

《中华人民共和国行政诉讼法》(2014 年修正)

第八十六条　人民法院对上诉案件,应当组成合议庭,开庭审理。经过阅卷、调查和询问当事人,对没有提出新的事实、证据或者理由,合议庭认为不需要开庭审理的,也可以不开庭审理。

第八十九条　人民法院审理上诉案件,按照下列情形,分别处理:

(一)原判决、裁定认定事实清楚,适用法律、法规正确的,判决或者裁定驳回上诉,维持原判决、裁定;

…………

---

① 莫逊:《高校学分制改革最终选择:弹性学制》,载《教育教学论坛》2015 年第 35 期。

9. 高校应区分学生犯罪严重程度作出相应处分
——林凯诉浙江农林大学教育行政行为案

一、典型案例

（一）案号

一审：临安市人民法院（2014）杭临行初字第 7 号。

二审：杭州市中级人民法院（2014）浙杭行终字第 343 号。

（二）裁判要旨

高等学校有权依照《普通高等学校学生管理规定》第五十四条开除学籍的规定，结合本校实际制定具体实施细则，并可以据此开除学生学籍，司法机关应尊重高校的自主管理权。

（三）基本案情

林凯系浙江农林大学 2009 级学生，学制五年。2012 年 12 月，林凯犯传播淫秽物品牟利罪，被江苏省扬州市广陵区人民法院判处有期徒刑一年，并于 2012 年 12 月 31 日至 2013 年 12 月 30 日在户籍所在地浙江省海盐县司法局西塘桥司法所接受社区矫正。2013 年 12 月 5 日，浙江农林大学收到江苏省扬州市广陵区人民法院寄送的刑事判决书，得知林凯的犯罪事实。2013 年 12 月 30 日，浙江农林大学认为林凯传播淫秽物品牟利已构成犯罪，严重违反校纪校规，作出《浙江农林大学违纪告知书》并送达林凯。2014 年 1 月 6 日，浙江农林大学作出《关于给予林凯同学开除学籍处分的决定》。林凯不服，向浙江农林大学申诉委员会提起申诉未果，便向法院起诉。

（四）原告主张及理由

林凯认为：

（1）学校在作出开除学籍处分决定前应给予其陈述、申辩的权利。学校决定书未告知原告何时何地向何人申辩，且《浙江农林大学学生违纪处分条例》中也并未写明何时何地可向何人申辩，既然未告知其基本要素，怎能形成告知事实？且违纪告知书也并未加盖公章，原告对其法律效力保留质疑权利。

（2）学校给予开除学籍处分过重，存在显失公平的情形。

故请求人民法院撤销该处分决定。

（五）被告意见

学校答辩称：

（1）学校于 2014 年 1 月 6 日签发《关于给予林凯同学开除学籍处分的决定》（农林大学〔2014〕2 号）文件之前，即于 2013 年 12 月 30 日将《浙江农林大学违纪告知书》送达林凯本人，向其阐明了拟开除学籍的处分依据和处分意见，并特别告知林凯"如对处分意见有异议，可以按规定提出"，林凯同意并签字。因此，浙江农林大学在对林凯作出处分决定之前，已给予其充分的申辩机会，在实体上保障了原告的陈述和申辩权。

（2）根据《普通高等学校学生管理规定》（教育部令第 21 号）第五十四条第二款规定"学生触犯国家法律，构成刑事犯罪的，学校可以给予开除学籍处分"，《浙江农林大学学生违纪处分条例》第十二条第（一）项规定"被司法机关判处管制、拘役、有期徒刑并宣告缓刑以上刑罚或送劳动教养者，给予开除学籍处分"，学校作出开除学籍处分并无不当。

（六）争议焦点

（1）学校对犯罪学生是否可以开除学籍。

（2）被告处分程序是否合法。

（七）裁判理由及结果

一审法院经审理认为，林凯触犯刑法，构成传播淫秽物品牟利罪，有法院刑事判决书予以证明，违法事实清楚，证据确实充分。浙江农林大学依照《浙江农林大学学生违纪处分条例》第十二条第一项之规定，给予林凯开除学籍的处分，认定事实清楚，适用法律正确。《浙江农林大学违纪告知书》告知林凯违纪事实及处分依据，并告知当事人如对处分意见有异议，可以按规定提出，已保障了林凯程序上的权利，程序合法。

一审判决驳回林凯的诉讼请求。

二审驳回林凯的上诉，维持原判。

二、案件评析

（一）社会惩戒与学校处分目的不同

《普通高等学校学生管理规定》（教育部令第 41 号）第五十二条规定，学生有下列情形之一，学校可以给予开除学籍处分：……②触犯国家法律，构成刑事犯罪的；③受到治安管理处罚，情节严重、性质恶劣的……根据以上规定，各高校制定的学生管理规定中基本上均作出了上述重复性规定。为何在学生因违反国家法律构成犯罪或者受到治安管理处罚之后，学校还可以给予开除学籍处分呢？

原因在于这两类惩罚主体与所要维持的秩序与规范不同。刑罚、行政处罚是司法、行政机关为维护社会秩序所采取的必要措施;而开除学籍处分则是由学校对违反校规校纪学生所采取的必要惩罚措施。[①] 也就是说,一个属于社会惩罚,一个属于学校处分。社会惩罚目的在于保障公民权利和社会公共安全,而学校处分目的在于维护正常的教育教学秩序。同时也正是因为学生身份具有双重属性,一方面在社会中属于公民,另一方面在学校中又具有学生身份,其所享有两个方面权利,同时也需要履行两个方面义务。如果其违法行为既触犯了法律又触犯了学校纪律处分条例,那么学生必然需要接受双层惩罚。同时,相较于刑法,学校纪律处分条例对于学生有更特殊的要求,主要体现在:思想品德不合格或者行为不符合校规校纪的要求等均会受到学校的惩戒,即刑法是对学生最底线的要求,而校规校纪对学生的要求明显要高得多。也有人认为,当学生的行为违反法律时,表明其主观具有恶性,难以符合可教育的条件,不应当再保留学生的身份,学校有权开除其学籍。高校固然有权开除其学籍,但也应注意具体适用过程中需要注意的问题。

(二)学校应区分学生犯罪严重程度决定是否开除学籍

高校在对学生作出开除学籍的处分决定之时,应当充分考虑学生的实际情况,尽可能保证学生受教育权不受影响。学校不能对构成犯罪的学生采取"一刀切"的方式。首先,从《普通高等学校学生管理规定》(教育部令第 41 号)的立法本意出发,对符合开除学籍的情形,高校是"可以"而非"应当"开除学籍。因此,高校在细化相关规定之时应当注意区分学生行为的性质、过错的严重程度。其次,开除学籍要符合教育目的。高校目的是培养人才,并不是为了处罚学生,惩罚只能作为必要辅助手段而存在,不能毫不留情将违法犯罪的学生推向社会,原来的不良习惯没有改正的学生很难在社会中立足,甚者会引发更为严重的犯罪行为。最后,高等学校可以与司法机关展开合作,根据犯罪情节建立基于校园的社区矫正制度,在对学生进行处罚的同时尽最大的努力保障学生受教育权的实现。

(三)学生受到治安管理处罚时学校最高可开除学籍

《普通高等学校学生管理规定》(教育部令第 41 号)第五十二条规定,学生受到治安管理处罚,情节严重、性质恶劣的,学校可以给予开除学籍处分。正因为学校处分和社会惩罚的依据和目的不同,所以该规章同时规定了学

---

① 吴鹏、董菊菲:《社会惩戒与高校开除学籍处分衔接问题研究》,载《昆明理工大学学报 · 社科(法学)版》2008 年第 1 期。

生在受到治安管理处罚的同时,学校有权根据行为的性质与情节作出开除学籍的处分决定。但是,规章对开除学籍的条件进行了限定,即"情节严重、性质恶劣"。相比构成犯罪可开除学籍的情形限定了更为严格条件,从中不难看出教育部在规章出台时慎之又慎的态度。"情节严重、性质恶劣"判断标准太过于原则,不同高校会得出不同结论。因此,高校可以在对受到治安管理处罚的学生作出处分之前,依据处罚的种类、性质,并根据违法情节制定适当裁量基准。同时教育部规章规定的是"可以开除学籍",并非一律应当开除学籍,高校作出决定时应当根据学生平时在学校期间的表现以及受到治安管理处罚后是否悔过等情形综合决定是否开除学籍。

三、法条索引

《中华人民共和国教育法》(2009 年修正)

第二十八条　学校及其他教育机构行使下列权利:

…………

(四)对受教育者进行学籍管理,实施奖励或者处分;

…………

《普通高等学校学生管理规定》(教育部令第 21 号)

第五十二条　对有违法、违规、违纪的学生,学校应当给予批评教育或者纪律处分。

学校给予学生的纪律处分,应当与学生违法、违规、违纪行为的性质和过错的严重程度相适应。

第五十四条　学生有下列情形之一,学校可以给予开除学籍处分:

…………

(二)触犯国家法律,构成刑事犯罪的:

…………

第五十六条　学校在对学生作出处分决定之前,应当听取学生或者其代理人的陈述和申辩。

第五十七条　学校对学生作出开除学籍处分决定,应当由校长会议研究决定。

第五十九条　学校对学生作出的处分决定书应当包括处分和处分事实、理由及依据,并告知学生可以提出申诉及申诉的期限。

《浙江农林大学学生违纪处分条例》

第十二条　违反国家法律、法规,受到司法、公安部门处罚者,视不同情况分别给予下列处分：

（一）被司法机关判处管制、拘役、有期徒刑并宣告缓刑以上刑罚者，给予开除学籍处分。

…………

10. 学生多次违反校规校纪高校可开除其学籍
——杨梓豪诉深圳信息职业技术学院教育行政行为案

一、典型案例

（一）案号

一审：深圳市龙岗区人民法院(2014)深龙法行初字第 300 号。

二审：深圳市中级人民法院(2015)深中法行终字第 478 号。

（二）裁判要旨

学生多次严重违反学校纪律，性质恶劣，经教育不改的，高校可以开除学籍。司法机关应当重点审查高校作出开除学籍的处分决定，事实是否清楚、证据是否充分、程序是否合法。

（三）基本案情

杨梓豪系深圳信息职业技术学院软件学院学生。2011 年 12 月 15 日晚，因其在宿舍打牌影响他人正常休息，行为极其恶劣，学校给予其警告处分。2012 年 7 月 10 日，杨梓豪因旷课达 8 节，学校给予其警告处分。2013 年 3 月 19 日，杨梓豪因在宿舍留宿异性，被学校给予留校察看处分。2013 年 6 月 25 日，因旷课与考勤人员发生争执，杨梓豪于当日下午殴打黄某某。经鉴定受害人为轻微伤，在公安机关调解下，杨梓豪赔偿黄某某 3 万元。2013 年 7 月 1 日，学院提请学校给予杨梓豪开除学籍处分决定。在听取杨梓豪陈述、申辩后，学校经校长办公会研究决定给予杨梓豪开除学籍处分。杨梓豪拒绝签收处分决定，同时向学校申诉。经审查后，学校维持了该决定。

（四）原告主张及理由

杨梓豪认为：学校作出的警告处分告知书中未加盖公章，主要错误事实为手写字体，同时落款日期有涂改，故不具有法律效力。学校也未将处分决定书送达其本人，剥夺了其陈述与申辩权，并且处分告知书学生签字栏中记载学生及家长拒绝签字的情况也没有任何证据支撑。处分决定书没有证据能够证明杨梓豪打牌的情节极其恶劣，也没有说明达到了何种恶劣程度。

杨梓豪旷课 8 节的事实,没有证据支撑。学校因其"留宿异性"作出的处分决定无具体事实经过,没有证据能够证明杨梓豪存在留宿异性的事实。打架系因杨梓豪与黄某某发生口角而引起,并非蓄意聚众殴打他人,更非出于报复,且黄某某也殴打了杨梓豪,黄本身也具有一定过错,而深圳信息职业技术学院对此未予查明,直接认定杨梓豪系报复行为,有失公允。

故请求人民法院撤销学校开除学籍处分决定。

(五)被告意见

学校答辩称:

(1)深圳信息职业技术学院对杨梓豪的处理有充足的事实依据。①杨梓豪在 2013 年 6 月 25 日殴打负责考勤同学行为之前,已有多次违纪并受到处理的情形,对于这些情形及相应处理结果,杨梓豪已签名确认,对相应处分事实予以认可,对处分结果表示接受。②对于 2013 年 6 月 25 日发生的打架事实,有现场目击同学指证,有相应调解协议确认,还有杨梓豪在申辩中承认打架事实等。因此,杨梓豪存在打架行为及打架原因、相应过程,是清楚明确的。③关于殴打同学产生的损害后果,杨梓豪认为处分中认定的伤情结论与调解协议书中的内容不符,以及认为伤情检查医院是私营医院而不予认可。而深圳信息职业技术学院认为,调解协议书虽然是一份民事协议,但并不能因此免除杨梓豪的行政责任。龙城医院是正规的医疗执业机构,司法鉴定机构可以以该医院的相关检查报告作出鉴定结论。

(2)深圳信息职业技术学院处理程序合法。高等院校对于开除学生学籍处分的纠纷,虽然适用于行政诉讼相关诉讼程序,但其行为程序却与一般行政行为的程序有所不同,对其进行审查时,也不适用于一般行政行为的程序规定,其主要依据是《普通高等学校学生管理规定》,对于该规定中相关程序与内容,深圳信息职业技术学院处理程序与内容,是符合相应规定的。

(3)深圳信息职业技术学院的处理依据恰当。考虑到杨梓豪对负责考勤的同学进行报复性伤害,行为性质恶劣,且造成事实上的轻伤后果,同时,杨梓豪在发生该行为之时,尚处于留校察看期间,且之前也有数次被处分情形,在此情况下,为了维持正常的教学管理秩序,引用相关条文作出开除学籍处分,是合法恰当的。

(六)争议焦点

深圳信息职业技术学院作出处分决定认定事实是否清楚,适用法律是否正确,程序是否合法。

(七)裁判理由及结果

一审法院经审理认为,杨梓豪在校期间多次违规、违纪分别被处以纪律处分,在多项纪律处分均未被撤销的情况下,杨梓豪又在留校察看期间因旷课被班级考勤记录员如实记录,为报复考勤记录员,预谋并伙同他人聚众暴力殴打考勤记录员,造成人身伤害,致其"左侧眼眶内侧壁、下壁骨折",违反了包括治安管理等法律法规在内的强制性规定。虽然杨梓豪已与受害人达成调解并进行了民事赔偿,公安机关未依法追究其包括治安处罚等在内的法律责任,但实属严重违反学校纪律,性质恶劣,情节极为严重。在杨梓豪发生打人事件后和深圳信息职业技术学院作出开除学籍处分决定前,无证据表明杨梓豪经教育后认识错误较好,并有悔改表现,且在杨梓豪父亲向深圳信息职业技术学院提交的书面意见中亦无法体现出杨梓豪已在思想品德和行为习惯方面做出深刻反省和深入检讨。针对上述打人事件,结合杨梓豪之前多次违反学校规定受到多项纪律处分、屡教不改的实际情况,经校长会议研究决定,深圳信息职业技术学院对杨梓豪作出开除学籍的处分决定。杨梓豪不服提出申诉,深圳信息职业技术学院已组成申诉处理委员会对申诉进行了复查,并告知了复查决定。上述情形已充分满足普通高等学校学生及其学籍管理规定和办法中关于对学生处以开除学籍处分决定的实体性和程序性法定要件,对此法院予以支持。杨梓豪主张深圳信息职业技术学院作出开除学籍处分决定事实认定错误和程序违法,理由不足,对此法院不予采信。

综上所述,法院判决驳回原告杨梓豪的诉讼请求。宣判后,杨梓豪不服一审判决,上诉至深圳市中级人民法院。

二审法院经审理认为,原审判决认定事实清楚,适用法律正确,程序合法,依法应予维持。杨梓豪的上诉请求及上诉理由均不成立,判决驳回上诉,维持原判。

二、案件评析

(一)高校享有对学生处分的自由裁量权

立法者无法应对层出不穷的社会问题,于是将自由裁量权赋予各类行政机关。自由裁量权,是为了弥补法律规则的不确定性和滞后性而赋予行政机关及执法人员的一种权力。它本身就是一个矛盾体:用对了就能实现公平正义;若行使不当,反而不利于保护当事人的合法权益。① 通过必要的裁量不仅可以保持行政行为的灵活性,同时也能最大限度保障个案正义的实现。然而,当裁量权过大时,也有可能是对公正的一种威胁。行政机关享

---

① 　陈诗彤、许威:《行政处罚自由裁量权的限制问题》,载《法制博览》2018 年第 5 期。

有自由裁量权,并非不受任何拘束,除需要遵守一般法律原则外,还需符合法律赋予自由裁量权的目的,不可超出法定裁量范围。因此,必须要对自由裁量权进行必要限定,防止裁量权的滥用。其中,通过制定裁量基准,对裁量范围进行具体化解释,可以对裁量权进行拘束。

高校同样享有自由裁量权,可以在处分的种类中选择适用,同时当上位法中出现不确定法律概念时,高校还可以对其进行解释予以明确。同样,高校的自由裁量权也需要受到限制,需要符合上位法规定的裁量范围、立法目的以及法律原则等要求。为保障裁量权的正常行使,高校可以制定适合本校的裁量基准。对上位法中的不确定法律概念予以明确,将上位法规定的处分种类如何具体适用予以细化,防止裁量权滥用的发生。

(二)学校应细化处分裁量基准

尽管高校享有处分裁量权,但并非不受限制。限制高校自由裁量权具体可以从以下角度入手:首先,保证信息公开,涉及学生权利处分事项的依据、规定应当通过各种渠道向学生传达。《行政处罚法》第四条第三款规定:"对违法行为给予行政处罚的规定必须公布;未经公布的,不得作为行政处罚的依据。"其次,要保障相对人享有足够的程序性权利。例如,高校在涉及处分事实是否达到严重程度各方意见分歧较大之时,应当建立基于第三方的听证平台,在充分听取各方意见的基础上作出结论。最后,应当从源头上限制自由裁量权,制定裁量基准。对何种情形属于情节严重,进行进一步细化规定,减少裁量权滥用的发生。

《普通高等学校学生管理规定》(教育部令第 21 号)第五十四条规定:"学生有下列情形之一,学校可以给予开除学籍处分:……(六)违反学校规定,严重影响学校教育教学秩序、生活秩序以及公共场所管理秩序,侵害其他个人、组织合法权益,造成严重后果的;(七)屡次违反学校规定受到纪律处分,经教育不改的。"就这两项规定而言,规章赋予了高校较大的自由裁量权。对何行为属于严重影响学校教学秩序、生活秩序等情形,高校需要进行进一步具体判断。

杨梓豪的行为明显严重违反学校纪律,性质恶劣,经教育不改,可以开除学籍,没有分歧。但如果学校能够在制定本校违纪处分规定之时,将各种处分情节具体量化,制定出合理的处分裁量基准,并告知学生,让学生对自身行为的性质及后果有准确预判,如此也能大大减少学生屡次违纪情况的发生。

三、法条索引

《普通高等学校学生管理规定》(教育部令第 21 号)

第五十四条　学生有下列情形之一,学校可以给予开除学籍处分:

……………

(六)违反学校规定,严重影响学校教育教学秩序、生活秩序以及公共场所管理秩序,侵害其他个人、组织合法权益,造成严重后果的;

(七)屡次违反学校规定受到纪律处分,经教育不改的。

第四节　处分的依据

11.高等学校校规校纪不能违反上位法规定
——于航诉吉林建筑大学教育行政行为案

一、典型案例

(一)案号

一审:吉林省长春净月高新技术产业开发区人民法院(2015)长净开行初字第 11 号。

二审:吉林省长春市中级人民法院(2015)长行终字第 48 号。

(二)裁判要旨

高等学校可以根据法律、行政法规、规章的规定,制定相应具有针对性和操作性的校规校纪,但校规校纪不得与上位法相冲突。高等学校依据违背上位法的校规校纪,对学生作出开除学籍的处分决定的,人民法院不予支持。

(三)基本案情

于航系吉林建筑大学土木工程学院学生。2014 年在学校组织的一次考试中,于航因使用通讯设备作弊被巡考老师发现。当日在巡考老师及教务处老师监督下,于航写下有关考试作弊事实的"情况说明"。随后教务处作出学生考试违纪、作弊记录单,并在网站上对于航的作弊行为进行了通报。6 月 27 日经校长办公会研究决定,给予于航开除学籍的处分,同日向其送达。7 月 1 日,于航向学校申诉,学校维持了处分决定。于航不服该申诉决定,随即向教育厅申诉,教育厅同意学校处理意见。于航不服,向法院起诉。

（四）原告主张及理由

于航认为：学校的处分决定程序不合法，法律依据不明确，证据不充分，处分过重。

（1）吉林建筑大学认定于航考试作弊证据不足，只有当事人陈述，并无其他证据证明当事人的违纪行为。

（2）开除学籍处分过重。本次事件中，吉林建筑大学未能证明共同违纪人的主次责任，采取全部开除学籍的方式过于粗暴与不公平，《吉林建筑大学学生管理规定（试行）》违反了《普通高等学校学生管理规定》中过错与责任相适应的处分原则和精神，不能作为处分依据。

故请求撤销吉林建筑大学对于航作出的开除学籍处分决定。

（五）被告意见

学校答辩称：

（1）于航为作弊而组建微信群并拉入其他学生，系组织者。于航亲自拍摄试卷发送到微信群的事实，有其本人书写的情况说明证实。吉林建筑大学依据情况说明、学生考试作弊记录单、监考情况说明、巡考及核实情况说明等证据认定于航组织作弊、使用通讯设备作弊，事实清楚，证据充分。

（2）学校依据法律授权制定的《吉林建筑大学学生管理规定（试行）》，按法律规定上报主管部门备案、公布，该规定具有法律效力。结合于航在校期间多次旷课，以及本次考试组织作弊、使用通讯设备作弊的事实，依据《吉林建筑大学学生管理规定（试行）》第二十七条，对于航作出开除学籍的决定，处分适当。学校给予于航陈述、申辩的机会，处分决定系经校长会议研究后作出，程序合法。故请求人民法院驳回于航的诉讼请求。

（六）争议焦点

校内规范性文件相应规定是否违反上位法规定。

（七）裁判理由及结果

《吉林建筑大学学生管理规定（试行）》第二十七条中对使用通讯设备作弊行为未区分学生是否初犯、违纪行为性质、过错严重程度及平时在校表现等其他情况，直接规定属于严重作弊行为，给予开除学籍处分。该规定有悖于《普通高等学校学生管理规定》中规定"可以开除学籍"的立法本意，不符合上位行政规章的规定，不能作为处分学生的依据。

一审判决确认吉林建筑大学对于航作出的 2014 年第 81 号吉林建筑大学本专科生处分决定书行政处罚行为无效。

二审判决：①撤销长春净月高新技术产业开发区人民法院（2015）长净开行初字第 11 号行政判决；②撤销上诉人吉林建筑大学对被上诉人于航作

出的 2014 年第 81 号吉林建筑大学本专科生处分决定书。

二、案件评析

（一）校规校纪的合法性基础

高等学校治理法治化必然需要建立起一系列制度加以保障,法律赋予了高等学校在不违反上位法基本原则和具体规定的前提下有制定本学校相关规定的权力。高等学校在法定权限范围内制定的校规校纪具有行政规范性文件性质,其合法性主要包含实体合法性与程序合法性两方面。实体合法性要求主要是指,校规校纪内容不能与上位法冲突,对于高校及学生等主体权利义务的规定要符合上位法。首先,不可与上位法明文规定相违背;其次,不可与上位法立法精神和立法原意相违背;最后,不能超越法律授予的立法权限,也就是不可逾越上位法规定的处罚种类和幅度。程序合法性要求是指校规校纪的制定、修改程序合法。目前,我国对于高校校规校纪的制定程序尚未形成完整和统一的规定,仅以意思自治而简单概括。但是,从正当程序原则出发,校规校纪的制定应当尽可能通过各种途径方式征求意见、建议,特别是涉及利害关系人权利义务关系之时更应当如此。

（二）违反上位法的校规校纪不能作为处分学生的依据

在一些高校管理者的思想观念上始终有一种从严治校的观点,认为校规校纪相对于教育主管部门出台的规章而言,应当对学生要求更加严格,这也就导致了许多校规校纪对上位法的"超位"。学校在没有依据的情况下擅自提高对学生的要求,属于干涉学生权利,特别是涉及学生处分内容时更是如此。

本案中,《吉林建筑大学学生管理规定(试行)》的规定有悖于《普通高等学校学生管理规定》的立法本意,将规章中规定的"可以"开除学籍情形直接限缩为"应当"开除学籍,属于超越上位法规定的处罚权限,违反了上位法,不能作为处分学生的依据。

三、法条索引

《普通高等学校学生管理规定》(教育部令第 21 号)

第五十二条　对有违法、违规、违纪的学生,学校应当给予批评教育或者纪律处分。

学校给予学生的纪律处分,应当与学生违法、违规、违纪行为的性质和过错的严重程度相适应。

第五十四条　学生有下列情形之一,学校可以给予开除学籍处分:

…………

（四）由他人代替考试、代替他人参加考试、组织作弊、使用通讯设备及其他作弊行为严重的。

《最高人民法院关于执行〈中华人民共和国行政诉讼法〉若干问题的解释》（2000 年）

第五十七条　有下列情形之一的,人民法院应当作出确认被诉具体行政行为违法或者无效的判决：

…………

（三）被诉具体行政行为依法不成立或者无效的。

《中华人民共和国行政诉讼法》（2014 年修正）

第七十条　行政行为有下列情形之一的,人民法院判决撤销或者部分撤销,并可以判决被告重新作出行政行为：

…………

（二）适用法律、法规错误的；

…………

第八十九条　人民法院审理上诉案件,按照下列情形,分别处理：

…………

（二）原判决、裁定认定事实错误或者适用法律、法规错误的,依法改判、撤销或者变更；

…………

第五节　处分的程序

12. 高等学校对学生作出不利决定应当遵守法定程序
——张嘉宝诉鲁东大学教育行政行为案

一、典型案例

（一）案号

一审：山东省烟台市芝罘区人民法院（2016）鲁 0602 行初 6 号。

二审：烟台市中级人民法院（2016）鲁 06 行终 472 号。

（二）裁判要旨

高等学校有权对上位法规定的处分程序予以细化,并应当严格遵循法定程序作出处分决定,即:高等学校对因违反校规校纪的受教育者作出影响其基本权利的决定时,应当给予其陈述权、申辩权,但受教育者无正当理由在合理期限内未行使的视为放弃。

(三)基本案情

张嘉宝系鲁东大学法学院 2012 级本科生。2014 年 3 月,张嘉宝办理在辽宁师范大学借读一学期的手续。2014 年 8 月,借读时间到后,张嘉宝一直没有返校。张嘉宝擅自离校达 11 天时,其到校办理转学手续未能成功,之后一直未返校学习。10 月 16 日,鲁东大学给予张嘉宝留校察看处分,并向其送达。2015 年 5 月 3 日到 2015 年 6 月 3 日,张嘉宝在留校察看期间,擅自离校达 30 天。6 月 16 日,学校电话告知张嘉宝开除其学籍。9 月 30 日,学校正式作出开除其学籍的处分决定。10 月 8 日,学校以电话方式将决定书送达张嘉宝并告知其申诉权利。12 月 8 日,其父亲向学校申诉,学校以超期为由不予受理。2016 年 1 月 5 日,其向教育厅申诉,教育厅以未经学校申诉处理为由不予受理。

(四)原告主张及理由

张嘉宝主张:

(1)其于 2013 学年下半学期到辽宁师范大学借读是经过被告鲁东大学批准的。2015 年学期开学后,张嘉宝继续在辽宁师范大学学习。被告在未与张嘉宝联系的情况下,便于 2014 年 10 月 13 日作出留校察看的处分。后又于 2015 年 9 月 30 日作出开除学籍的决定。作出该决定之前,原告并不知情,使原告失去了陈述和申辩的机会。

(2)鲁东大学制定的《鲁东大学学生违纪处分办法》与教育部颁发的《普通高等学校学生管理规定》有关规定不一致,不可作为处分依据。

请求撤销被告于 2015 年 9 月 30 日作出的鲁大校处字〔2015〕14 号决定。

(五)被告意见

学校答辩称:

(1)原告入校后,经常不履行请假手续擅自离校,班主任、辅导员及院领导多次对其教育未果。2014—2015 学年第二学期(2015 年 2 月至 2015 年 7 月),原告在留校察看期间又擅自离校 11 天以上。原告行为严重违反校规校纪,在同学中造成极坏影响,学校经研究决定给予原告开除学籍处分。

(2)法学院老师将拟处分情况告知了原告,听取了原告的申辩。在多次联系原告当面送达处分决定未果的情况下,10 月 8 日,法学院团总支书记李某乙,在法学院党总支副书记曲志钢、原告所在班级班长、团支书的见证下,通过电话宣读的方式将处分决定告知了原告本人,并告知其申诉的权利和时限、途径。在规定5个工作日的申诉期内,原告未提出申诉。

(3)原告长期擅自离校旷课,在受到留校察看处分期间,仍不听老师劝阻,严重违反国家、学校的制度和纪律,持续时间长、情节严重,在同学中造成严重不良影响,学校给予原告开除学籍处分程序正当、证据充分、依据明确、定性准确、处分恰当,请求驳回原告的诉讼请求。

(六)争议焦点

被告作出处分程序是否合法。

(七)裁判理由及结果

学校以电话方式履行对原告进行处分前的告知程序,告知后两个多月时间,原告张嘉宝未返校,且没有联系被告的行为可视为对陈述、申辩权利的放弃。《普通高等学校学生管理规定》(教育部令第21号)第五十八条规定,学校对学生作出处分,应当出具处分决定书,送交本人。但该规定对学生不在校且无法直接送达的情形未作规定。《鲁东大学学生违纪处分办法》第三十条规定,如果学生不在学校,须在1名教师和1名学生的见证下,电话联系学生本人,对其宣读处分决定。依《鲁东大学学生违纪处分办法》规定的送达方式对张嘉宝送达处分决定书有效,故该处分程序合法。

一审判决驳回原告张嘉宝的诉讼请求。

二审驳回上诉,维持原判。

二、案件评析

(一)高校作出处分决定需严格遵守法定程序

本案发生在2017年新修订《普通高等学校学生管理规定》之前,2005年的《普通高等学校学生管理规定》仅仅是笼统规定:学校对学生的处分,应当做到程序正当、证据充分、依据明确、定性准确、处分适当。学校在对学生作出处分决定之前,应当听取学生或者其代理人的陈述和申辩,并没有规定具体的操作程序。同时规定决定书应当送达本人,但具体如何送达却没有规定,导致许多高校在实际处分过程中忽视了对学生程序性权利的保障。同时,这也赋予了高校更大程度的自主决定权,可以在上位法已有程序的基础之上进一步细化,但是绝不可简化、忽略上位法中明确规定的法定程序。高校自主管理权必须要在法定权限范围之内行使。因此,在上位法未对具体程序规定的情况下,高等学校有权根据本校实际作出进一步细化的规定。鲁东大学依据《普通高等学校学生管理规定》的授权制定出《鲁东大学学生违纪处分办法》,对处分程序作出了较为详细的规定。例如,第三十条规定,如果学生不在学校,须在 1 名教师和 1 名学生的见证下,电话联系学生本人,对其宣读处分决定。鲁东大学据此送达,处分决定程序合法。

(二)学校应进一步对处分程序细化规定

在 2017 年新修订的《普通高等学校学生管理规定》虽然规定了学生享有一些程序性权利,但是具体如何行使并没有具体规定,此时高等学校应主动进行细化,明确具体操作程序。例如:如何具体听取学生或者其代理人的陈述、申辩,重大违纪处分是否需要建立完善的听证制度,学生申请听证时如何具体执行等问题都可以在高等学校的规定中进一步细化规定,以切实保障学生的程序性权利得以落实。当有细化规定之时,高校作出处分决定就应当严格按照程序执行,以程序公正保障实体公正。当前规定中还存在着轻视处分作出前程序、重视处分事后救济程序的现象。① 如果事前充分保障了学生的程序性权利,学生得到公正处理后也就不需要如此繁杂的事后救济措施。

本案中鲁东大学对处分决定的送达程序进行了细化规定并严格执行,最终被法院所认可就是一个很好示范。鲁东大学依照《鲁东大学学生违纪处分办法》事先将拟处分决定告知原告,之后通知其享有陈述、申辩的权利,并通过电话方式将处分决定以及救济方式告知原告,充分保障其程序性权利。张嘉宝在法定期限内无正当理由不行使权利,视为放弃,鲁东大学作出处分决定程序合法。

三、法条索引

《普通高等学校学生管理规定》(教育部令第 21 号)

第二十七条 学生有下列情形之一,应予退学:

…………

(四)未请假离校连续两周未参加学校规定的教学活动的;

(五)超过学校规定期限未注册而又无正当事由的;

…………

第五十五条 学校对学生作出处分决定,应当做到程序正当、证据充分、依据明确、定性准确、处分恰当。

第五十四条 学生有下列情形之一,学校可以给予开除学籍处分:

…………

(七)屡次违反学校规定受到纪律处分,经教育不改的。

---

① 韩兵:《美国公立高校学生纪律处分程序制度及其启示》,载《行政法学研究》2012 年第 3 期。

第五十六条　学校在对学生作出处分决定之前,应当听取学生或者其代理人的陈述和申辩。

第五十八条　学校对学生作出处分,应当出具处分决定书,送交本人。开除学籍的处分决定书报学校所在地省级教育行政部门备案。

《鲁东大学学生违纪处分办法》

第三十条　如果学生不在学校,须在 1 名教师和 1 名学生的见证下,电话联系学生本人,对其宣读处分决定。

《中华人民共和国行政诉讼法》(2014 年修正)

第六十九条　行政行为证据确凿,适用法律、法规正确,符合法定程序的,或者原告申请被告履行法定职责或者给付义务理由不成立的,人民法院判决驳回原告的诉讼请求。

第六节　高校在学生纪律处分过程中应注意的问题

通过以上案件,我们大致可以得出高校在学生违纪处分过程中应注意的若干问题。正确认识这些问题,既能有效保障学生合法权益,又能切实推动依法治校进程。

一、可诉高校处分种类将逐步增多

在崔子阳诉中国地质大学案中,二审法院认为学校对崔子阳作出留校察看的纪律处分决定不涉及崔子阳学生身份丧失问题,不影响其受教育权,属于学校在维护正常教育教学秩序过程中,依法行使自主管理权范畴的行为,该行为不属于人民法院受案范围。当前司法实践认为只有学校在作出影响学生身份和受教育权的处分时才可以提起诉讼,否则该处分不属于人民法院受案范围。也就是认为学生受到开除学籍、退学等涉及学生身份得失的处分时可以向人民法院提起诉讼,寻求司法救济。法院认为警告、记过、记大过、留校察看属于学校内部事项,不涉及学生受教育权问题,不能向人民法院提起诉讼,不属于人民法院受案范围。

该观点虽然突破了传统特别权力关系理论,在一定程度上显现了基础关系理论的身影,但随着"重要性理论"影响不断扩大,权利保护观念不断深入,即便是不涉及身份的处分,若影响到学生的重要权利,也可以寻求司法救济。随着依法治国进程的不断推进,在不久的将来留校察看等处分也将纳入行政诉讼受案范围。人民法院的司法监督将加快高校依法治校进程，使得高校管理更加科学化。

因此，高校在作出即使不涉及学生身份和教育权的处分之时，也应当在调查事实的基础上，充分听取当事学生的陈述、申辩，保障学生的程序性权利，严格按照法定程序作出事实清楚、依据充分的处分，尽可能避免学校与学生对簿公堂现象的发生。

二、高校在作出处分决定时应遵循的原则

（一）高校在作出处分决定时应遵循正当程序原则

在钟杨杰诉闽西职业技术学院案中，法院以学校处分未告知学生所享有的救济权利和途径，未遵循正当程序为由撤销学校作出的退学决定。正当程序原则源于英国古老的自然正义原则，该案件中法官较早地引用正当程序原则作为裁判理由，其基本含义包含两方面：一是自己不做自己案件的法官；二是当事人有陈述和被倾听的权利。[①]

正当程序的核心要求高校做到以学生为本，高校在设计处分程序之时要将保障学生权益置于首位，在依据上位法规定制定处分、处理程序条款时应当遵循正当程序原则，即事先将草案予以公布，广泛征求老师与学生的意见，保障参与权在高校规范性文件的制定过程中严格得以落实，最终构建出一套完整、科学的学生处分、处理流程。同时要求高校在行使处分权之时严格遵循正当程序原则，在作出处分前，应当将该决定所依据的事实、理由告知学生，并给予学生陈述、申辩的机会。

（二）高校在作出处分决定时应遵循处罚与教育相结合原则

"处罚与教育相结合原则"是行政法中确立的重要行为准则，是尊重和保障人权的重要体现。在蔡宝仪诉广州工业大学案中，法院认为高等学校虽然享有自主管理职权，司法机关应当尊重，但是，学校处理违纪学生之时应注意教育与处罚相结合并重在教育。本案以处罚与教育相结合原则作为裁判要点之一，凸显了教育与处罚相结合原则在处分中的重要作用。处罚是高校在学生管理过程中不可或缺的手段，但是单纯的处罚并不足以保障法律、法规的贯彻实施，反而有可能造成行为人对处罚的恐惧，激发更严重的违法行为。法律的贯彻落实离不开人们的理解与支持，高校的管理同样如此。因此，高校应当坚持教育与处罚相结合原则让学生发自内心地认同校规校纪，以减少违纪行为的发生。

---

① 徐亚文：《程序正义论》，山东人民出版社2004年版，第10页。

高校可以探索建立起具体适用该原则的体系。例如,在规定中写明当什么情形时应当给予学生一次改过自新的机会,列举出几种情形。或者建立专门的学生违纪教育机构,对违纪学生集中进行说服教育,并由老师根据学生的平时表现作出相应减轻、解除处分的建议。

(三)高校在作出处分决定时应遵循过罚相当原则

《行政处罚法》第四条第二款明确了过罚相当原则的含义,即:设定和实施行政处罚必须以事实为依据,与违法行为的事实、性质、情节以及社会危害程度相当。在张超诉郑州航空工业管理学院案中,学校在发现学生作弊后,便作出开除学籍处分,处罚偏重。

过罚相当原则是高校在制定本校学生违纪处分规定时必须要遵循的原则。高校处分权的行使必须与学生违纪事实、性质、情节等因素相当,对不同违纪行为设定不同的处分种类。在教育部规定的处分种类中高校可以根据本校实际情况,在征求学生、教师意见的基础之上具体细化规定,再全面分析实践中可能出现的违纪行为,按照情节轻重分别设定不同的处分类型。明确不同类型的处分种类适用的范围和条件,不能对轻微违纪的学生处以过重的处罚,也不能对严重违纪的学生处以过轻的处罚,这都是与适当性要求所不相符的。

过罚相当原则更是高校在作出处分过程中应当遵循的原则。尽管在处分权设定过程中已经要求设定机关遵循过罚相当原则设定处分权,但是由于学生违纪行为的严重程度不一,事先不可能对所有情况进行全面考虑。因此,必然要求在具体实施过程中贯彻过罚相当原则。根据具体学生违纪的事实与种类,合理行使自由裁量权,避免因处分过轻导致无法达到惩罚违纪学生的目的或者因处分过重给学生的权利造成不当损害。

三、处分的事实

(一)课程论文抄袭不属于学术不端,属于考试作弊

依据《普通高等学校学生管理规定》(教育部令第41号)第五十二条的规定,学生学位论文、公开发表的研究成果存在抄袭、篡改、伪造等学术不端行为,情节严重的,或者代写论文、买卖论文的,学校可以给予开除学籍处分。学术不端行为并不包含课程论文抄袭,仅仅存在于学位论文以及公开发表的研究成果中。考试的主要目的就是检测学生的学习成果,并给予学生相应成绩,课下完成论文目的与此相同,因此也可以认为属于考试的一种形式。如课程论文若不进行规范,让学生随意抄袭那么该环节设置的意义也就丧失了,也就没有办法对学生学业水平作出准确评定。因此,课程论文抄袭属于考试作弊,学校可按照违纪情节给予相应处分。

(二)学生持续旷课,高校可分阶段独立评价

《普通高等学校学生管理规定》(教育部令第 41 号)第二十五条规定,经学校批准学生可以休学,将休学批准权交由学校自主决定。休学一般包括学生主动申请和学校认为学生应当休学两种情况。学生主动申请休学应当经过学校同意,因为其中涉及正常教育教学秩序的维护,但是只要学生申请理由正当,学校就不应当过多干预。

未得到学校批准休学而擅自离校的按照旷课处理,若学生旷课行为处于持续状态,学校是否可以分别给予处分?笔者比较认同聂恒布诉河海大学案中法官的观点,即聂恒布在第一次旷课满足严重警告之时给予其严重警告处分,目的正是对其进行说服教育,促使其尽快回到正常的教学活动中来,同时学校也不可能预见到严重警告之后聂恒布仍不予以理睬,继续进行旷课的事实。因此,学校可以分阶段独立评价学生持续旷课行为,可以先后作出多份处分决定,最高可予以开除学籍。

(三)高校应完善学生学术不端认定及处理办法

兰州大学学生因学术造假被开除学籍,引起社会关注。随着科研界学术不端行为不断地出现,如何治理学术不端行为是高校面临的一大挑战。2016 年 6 月,教育部颁布的《高等学校预防与处理学术不端行为办法》规定,高等学校应当建设集教育、预防、监督、惩治于一体的学术诚信体系。高校应加快本校学术不端治理办法的出台。

各高校应完善学生学术不端行为的认定,统一认定和惩罚比例标准。目前各高校认定学生学位论文文字复制比没有统一标准,30%、20%、10% 各不相同,缺乏科学依据,也没有遵循比例原则,认定标准各有不同。[①] 建议各高校对学术不端明确认定标准,细化认定规则,厘定统一的惩处标准,合理制定惩处比例,以便学生能够将其内化为行动自觉。

同时,各高校对于学生学术不端行为认定机构不一,部分高校将认定权交由各个培养单位即二级学院,部分高校将认定权统一到学位办公室。不同的认定机构得出的结论就会不一致,其结果的公正性也就难以保障。建议各高校将认定机构统一到学校层面,以防出现学术不端认定过程操作不规范的现象。

(四)高校应结合本校实际合理确定学生的最长学习年限

《普通高等学校学生管理规定》(教育部令第 41 号)第三十条规定学生

---

① 陈亮、康翠萍:《失范与规范:高校学生学术不端行为及纠偏路径》,载《大学教育科学》2016 年第 5 期。

有下列情形之一,学校可予退学处理:①学业成绩未达到学校要求或者在学校规定的学习年限内未完成学业的……正因为各个学校办学特色不同,该规章将制定最长学习年限的权力赋予各高校。这就要求学校在制定最长学习年限之时,既不能不顾本校实际情况规定时间过长,导致学生一直保留着学籍不去学习而前去工作的情况发生;也不可规定时间过短,侵害多数学生的受教育权利。

在未来教学改革中高校可以逐渐向弹性学制转变。弹性学制具体而言就是在完全学分制的基础之上,学生可以根据自身的学习情况,在一定学习年限内对人才培养模式进行自主选择。①

(五)高校应区分学生违法犯罪性质作出相应处分

学生构成犯罪之后如果其行为同时违反校规校纪,则高校有权给予相应处分。这是因为,刑罚是司法机关为了维护社会秩序所采取必要的措施;而处分则是学校对违反校规校纪学生所作出的惩罚措施。② 也就是说一个属于社会惩罚,一个属于学校惩罚。社会惩罚目的在于保障公民权利和社会公共安全,而学校惩罚目的在于维护正常的教育教学秩序。

但是高校不能一概而论,认为只要构成犯罪就开除学籍,这是与过错相当原则不相符的。《普通高等学校学生管理规定》规定构成犯罪"可以"开除学籍,并非"应当"。因此,高校在细化相关规定之时应当注意区分学生违纪行为的性质和过错的严重程度。

(六)高校应进一步细化处分裁量基准

在杨梓豪诉深圳信息职业技术学院案中,杨梓豪严重违反学校纪律,性质恶劣,经教育不改,学校有权开除其学籍。高校享有自由裁量权,可以在不同处分种类中选择使用。但是,当何行为属于严重影响学校教学秩序、生活秩序等情形时,高校需要进行进一步判断。即当上位法中出现不确定法律概念时,高校应当对其进行解释予以明确。高校还应当从源头上限制自由裁量权,制定裁量基准。对何种情形属于情节严重进行进一步细化规定,以减少裁量恣意的发生。

---

① 莫逊:《高校学分制改革最终选择:弹性学制》,载《教育教学论坛》2015 年第 35 期。

② 吴鹏、董菊菲:《社会惩戒与高校开除学籍处分衔接问题研究》,载《昆明理工大学学报·社科(法学)版》2008 年第 1 期。

四、处分的依据

(一)高校制定校规校纪不得与上位法相抵触

一部法律规范只有在找到上位法来源之时,它才是合法的。这就要求在立法过程中除非另有授权,下位法应与上位法保持一致。高校制定违纪处分实施办法必须依照《普通高等学校学生管理规定》等上位法的授权进行规定,具体应当做到以下两点:第一,对于上位法有明确规定事项,必须在上位法规定范围内进行细化,不得擅自扩大上位法的授权范围;第二,对于上位法未进行规定的事项,不得违背上位法的立法目的、立法意图,对法律保留事项进行规定。

(二)违反上位法的校规校纪不可作为处分学生的依据

根据上位法的授权,学校有权基于教学管理秩序维护和教育学生的目的对学生提出若干应当遵守的要求,但是,学校制定的校规校纪应该符合上位法的要求。在于航诉吉林建筑大学案中,法院认为《吉林建筑大学学生管理规定(试行)》第二十七条的规定有悖于《普通高等学校学生管理规定》的立法本意,不符合上位行政规章的规定。属于校规校纪对上位法"超位",对学生权益严重侵犯,违反了上位法规定,不能作为处分学生的依据。

五、处分程序

高校可以在教育部规章的规定中进一步细化处分程序,并按照此程序作出处分决定。在张嘉宝诉鲁东大学案中,鲁东大学对处分决定送达程序进行细化规定并严格按照执行,最终处理决定被法院所认可。这是高校细化规定处分程序的一个很好示范。通过本案并结合其他高校制定的处分程序,在此提出较为完整的处分程序,各高校可以在制定本校处分程序的过程中予以借鉴。具体可分为事前程序、事中程序、事后程序。

(一)高校作出处分的事前程序

1.高校应作出拟处分通知书

法律要求执法部门对相对人作出不利处分之前应当告知其处分事实、种类以及依据。在高校对学生处分中同样要求如此,根据《普通高等学校学生管理规定》(教育部令第 41 号)第五十五条规定,在对学生作出处分或者其他不利决定之前,学校应当告知学生作出处分或决定的事实、理由及依据,并告知学生享有陈述和申辩的权利,听取学生的陈述和申辩。该规定仅概括规定处分前应当告知当事人,但是具体什么时间告知、如何告知、未告知后果是什么均没有规定。规章也只是规定了需要有告知程序,具体如何告知、告知哪些内容还需要有高校作出细化规定。

首先,告知内容必须为全部事实及处分依据。如果高校在告知拟处分决定之后,发现了新事实或者改变了处分依据,却没有补充告知,即便不会对最终处分结果产生影响,也违反了正当程序原则,所得出的结果也不具有正当性。在蔡宝仪诉广州工业大学案中法院已将该观点写入裁判理由之中。其次,告知学生救济权利之时应当为其留有足够的时间,并告知其陈述、申辩的方式。书面陈述、申辩的应当告知学生提交材料的具体机构,口头陈述、申辩的应当告知学生时间、地点和参加人员等。一般应当为学生留有 5 日以上时间准备陈述、申辩材料。如果高校在当日告知学生次日便要求其提供陈述、申辩材料,那明显不符合正当程序要求,而仅仅为了应付规章中的规定,并没有将其落实的打算,属于裁量权滥用。最后,告知应当采用书面方式,最好是作出拟处分决定书等正式文本,并按照时间顺序编写处分编号,以便查阅。

2. 学生可查阅案卷

要让学生陈述、申辩的权利真正得到保障,关键是需要学校真正能够转变以往重实体、轻程序的观念,重视对学生程序权利的保障。《普通高等学校学生管理规定》中并未规定学生可以查阅学校调查的相关事实、证据材料,但从保障处罚相对人合法权益的角度出发应当给予当事人此项权利,以便当事人充分了解违纪事实之后能够有针对性作出应对。

(二)高校作出处分的事中程序

1. 高校应听取学生的陈述、申辩

根据《普通高等学校学生管理规定》(教育部令第 41 号)第五十五条规定,在对学生作出处分或者其他不利决定之前,学校应当告知学生作出决定的事实、理由及依据,并告知学生享有陈述和申辩的权利,听取学生的陈述和申辩。但是,对如何具体听取学生的陈述、申辩却没有规定。基于程序正义考量,以下几点是高校在听取学生陈述、申辩时应予考虑的内容:首先,听取陈述、申辩的主体要事先予以明确。例如中国人民大学专门设立了学生工作委员会负责学生纪律处分事项,并规定了由学生违纪处分委员会听取对处分有异议的学生的陈述、申辩以及负责组织听证会。其次,要充分保障学生的陈述、申辩权,不可无理由制止。最后,陈述、申辩事项要如实记录,经学生签字确认,之后学校要认真进行复核。

2. 高校应当召开听证会

教育部规章中并没有说明处分决定作出前需要召开听证会,中国人民大学违纪处分规定中有听证程序,并且不是可以召开,而是规定必须召开。

首先,决定召开听证会前应予以通知,必要时公告。一般应当在听证会召开前 5 日通知当事人,当涉及他人利益或者学生违纪影响范围较大时应当予以公告,但应注意保护涉事学生的隐私。其次,主持人中立,利害关系人回避。听证会主持人应当交由第三方主体承担,不应当由学校担任主持人,以免出现利益冲突。最后,明确听证笔录效力,处分决定应当在听证笔录的基础上作出,遵循案卷排他原则。

3. 作出处分决定之前应进行合法性审查

《普通高等学校学生管理规定》(教育部令第 41 号)第五十六条规定对学生作出取消入学资格、取消学籍、退学、开除学籍或者其他涉及学生重大利益的处理或者处分决定的,应当提交校长办公会或者校长授权的专门会议研究决定,并应当事先进行合法性审查。该条并未规定进行合法性审查的主体,仅仅规定了重大处理或者处分事项应当提交校长办公室或者校长授权的专门会议研究决定。而中国人民大学在制定本校规定时并没有显示出合法性审查的字眼,而是规定了学生处分委员会中应当有法学专家参加。但是这是否能够代替教育部规章中规定的合法性审查,对此笔者持怀疑态度。上位法并未授权可以将此程序简化为一步,故笔者认为中国人民大学的规定值得进一步商榷。

(三)高校作出处分的事后程序

1. 处分决定书应当包含的内容

根据《普通高等学校学生管理规定》(教育部令第 41 号)第五十三条规定,学校对学生作出处分,应当出具处分决定书,处分决定书应当包括下列内容:①学生的基本信息;②作出处分的事实和证据;③处分的种类、依据、期限;④申诉的途径和期限;⑤其他必要内容。其中,最后一项是概括性条款,授权给高校自行决定处分决定书中必须写明的内容。必要的内容该条款基本均已涵盖,但是仍过于抽象,需要各高校根据本校实际情况进一步具体化。可以采用两种方式:第一,在本校规定中直接予以具体化;第二,作出标准处分决定书样本,在之后处分程序中予以参照①。但是,无论采用何种方式,一般均应包含以下内容:首部、正文以及尾部。首部一般包括决定书标题、编号以及当事人基本信息等内容。正文为处分决定书的核心内容,包括事实、理由、依据和处罚决定等内容。尾部主要是处分期限,同时告知学生不服处分的救济途径以及期限,最后写明制作日期并加盖学校公章。

---

① 郑州大学在公布纪律处分实施细则时,将拟处理意见告知书、处分决定告知书等相关样本以附件形式附在网页上公示。http://www5.zzu.edu.cn/student/info/1008/4658.htm. 2018 年 7 月 29 日访问。

2. 处分决定书的送达程序

根据《普通高等学校学生管理规定》(教育部令第 41 号)第五十五条的规定:处理、处分决定以及处分告知书等,应当直接送达学生本人,学生拒绝签收的,可以以留置方式送达;已离校的,可以采取邮寄方式送达;难于联系的,可以利用学校网站、新闻媒体等以公告方式送达。该规定对于送达程序的规定较为详细,但学校应注意送达方式有先后顺序,只有当前一种方式无法送达,方可选择之后方式替代。

3. 对违纪学生处分后的案卷管理

根据《普通高等学校学生管理规定》(教育部令第 41 号)第五十八条的规定,对学生的奖励、处理、处分及解除处分材料,学校应当真实完整地归入学校文书档案和本人档案。但是,并没有规定设立专门学生处分案卷管理制度。毫无疑问,完整真实的案卷材料是反映学校对学生作出处分决定是否合法的重要表现形式。在行政执法和司法程序中均设置有专门的案卷管理制度,是保障正当程序的重要手段。高校在学生处分程序之中可以参照公安机关在治安管理处罚过程中的案卷目录,制作适合本校的案卷目录,探索建立学生处分案卷管理制度。

附:本章相关案例

种类	案件名称	裁判要旨	案号
一、可诉的处分种类	林丹娟不服漳州师范学院开除学籍案	高等学校属于法律、法规授权的组织,具备行政主体资格。高等学校对受教育者开除学籍的处分行为,是高等学校在行政管理过程中实施的具体行政行为,该行为侵犯了受教育者的受教育权,应当属于行政诉讼的受案范围。	一审:福建省漳州市芗城区人民法院(2006)芗行初字第120号 二审:福建省漳州市中级人民法院(2007)漳行终字第13号
	邵壮诉湖北工业大学留校察看处分案	高校依据《湖北工业大学学生考试违规处理办法》第八条第二款之规定,对邵壮作出留校察看的纪律处分决定,该处分行为属于学校依法行使教育自主管理权的范畴,对邵壮的受教育权不产生实际影响,不属于人民法院行政诉讼的受案范围。	一审:湖北省武汉市洪山区人民法院(2017)鄂0111行初16号 二审:湖北省武汉市中级人民法院(2017)鄂01行终319号
二、处分原则	王奋凯不服宿迁学院开除学籍案	根据《普通高等学校学生管理规定》第五十二条的规定,对有违法、违规、违纪行为的学生,高等院校应当给予批评教育或者纪律处分。高等院校作出处罚决定前未给予学生陈述、申辩的权利,属于程序上的瑕疵。但是,处分决定程序的瑕疵未导致处分结果显失公正的,仍应为有效。	一审:江苏省宿迁市宿城区人民法院(2007)宿城行初字第0001号 二审:江苏省宿迁市中级人民法院(2007)宿中行终字第0028号

续表

种类	案件名称	裁判要旨	案号
二、处分原则	王圣钦不服南京师范大学教育行政决定案	行政组织应当按正当程序原则作出行政行为,以维护相对人的合法权益。高校对受教育者作出开除学籍的处分,涉及被处分者的受教育权利,从充分保障当事人权益的原则出发,作出此处分决定的被告应当在处分决定正式公布前给予被处分人提出申辩意见的权利,从而有利于保障相对人的合法权益及保证处分决定作出的正确性。	江苏省南京市鼓楼区人民法院(2007)鼓行初字第108号
	梁巍峰与惠州学院教育行政管理案	高校在未对社会危害程度进行评估的情况下,即作出开除学籍的决定,将心智尚未成熟的学生推向社会,违背了将管理与加强教育相结合的立法本意,剥夺了其受教育的权利。	一审:惠州市惠城区人民法院(2014)惠城法行初字第67号 二审:惠州市中级人民法院(2015)惠中法行终字第62号
	刘岱鹰诉中山大学新华学院不授予学士学位案	对舞弊学生已作出纪律处分且该学生已纠正错误的情况下,再次对其施以惩戒,缺乏应有的必要性,且有违教育与处罚相结合的法律原则。而仅因一次考试舞弊即对学生的道德品行予以否定性评价,有失公允。	广东省广州市天河区人民法院(2015)穗天法行初字第669号

续表

种类	案件名称	裁判要旨	案号
二、处分原则	王青诉衡水学院行政处罚案	被告在处理方式上并未考虑原告在校期间属优秀学生，通过自己的勤奋好学多次获得荣誉和奖励，所犯错误尚属首次，同时具有主动承认错误、认识深刻、有悔改表现和主动劝阻他人和检举他人的从轻情节，应给予改过的机会。而仅凭一次考试作弊就开除学籍，使学生无任何完善品质的余地，导致措施和目的之间的极不相称。	衡水市桃城区人民法院（2014）衡桃行初字第24号
三、处分程序	林丹娟不服漳州师范学院开除学籍案	高等学校应当依据《普通高等学校学生管理规定》（教育部令第21号）第五十五条、第五十六条的规定，在对受教育者作出处分决定时，应明确告知其享有陈述和申辩权，并听取受教育者或者代理人的陈述和申辩，在法律规定的范围内，严格依法处理。如果高等学校的处理决定违反法定程序，人民法院有权予以撤销。	一审：福建省漳州市芗城区人民法院（2006）芗行初字第120号 二审：福建省漳州市中级人民法院（2007）漳行终字第13号
	田永诉北京科技大学拒绝颁发毕业证、学位证案	高等学校对因违反校规校纪的受教育者作出影响其基本权利的决定时，应当允许其申辩并在决定作出后及时送达，否则视为违反法定程序。	一审：北京市海淀区人民法院（1998）海行初字第142号 二审：北京市第一中级人民法院（1999）一中行终字第73号
	梁冰诉北京市教育委员会维持开除学籍处分决定案	高等学校具有对在考试过程中使用通讯设备作弊的考生给予开除学籍处分的权力。教育行政管理部门受理作弊考生的申诉后，应当在查明事实的基础上，按照法定程序作出维持高等学校作出处分的决定。	一审：北京市西城区人民法院（2007）西行初字第259号 二审：北京市第一中级人民法院（2008）一中行终字第351号

第三章

毕业证书发放

第一节　学费缴纳

1.因未缴纳学费拒绝发放毕业证书
——高宇诉吉林省经济管理干部学院不予颁发毕业证书案

一、典型案例

(一)案号

长春市朝阳区人民法院(2015)朝行初字第 70 号。

(二)裁判要旨

未缴纳学费的行为属于显失诚信,不应倡导,高校暂缓发放毕业证书并不违反法律法规及学校的学籍管理规定。

(三)基本案情

原告高宇是吉林省经济管理干部学院(以下简称"经干院")2012 级建筑工程系建筑装饰工程技术专业的学生,其在学院规定的三年学习年限内已修完教育教学计划规定的内容。因家庭困难,高宇未缴纳 2014—2015 学年学费 4500 元、住宿费 400 元,共计 4900 元。被告经干院以原告高宇未缴纳学费、住宿费为由,对其暂缓发放毕业证书。后原告高宇向被告申请缓交学费和住宿费,并要求被告为其发放毕业证书。被告经干院经研究决定,拟与原告高宇签订还款协议,约定还款期限及要求原告高宇提供担保人,遂后即为原告高宇发放毕业证书。但原告高宇不同意签订协议,只同意个人给被告经干院出具欠条,双方协商未果。

(四)原告主张及理由

原告诉称,原告高宇于 2012 年考入被告经干院,经过三年学习,学期已满,各科成绩合格,但被告经干院却不给发放毕业证,原告高宇多次向被告经干院申请,被告经干院百般刁难就是不给发放。因此,请求判令被告经干院履行法定职责,为原告高宇发放毕业证书。

(五)被告意见

被告辩称,原告高宇在大二期间以家庭困难为由拖欠 2014—2015 学年学费 4500 元、住宿费 400 元,共计 4900 元,至今未交。根据《普通高等学校学生管理规定》(教育部令第 21 号)第六条的规定,学生在校期间有按规定缴纳学费以及相关费用的义务。第十条规定,未按学校规定缴纳学费或者其他不符合注册条件的不予注册。被告经干院《吉林省经济管理干部学院学籍管理规定》第三十八条,要求在籍学生按规定缴纳学费。在校学习的学生,按规定缴纳学费和宿费,是其应尽的义务,不交学费即获取毕业证书有失诚信和公平,按照有关规定缓发其毕业证书是合理合法的。

学校为帮助原告高宇就业找工作,拟与原告高宇签订还款协议书,签订后随即发放毕业证,原告高宇拒不签订协议书,也不缴纳学费和住宿费,被告经干院对原告高宇的处理合情、合理、合法。

(六)争议焦点

被告经干院是否应当为原告高宇颁发毕业证书。

(七)裁判理由及结果

长春市朝阳区人民法院经审理认为,原告高宇虽在学校规定年限内修完教育教学计划规定的内容,德、智、体达到毕业要求,但原告高宇作为被告经干院的在籍学生,未能履行学业年限内缴清学费的义务。被告经干院作为高等学校,可以在其办学自主权范围内自行制定与教育教学相关的具体要求。

针对原告高宇欠缴学费事宜,被告经干院草拟还款协议,约定还款期限及要求原告高宇提供担保人,遂后即为原告高宇发放毕业证书,此举并未超过合理范围,并无不当。原告高宇拒不签订该协议,原告高宇的行为属显失诚信,不应倡导,且被告经干院对原告高宇暂缓发放毕业证书并不违反法律法规及学校制订的对学生学籍管理的规定,故原告高宇在此情况下要求被告经干院为其颁发毕业证书理由不成立。综上,长春市朝阳区人民法院判决驳回原告高宇的诉讼请求。

二、案件评析

(一)被告因原告未缴纳学费暂缓发放毕业证书符合法律规定

本案原告因其家庭困难,未缴纳 2014—2015 学年学费 4500 元、住宿费400 元,共计 4900 元。被告经干院以原告高宇未缴纳学费、住宿费为由,对其暂缓发放毕业证书。根据《普通高等学校学生管理规定》(教育部令第 21号)第六条第四项的规定,缴纳学费及有关费用是学生在校期间应当依法履行的义务。根据《普通高等学校学生管理规定》(教育部令第 21 号)第六十八条之规定,高等学校应当根据本规定制定或修改学校的学生管理规定,报主管教育行政部门备案(中央部委属校同时抄报所在地省级教育行政部门),并及时向学生公布。被告经干院制定的《吉林省经济管理干部学院学籍管理规定》,对学生管理相关工作进行了细化。该规定第三十八条载明:"有正式学籍且学籍状态在中国高等教育学生信息网上为注册学籍的学生,在学院规定年限内,修完教育教学计划规定内容,德、智、体考核合格,按规定缴纳学费准予毕业,毕业证书中培养层次为专科(高职)。"根据有关规定,被告拒绝颁发毕业证的行为是符合法律规定的。原告高宇的德、智、体合格,也在高校规定的时限内完成教育教学计划的全部课程,但是作为被告的在校生,原告未履行缴纳学费的义务,被告为方便原告找工作,针对原告欠费的情况草拟了协议,原告既不还款亦不签订协议,其行为明显属于失信。

(二)高校收取学费是一种什么性质的法律行为

近些年来,因高校大学生未缴纳学费及其他相关费用引起的案件越来越多,催缴学费成为高校学生管理工作中的一大难题。为了成功催缴学费,高校采取了各种各样的方法。比如,不办理学籍注册、不登记成绩、不准参与评奖评优、不允许参加论文答辩、不予颁发学历证书、不配合办理毕业手续等。

高校收费属于何种法律性质的行为? 这个问题的答案并不明确。首先,我们应该先了解一下高校的性质。《最高人民法院关于适用〈中华人民共和国行政诉讼法〉的解释》(2018 年)第二十四条规定,当事人对高等学校等事业单位以及律师协会、注册会计师协会等行业协会依据法律、法规、规章的授权实施的行政行为不服提起诉讼的,以该事业单位、行业协会为被告。由此可见,在行政法上,高校具有行政主体的性质,学校与老师和学生的关系是一种公权力关系。这种关系是以高校的行政主体地位为基础的,是一种管理与被管理的关系,学校与老师、学生之间的地位不具有平等性。但是从民法上讲,高校又是一种事业单位法人,学校与老师和学生之间不仅仅有管理的法律关系,也有平等的法律关系。比如高校与老师签订聘任合同,这种教师的聘任活动遵循双方地位平等的原则、自愿协商的原则,在合同中,明确双方的权利和义务。再比如,高校招生和录取新生也具有平等性,有人认为高校公布招生简章,进行招生宣传的行为属于要约邀请的行为;考生填报志愿属于要约行为;高校发出录取通知属于承诺的行为,即同意与考生订立教育契约。

在这份教育契约中,缴纳学费及有关费用是学生在校期间应当依法履行的义务。虽然法律规定,未按学校规定缴纳学费或者其他不符合注册条件的不予注册。但是,高校在学生欠费时,往往采取比较宽容的态度,使得欠费现象越来越严重。若说学生缴纳学费的行为属于学生与高校之间订立民事契约的行为,那高校不应该混淆行政权力和民事权利,运用不颁发毕业证书等行政不作为的方式来追债,而是应该通过民事合同的相关规定,如解除合同、追究违约责任等方式进行。但是,这种教育协议绝非民事关系中平等主体之间在自愿、协商的基础上订立的契约,而是在教育管理关系的基础上订立的。从学校的角度看,教育是为国家、为社会培养优秀人才的事业;从学生角度看,教育是获取知识的途径,是需要缴纳学费的。高等教育具有非义务性,学校与学生之间的契约不仅仅是约定学校和师生之间权利义务的协议,这种契约更是为了公共利益的实现。所以,笔者更同意法院的观点,不能把缴纳学费的行为简单地认定为民事行为。

(三)如何减少学校与学生之间的欠费纠纷

教育部指出,为继续做好学生就业工作,各地各高校要加强毕业生的服务、教育、管理,特别是帮助未就业毕业生实现就业、平稳离校。要准确把握、严格执行国家和高校有关政策规定,注重教育与管理相结合,对欠缴学费、离校时未落实工作的毕业生,严禁采取扣发毕业证书、学位证书等简单化的管理方式。[①] 教育部申明了对欠缴学费的学生严禁采取扣发毕业证等简单化的管理方式,所以虽然本案法官支持了高校的主张,但不意味着高校扣发毕业证书的行为是恰当的。学校与学生之间的欠费纠纷这个问题应提前解决,而不应拖到毕业时通过扣发毕业证的方式简单处理。

不缴纳学费的行为是违反诚信原则的。为减少这种欠费行为出现,我们有必要建立一个大学生的个人信用评价系统,警示大学生不做有信用污点的毕业生。为了帮助经济困难和低收入家庭的学生顺利完成高等教育学业,国家启动了助学贷款制度。通过助学贷款申请的学生,由国家开发银行垫付学费等相关费用,这笔款项直接转入高校的账户。申请助学贷款时,需

---

① http://www.moe.gov.cn/jyb_xwfb/gzdt_gzdt/moe_1485/tnull_50380.html

要借款学生父母或者法定监护人为共同借款人,通过签订相关协议和承诺保证学生按时还款。国家助学贷款制度是一项较为成熟的制度,受教育者若没有按照与银行订立的协议如期按时还款,银行将根据协议内容向其追缴欠款和利息。对于欠款行为严重或恶意欠款的受教育者,银行将会把他的违约和不诚信行为录入个人信用信息基础数据库,影响其将来的车房贷款。所以高校可以鼓励家庭困难的学生进行助学贷款,以避免因学费缴纳问题与学生产生争议。

三、法条索引

《普通高等学校学生管理规定》(教育部第 21 号令)
第六条　学生在校期间依法履行下列义务:
…………
(四)按规定缴纳学费及有关费用,履行获得贷学金及助学金的相应义务;
…………
第十条　每学期开学时,学生应当按学校规定办理注册手续。不能如期注册者,应当履行暂缓注册手续。未按学校规定缴纳学费或者其他不符合注册条件的不予注册。家庭经济困难的学生可以申请贷款或者其他形式资助,办理有关手续后注册。

《中华人民共和国高等教育法》(2015 年修正)
第五十四条　高等学校的学生应当按照国家规定缴纳学费。
家庭经济困难的学生,可以申请补助或者减免学费。

第二节　电子档案

2. 因缺失电子注册档案无法颁发毕业证书
——侯哲亮与山西广播电视大学、山西广播电视大学阳泉分校行政确认案

一、典型案例

(一)案号
一审:太原市万柏林区人民法院(2014)万行初字第 6 号。

二审：太原市中级人民法院(2014)并行终字第 40 号。

再审：太原市中级人民法院(2015)并行申字第 5 号。

(二)裁判要旨

高等学校在没有给学生办理电子注册的情况下，又允许学生参加考试，客观上让学生产生如期毕业的想法，高等学校应承担主要过错责任。由于教育厅和教育部没有学生的电子注册档案，客观上已无法为其颁发毕业证。

(三)基本案情

侯哲亮于 1998 年通过成人高考，被山西广播电视大学阳泉分校录取为法律专业(专科)学员。因个人原因，直至 2006 年才完成全部课程考试。1998 年原告入学时，电子档案尚未建立，从 2000 年开始教育部规定，对学生建立电子档案，实行毕业生图像信息采集系统。原告未按时照数码照片，到 2007 年才补照完成。被告山西广播电视大学实施"未按期毕业在籍成人大专生自入学起 8 年实施有效管理"的规定，在原告学籍的有效期内未收到原告办理毕业证的相关资料，拒绝为其办理毕业文凭。

(四)原告主张及理由

(1)原告于 1998 年通过考试，并由山西招生考试管理中心 7 月 4 日寄发了录取通知书，9 月开始就读于山西广播电视大学阳泉分校法律专业(专科)学习。2006 年 7 月通过全部课程考核，并完成了实践教学环节的学习任务。符合毕业和发放文凭的条件，理应按照入学承诺的学籍管理规定发放毕业证。

(2)被告仅以原告未能按时提交照片为由，拒绝为原告办理毕业文凭，既不合情、不合理，又不合法，是一种严重的不作为，是一种严重的侵权行为。因此请求法院判令被告山西广播电视大学颁发毕业证。

(五)被告意见

根据教育部的规定，对学生建立电子档案，实行毕业生图像信息采集系统。由教育部委托新华社图片分社进行毕业生统一图像采集制作。图像信息数据最后传输到教育部学生司。学校为学员颁发毕业证、准予毕业的手续需要和学生的电子档案进行对比，符合的就准予毕业，没有电子档案的就不予颁发毕业证。2006 年侯哲亮通过全部课程的考试，加之其未在规定的时间参加统一的毕业证照片信息采集，直到 2007 年才提供照片。而此时其学籍已超过了八年的有效管理期，省教育厅、教育部的信息库里，没有侯哲亮的电子档案，故不能为侯哲亮颁发毕业证。

(六)争议焦点

被告是否应该向原告发放毕业证书。

（七）裁判理由及结果

阳泉电大分校有过错。在侯哲亮 1998 年入学后，因身体原因不能正常学习，在 2000 年国家统一规定对学生实行电子注册时，阳泉分校即没有为侯哲亮办理电子注册手续，亦未做退学处理。2005 年至 2006 年，阳泉电大分校在没有为侯哲亮办理电子注册的情况下，又允许其参加考试，其出发点是好的。但客观上让原告产生仍能按 2006 届毕业生如期毕业的想法，故阳泉电大分校应承担主要过错责任。由于山西省教育厅和教育部没有侯哲亮的学生电子注册档案，客观上已无法为其颁发毕业证。

裁判结果：一审驳回原告侯哲亮的诉讼请求；二审判决驳回上诉，维持原判；再审驳回申诉人侯哲亮的申诉。

二、案件评析

（一）被告不予颁发毕业证书的行为合法

《普通高等学校学生管理规定》（教育部令第 41 号）第三十五条规定，学校应当执行高等教育学籍学历电子注册管理制度，完善学籍学历信息管理办法，按相关规定及时完成学生学籍学历电子注册。《高等学校学生学籍学历电子注册办法》第十六条规定，高等学校只能为取得本校学籍并进行学籍注册的学生颁发并注册一份学历证书。学生毕（结）业离校时，学校应颁发毕（结）业证书并完成学历注册。通过上述法律规定，学生取得高校颁发的毕业证书需要满足两个条件：一是取得本校学籍；二是进行学籍注册。本案发生在学籍电子注册制度刚颁布的阶段，原告侯哲亮 1998 年入学之时，国家尚未制定电子学籍注册制度，在其入学两年后才开始实施这项制度。被告山西广播电视大学作为国家认可的高校，应当对原告侯哲亮的电子档案补充注册却疏于管理。尽管被告的行为存在过错，但是根据法律的规定，客观上已无法为原告颁发毕业证书，因此，被告拒绝为"没有进行过学籍注册的学生"颁发毕业证书的行为合法。

（二）被告不予颁发毕业证书的行为存在过错

原告侯哲亮于 1998 年入学，而我国自 2000 年开始实行学籍电子注册制度，对学生建立电子档案，实行毕业生像信息采集系统，由教育部委托新华社图片分社进行毕业生统一图像采集制作。图像信息数据最后传输到教育部学生司。学校为学员颁发毕业证、准予毕业的手续需要和学生的电子档案进行对比，符合的就准予毕业，没有电子档案的就不予颁发毕业证。在这里，被告山西广播电视大学无疑存在过错，在 2000 年国家实行电子注册时，被告没有为侯哲亮办理电子注册，也未对其作出退学处理，允许原告参加考试,且原告通过全部课程的考试,使得原告对能够如期毕业产生期待。但是山西省教育厅、教育部的信息库里,没有侯哲亮的电子档案,故不能为侯哲亮颁发毕业证。

（三）成人教育电子注册中存在的问题

与普通全日制高校的学生不同,侯哲亮接受的是成人教育。成人教育有别于普通全日制教育,这种教育是为了增长成人的能力、丰富知识、提高技能,使他们更好地从事工作、参与社会、丰富自我。我国成人继续教育的学历主要有四种,包括高等教育自学考试(自考)、网络教育(远程教育)、成人高考(学习形式有脱产、业余、函授)、开放大学(原广播电视大学现代远程开放教育)。本案的原告就是通过开放大学接受成人教育的。

当前,在成人教育中学籍电子注册仍存在不少弊端。许多高等成人教育学校无法准确记录学生的基本情况,信息丢失和不完善时常发生。一方面,成人教育不同于全日制教育,受教育者来自社会的各行各业,每个人都曾有不同的专业类别、年龄、文化水平和学习动机,这就加大了成人教育学籍电子管理的难度。另一方面,全日制学生一般没有成家、没有参加工作,他们具有稳定的学习和生活规律,而成人教育则相反,工作的变动、生活的变化、家庭的搬迁甚至户口的变更都是成人教育学校在进行电子注册时应当注意的事项。以下是笔者对我国成人高等教育电子注册情况提出的建议:

(1)从观念上加强对成人教育电子注册的重视。目前,我国成人教育电子注册存在的问题主要是相关高校管理人员对学生的电子档案不够重视,部分高校开办成人教育课程,过于注重办学的经济效益,忽略了对学生的管理。高校电子档案管理人员需要加强对档案工作重要性的认识,认识到其对学生将来就业的重要性,防止在管理过程中出现材料不完整、填写不认真、评语千篇一律甚至擅自篡改的现象。

(2)依法规范电子注册流程。首先,在主体方面,高等学校学生学籍学历电子注册以高等学校为主体,全国高等学校学生信息咨询与就业指导中心要承担起学籍学历电子注册的管理和服务工作,接受教育部门的监督;学生入学时,先由省级教育行政部门审核考生录取数据,高校再进行录取和入学资格的复查,合格的予以学籍电子注册。高校需要在每学年第一学期开学后一个月内进行学年电子注册,一定要注意学生是否存在留级、跳级、休学、转学等学籍变动,留意学生学业考试、奖励惩罚和课外实践活动等情况;在学生毕业时,高等学校只能为取得本校学籍并进行学籍注册的学生颁发并注册一份学历证书,必须使得学籍电子信息与学历证书的内容相一致,学历电子信息可在网上查询,若需要修改须经省级教育行政部门审核确认。

三、法条索引

《高等学校学生学籍学历电子注册办法》

第八条　高等学校对报到新生进行录取、入学资格复查,对复查合格的学生予以学籍注册,复查不合格者取消入学资格;对放弃入学资格、保留入学资格、取消入学资格的学生予以标注。

第十五条　高等学校颁发的学历证书(含高等教育自学考试毕业证书),应进行学历证书电子注册(以下简称学历注册)。学历注册证书分毕业证书和结业证书两种。

第十六条　高等学校只能为取得本校学籍并进行学籍注册的学生颁发并注册一份学历证书。学生毕(结)业离校时,学校应颁发毕(结)业证书并完成学历注册。学生获得的辅修专业证书,应标注在主修学历证书注册信息中。

第三节　不具有入学资格

3. 因不具有入学资格拒发毕业证书
——孔子林与河南财经政法大学、河南省教育厅教育行政管理案

一、典型案例

(一)案号

郑州铁路运输法院(2015)郑铁行初字第 128 号。

(二)裁判要旨

报考专升本的考生必须是已取得经教育部审定核准的国民教育系列高等学校、高等教育自学考试机构颁发的专科毕业证书或以上证书人员。"高等教育实用人才毕业证书"不属于"教育部审定核准的国民教育系列高等学校、高等教育自学考试机构颁发的专科毕业证书或以上证书"。

(三)基本案情

1994 年 6 月 30 日,原告孔子林在河南财经学院企业管理专业修完二年制大专教学计划规定的全部课程,成绩合格,并获得了该学院颁发的《高等教育实用人才毕业证书》。2009 年 8 月 22 日凭上述毕业证书报考河南财经学院(后更名为河南财经政法大学)工程管理专业(专升本),并于 2009 年 12

月 26 日被录取。孔子林自 2009 年至 2012 年就读于河南财经政法大学。在此期间,孔子林未取得经教育部审定核准的国民教育系列高等学校、高等教育自学考试机构颁发的专科毕业证书或专科以上毕业证书,导致其电子学籍一直未能注册。2013 年 3 月至 2015 年 7 月,孔子林在黄淮学院文秘专业函授学习,修完专科教学计划规定的全部课程,成绩合格,并获得了该学院颁发的成人高等教育毕业证书,并经教育部授权开展高等教育学历认证工作的专门机构——中国高等教育学生信息咨询与就业指导中心认证。2015 年 8 月 16 日向河南财经政法大学提出申请,请求为其办理本科毕业证书和学士学位证书。

(四)原告主张及理由

2009 年 8 月,原告通过了河南省 2009 年全国成人高等学校招生考试,并且经河南省招生办公室批准,河南省财经政法大学的工程管理专业(专升本)将原告录取。在读期间,原告通过了所有课程的考核,河南财经政法大学也出具证明承诺原告将于 2012 年 7 月取得本科毕业证,但是一直未向原告颁发本科毕业证和学士学位证。河南财经政法大学告知原告只要具备获得认证的专科学历就可以给原告颁发本科毕业证和学士学位证。原告于 2015 年 7 月获得了黄淮学院的专科毕业证后,在北京通过教育部指定学历认证机构出具了学历认证报告书。原告认为,被告不授予原告本科毕业证和学士学位证的行为,没有任何法律依据,严重侵犯了原告的合法权益,恳请法院判决被告依法授予原告本科毕业证书和学士学位证书。

(五)被告意见

被告河南财经政法大学辩称:原告孔子林在专升本报名、新生复查、本科毕业资格审查时,均未能提供经教育部审定核准的国民教育系列高等学校、高等教育自学考试机构颁发的专科或以上毕业证书,不符合颁发本科毕业证书的条件;孔子林没有取得成人高等教育本科毕业资格,不具有申请学士学位资格;孔子林的起诉已超过了起诉期限。

被告河南省教育厅辩称:原告孔子林诉求河南省教育厅颁发毕业证书,属于起诉主体错误;孔子林取得的高等教育实用人才毕业证书不是国家承认的学历,依据河南省教育委员会《关于高等学校举办实用人才专业班有关问题的通知》(豫教高二字〔1992〕144 号)第三条规定,学校颁发的实用人才专业班毕业证书,有别于普通和成人毕业证,国家不承认学历。同时根据《2009 年全国成人高校招生办法》、《教育部关于做好 2009 年全国成人高校招生工作的通知》(教学〔2009〕4 号)及河南省 2009 年成人高校招生工作的规定,报考专科起点的升本科的考生必须是已取得经教育部审定核准国民教育系列高等学校、高等教育自学考试机构颁发的专科毕业证书或专科以上毕业证书的人员;本科毕业资格审查时,由教育厅学籍管理部门审查专科毕业证书,不具备的不能取得本科毕业证书,更不能取得学位证书。

（六）争议焦点

（1）河南省教育厅是否为适格的被告?

（2）河南财经政法大学拒发毕业证书和学士学位证书的行为是否合法?

（七）裁判理由及结果

（1）河南省教育厅负有对河南财经政法大学为毕业生申报信息审核的职责。河南省教育厅就本科毕业资格审查时,学籍管理部门负责审查专科毕业证书,该信息审核行为与原告申请的本科毕业证书或学士学位证书密切关联,原告诉请河南省教育厅与河南财经政法大学共同履行职责并无不当。

（2）根据教育部《2009年全国成人高校招生办法》的相关规定,报考专升本的考生必须是已取得经教育部审定核准的国民教育系列高等学校、高等教育自学考试机构颁发的专科毕业证书或以上证书人员。对不能通过学籍电子注册的专升本新生,必须进行第一学历复核,不能提供经教育部审定核准的国民教育系列高等学校、高等教育自学考试机构颁发的相应层次及以上毕业证书者,由招生学校取消其入学资格,并报有关省级成人高校招生办公室备案。

本案中,孔子林在未取得经教育部审定核准的国民教育系列高等学校、高等教育自学考试机构颁发的专科毕业证书或以上证书的前提下,报考、就读河南财经政法大学专升本,虽修完全部课程,但依照相关规定不符合为其颁发本科毕业证和学士学位证书的前置条件。

裁判结果:驳回原告孔子林的诉讼请求。

二、案件评析

（一）河南省教育厅是否为适格被告

根据《普通高等学校学生管理规定》的规定,对于在学校规定学习年限内修完教育教学课程,成绩合格,达到学校毕业要求的学生,由学校决定颁发毕业证书。因此,本案被告河南财经政法大学是毕业证的颁发主体,对于符合本科毕业条件的受教育者颁发毕业证书和学位证书。但是成人专升本教育与普通本科教育不同,它有核实专科学历这一环节,河南省教育厅发布的《河南省2009年成人高校招生办法》规定:"本科毕业生资格审查时,由教育厅学籍管理部门审查专科毕业证书,不具备的不能取得本科毕业证书。"河南省教育厅应该在受教育者本科毕业时由学籍管理部门严格审核学生的专科学历,所以原告诉请河南省教育厅与河南财经政法大学共同履行职责并无不当。

(二)河南财经政法大学拒发毕业证书的行为于法有据

根据《2009 年全国成人高校招生办法》第三条规定:"报考专升本的考生必须是已取得经教育部审定核准的国民教育系列高等学校、高等教育自学考试机构颁发的专科毕业证书或以上证书人员。"第六条规定:"新生入学后,招生学校要对已报到新生进行复查。对其中不符合条件或弄虚作假、违纪舞弊者,应按照相关规定取消其入学资格;对不能通过学籍电子注册的专升本新生,必须进行第一学历复核,不能提供经教育部审定核准的国民教育系列高等学校、高等教育自学考试机构颁发的相应层次及以上毕业证书者,由招生学校取消其入学资格,并报有关省级成人高校招生办公室备案。"《教育部关于做好 2009 年全国成人高校招生工作的通知》(教学〔2009〕4 号)第六条规定:"被录取的专升本考生入学报到时必须出具教育部审定核准的国民教育系列高等学校、高等教育自学考试机构颁发的专科毕业证书或以上证书,否则不予新生学籍电子注册并将取消入学资格。"河南省教育厅发布的《河南省 2009 年成人高校招生办法》规定:"本科毕业生资格审查时,由教育厅学籍管理部门审查专科毕业证书,不具备的不能取得本科毕业证书。"所以原告报考和取得专升本本科毕业证书的前置学历应当为"教育部审定核准的国民教育系列高等学校、高等教育自学考试机构颁发的专科毕业证书或以上证书"。"高等教育实用人才毕业证书"不属于"教育部审定核准的国民教育系列高等学校、高等教育自学考试机构颁发的专科毕业证书或以上证书"。为落实上述文件精神,河南省教育委员会专门下发了《关于高等学校举办实用人才专业班有关问题的通知》,该文件明确规定取得"实用人才专业班毕业证书"的,国家不承认学历。

(三)学校在入学资格审查方面欠妥当

《普通高等学校学生管理规定》(教育部令第 41 号)第九条新增关于取消入学资格的规定:"学校应当在报到时对新生入学资格进行初步审查,审查合格的办理入学手续,予以注册学籍;审查发现新生的录取通知、考生信息等证明材料,与本人实际情况不符,或者有其他违反国家招生考试规定情形的,取消入学资格。"本案中,原告不符合专升本的考试条件、不符合入学和毕业条件,被告河南财经政法大学却允许原告参加考试,在入学时原告没有按照法定程序进行复查、没有按规定取消原告的入学资格,允许原告在校学习并修完本科(专升本)的全部课程,给原告造成巨大的损失,严重影响了原告的升学和就业,可见高校在学生管理过程中存在疏忽。

（四）河南财经政法大学承诺为原告发放毕业证书的行为不符合法律规定

河南财经政法大学在明知原告不符合入学条件的情况下，出具证明向原告承诺会在 2012 年 7 月原告毕业时向原告发放毕业证书。这种承诺是不符合法律规定的。学校向学生作出颁发毕业证书的承诺并不是个例，笔者在百度搜索中发现许多帖子向公众寻求救济途径，其中比较有代表性的是《北京新闻》报刊中题为"承诺发毕业证，北工大'爽约'被讨说法"的文章，再比如石家庄市一所专修学院的学生在入学就读一年后被告知，该校无法按当初的承诺发放毕业证书①。这一系列的事件反映出高校在招生宣传和招生秩序方面不规范。

成人教育是我国普通高等教育的重要组成部分，但是其在招生过程中却频繁出现"先上车后买票"的荒诞做法。"先上车后买票"是指高校为了招生、收费，在学生尚未通过国家统一考试即被录取，由高校向其承诺发放"毕业证书"，高校的这种招生行为是无视国家法律规定的行为。为了规范目前成人高等教育中存在的"先上车后买票"违规招揽生源现象，许多省市纷纷出台相关政策。比如安徽省教育厅发通知声明坚决打击各类招生诈骗行为，高等院校不得转移和下放办学权和招生权，高等院校及其合作单位不得为招揽生源违规招收"免试生""超前生"②。再如，上海市科教党委、市教委下发通知明确规定，高校不得在成人高考录取之前，违规招收所谓"免试生""超前生""进修生"等生源，搞所谓"先上车后买票"③。

三、法条索引

《2009 年全国成人高校招生办法》

六、……被录取的专升本考生入学报到时必须出具经教育部审定核准的国民教育系列高等学校、高等教育自学考试机构颁发的专科毕业证书或以上证书，否则不予新生学籍电子注册并将被取消入学资格等。

---

① 李健：《毕业证书之变事出何因》，载《中国消费者报》2007 年 9 月 28 日第 A07 版。

② 王圣志：《安徽严禁成人高教招生"先上车后买票"》，载《新华每日电讯》2009 年 8 月 31 日第 02 版。

③ 徐敏：《高招不准"先上车后买票"》，载《解放日报》2008 年 8 月 27 日第 06 版。

《河南省 2009 年成人高校招生办法》

5.信息确认时需交验的有关材料

…………

（2）报考专升本的考生,须同时提供经教育部审定核准的国民教育系列高等学校或高等教育自学考试机构颁发的大学专科及以上毕业证书原件和复印件。成人高校专科应届毕业生报考专升本,由学校组织集体报名和信息确认,并同时出具考生本人当年参加考试的准考证号,招生部门利用当年录取信息进行资格审查。还应当告知考生,入学报到时,不能出具专科毕业证书的,招生学校不能进行新生学籍电子注册,将取消其入学资格。本科毕业资格审查时,由教育厅学籍管理部门审查专科毕业证书,不具备的不能取得本科毕业证书。

《河南省 2013 年成人高校招生工作规定》

报考专升本的考生,须同时提供经教育部审定核准的国民教育系列高等学校或高等教育自学考试机制颁发的大学专科及以上毕业证书原件和复印件。入学报到时,对不能出具有效专科毕业证书的新生,录取学校无法进行新生学籍电子注册,将取消其入学资格。本科毕业资格审查时,由教育厅学籍管理部门审查专科毕业证书,不具备的不能取得本科毕业证书。

《国务院学位委员会关于授予成人高等教育本科毕业学士学位暂行规定》(1988 年)

第三条 授予成人高等教育各种办学形式培养的本科毕业生学士学位的标准,应符合《中华人民共和国学位条例》第二条和第四条以及《中华人民共和国学位条例暂行实施办法》第三条规定,达到下述学术水平者,可授予学士学位:

(一)通过学习教学计划规定的政治课程,能够掌握马克思主义的基本理论,并具有运用马克思主义的立场、观点和方法分析、认识问题的初步能力;

(二)通过成人高等教育,经审核准予毕业,其课程学习(含外国语和教学实验)和毕业论文(毕业设计或其他毕业实践环节)达到本科教学计划应有的各项要求,成绩优良,表明确已较好地掌握本门学科的基础理论、专门知识和基本技能,并具有从事科学研究工作或担负专门技术工作的初步能力。

《普通高等学校学生管理规定》(教育部第 21 号令)

第三十一条　学生在学校规定年限内,修完教育教学计划规定内容,德、智、体达到毕业要求,准予毕业,由学校发给毕业证书。

第六十七条　对接受成人高等学历教育的学生、港澳台侨学生、留学生的管理参照本规定实施。

《普通高等学校学生管理规定》(教育部第 41 号令)

第九条　学校应当在报到时对新生入学资格进行初步审查,审查合格的办理入学手续,予以注册学籍;审查发现新生的录取通知、考生信息等证明材料,与本人实际情况不符,或者有其他违反国家招生考试规定情形的,取消入学资格。

第四节　考试作弊

4.因考试作弊被开除学籍而拒发毕业证书
——田永诉北京科技大学拒绝颁发毕业证书、学位证书案

一、典型案例

(一)案号

北京市海淀区人民法院(1998)海行初字第 142 号。

(二)裁判要旨

高等学校依据违背国家法律、行政法规或规章的校规、校纪,对受教育者作出退学处理等决定的,人民法院不予支持;高等学校对因违反校规、校纪的受教育者作出影响其基本权利的决定时,应当允许其申辩并在决定作出后及时送达,否则视为违反法定程序。

(三)基本案情

田永是北京科技大学本科生,于 1994 年 9 月考取北京科技大学并取得学籍。1996 年 2 月 29 日,田永在电磁学课程的补考过程中,随身携带写有电磁学公式的纸条被监考发现。监考老师虽未发现其有偷看纸条的行为,但还是立即让田永停止考试。被告北京科技大学根据原国家教委关于严肃考场纪律的指示精神,于 1994 年制定了校发(94)第 068 号《关于严格考试管理的紧急通知》(简称第 068 号通知)。该通知规定,凡考试作弊的学生一律按退学处理,取消学籍。同年 4 月 10 日,被告填发了学籍变动通知,但退

学处理决定和变更学籍的通知未直接向田永宣布、送达，也未给田永办理退学手续，田永继续以该校大学生的身份参加正常学习及学校组织的活动。1998年6月，北京科技大学以其不具备学籍为由，拒绝为其颁发毕业证书、学位证书。

（四）原告主张及理由

原告一直以在校生的身份在北京科技大学参加学习和学校组织的一切活动，完成了学校制定的教学计划，并且学习成绩和毕业论文已经达到高等学校毕业生水平。然而在临近毕业时，被告才通知原告所在的系，以原告不具备学籍为由，拒绝给原告颁发毕业证、学位证和办理毕业派遣手续。被告的这种做法违背了法律规定。故请求依法判令被告为原告颁发毕业证、学位证，并为原告办理毕业派遣手续。

（五）被告意见

原告田永违反本校第068号通知中的规定，在补考过程中夹带写有电磁学公式的纸条被监考教师发现，本校决定对田永按退学处理，通知校内有关部门给田永办理退学手续。给田永本人的通知，也已经通过校内信箱送达到田永所在的学院。至此，田永的学籍已被取消。由于田永不配合办理有关手续，校内的一些部门工作不到位，再加上部分教职工不了解情况等，造成田永在退学后仍能继续留在学校学习的事实。没有学籍就不具备高等院校大学生的毕业条件，本校不给田永颁发毕业证、学位证和不办理毕业派遣手续，是正确的。

（六）争议焦点

（1）高等学校拒绝对学生颁发毕业证、学位证的行为是否属于行政诉讼的受案范围？公立高等学校能够成为行政诉讼的适格被告？

（2）高校教育自主权如何行使？

（3）高校作出的违背正当法律程序的决定是否合法有效？

（七）裁判理由及结果

①高等学校对受教育者因违反校规、校纪而拒绝颁发学历证书、学位证书，受教育者不服的，可以依法提起行政诉讼；②高等学校依据违背国家法律、行政法规或规章的校规、校纪，对受教育者作出退学处理等决定的，人民法院不予支持；③高等学校对因违反校规、校纪的受教育者作出影响其基本权利的决定时，应当允许其申辩并在决定作出后及时送达，否则视为违反法定程序。

裁判结果：

①被告北京科技大学在本判决生效之日起30日内向原告田永颁发大学

本科毕业证书;②被告北京科技大学在本判决生效之日起 60 日内召集本校的学位评定委员会对原告田永的学士学位资格进行审核;③被告北京科技大学于本判决生效之日起 30 日内履行向当地教育行政部门上报原告田永毕业派遣的有关手续的职责;④驳回原告田永的其他诉讼请求。

二、案件评析

(一)高校拒发毕业证的行为为何可诉?

《最高人民法院关于适用〈中华人民共和国行政诉讼法〉的解释》规定,注册会计师协会、律师协会等行业协会以及高等学校等事业单位依据法律、法规、规章的授权实施行政行为时,可以当被告。《教育法》第二十二条规定:"国家实行学业证书制度。经国家批准设立或者认可的学校及其他教育机构按照国家有关规定,颁发学历证书或者其他学业证书。"首先,高校颁发毕业证的行为具有法律、法规授权的性质,属于行政行为。其次,《教育法》第二十九条规定,"对受教育者颁发相应的学业证书"的权力由高校行使,学生不可能以平等的身份讨价还价,所以该行政行为属于单方行政行为。《普通高等学校学生管理规定》第三十二条规定:"学生在学校规定学习年限内,修完教育教学计划规定内容,成绩合格,达到学校毕业要求的,学校应当准予毕业,并在学生离校前发给毕业证书。"毕业证是证明学生学习能力和学习经历的证书,只要学生在"学校规定学习年限内,修完教育教学计划规定内容,成绩合格,达到学校毕业要求",高校必须予以颁发毕业证,不存在自由裁量的余地,正因如此,高校颁发毕业证的行为通常被学界认定为行政确认行为。

此外,毕业证的发放虽然不像入学资格、开除学籍那样涉及身份的变化,没有涉及一个权利的完整增加或减损,但是它足以侵犯到学生的基本权利、重大权益,毕业证关系到学生将来的就业、升职、薪资以及社会评价等。宪法规定了公民具有受教育权,而获得毕业证书是受教育的结果,所以应当纳入行政诉讼的受案范围。

(二)被告作出的退学处理决定和变更学籍决定不具有合法性

从法律层面讲,被告作出的退学处理决定和变更学籍决定不具有合法性。在本案中,根据原国家教委关于严肃考场纪律的指示精神,北京科技大学制订了校发〔94〕第 068 号《关于严格考试管理的紧急通知》。该通知规定:"凡考试作弊的学生一律按退学处理,取消学籍。"第 068 号通知是学校为了实施管理职能而发布的文件。被告认为根据教育法的相关规定,被告具有高等学校的自主办学权,高校有权按照章程自主管理,可以自主地组织实施教育教学活动,对受教育者进行学籍管理,实施奖励或者处分,有权自主的决定学业证书的颁发与否。《教育法》第三十二条第一款规定,学校及其他教育机构具备法人条件的,自批准设立或者登记注册之日起取得法人资格。高校作为具有法律授权的公法人,有制定规则、章程的自主权,允许高校自主管理可以激发社会团体力量自主性的发挥。但是,自治规章、自治文件之所以具有法律效力,根本原因在于法律的授权,因此高校制定的规范文件的内容、范围必须具有法律授权。

《普通高等学校学生管理规定》(国家教委令第 7 号)第十二条规定:"凡擅自缺考或考试作弊者,该课程成绩以零分计,不准正常补考,如确实有悔改表现的,经教务部门批准,在毕业前可给一次补考机会。考试作弊的,应予以纪律处分。"第二十九条规定应予退学的情形中,没有不遵守考场纪律或者考试作弊应予退学的规定。本案中,田永虽然在参加补考时携带了与考试有关的纸条,但是高校没有相关证据证明其有偷看的行为,尚未达到作弊的标准,北京科技大学给予其退学的处理是没有法律依据的。本案虽然没有对第 068 号文件的涉案条文宣布无效,但是明确指出该文件与《普通高等学校学生管理规定》(国家教委第 7 号令)相抵触。不可否认,高校具有自主管理权,但该职权不得违背国家法律、法规和规章的规定。

(三)学校的后续行为破坏了原告的合理期待

从事实层面讲,针对田永的违纪行为,虽然北京科技大学作出了退学处理决定,但是没有给田永注销学籍,还为其补办学生证,这一事实应视为该校自动撤销了原来对田永作出的按退学处理的决定。此外,被告还安排田永参加学校的考试、考核、实习和毕业论文答辩,部分老师也对田永留校学习默许,使得田永有足够的理由相信自己的学籍没有被注销,自己是可以正常毕业的,学校的行为无疑是对田永期待权的侵犯。

(四)学校的处分决定违反法定程序

从程序方面讲,根据《普通高等学校学生管理规定》,因受教育者违反校规、校纪,高等学校对其作出影响其权利义务的决定时,在对受教育者作出不利处分之前,应当告知学生作出该决定事实、理由和依据。学校处分决定应当遵循正当程序,而听取陈述、申辩是正当程序的基本要求,高校应当告知学生享有陈述、申辩权,并听取学生的陈述和申辩。本案判决中指出:"按退学处理,涉及被处理者的受教育权利,从充分保障当事人权益的原则出发,作出处理决定的单位应当将该处理决定直接向被处理者本人宣布、送达,允许被处理者本人提出申辩意见。北京科技大学没有照此原则办理,忽视当事人的申辩权利,这样的行政管理行为不具有合法性。"况且,北京科技大学实际上从未给田永办理过注销学籍、迁移户籍、档案等手续。

高校在作出退学处理决定时,听取学生的陈述、申辩是必经法律程序,除此之外,有的地区还对高校作出处分决定和退学处理决定等规定了听证程序。北京市教育委员会于 2005 年颁发的《关于普通高等学校学生违纪处分程序的若干规定(试行)》规定了在京普通高等学校学生违纪处分的相关程序,包括取证与查实、审查与决定、送达与备案、听证、申诉等程序。不仅仅违纪处分需要遵循该程序,北京普通高等学校对学生作出取消入学资格的处理或进行退学处理,也要参照该规定执行。比如,北京工业大学曾就"是否开除李琦龙学籍"举办了一场听证会,三十余名师生以及李琦龙的亲属参与了旁听,北京工业大学在听取了李琦龙及其代理人和调查人的意见后谨慎作出了处理决定①。学校对学生作出处分一定要遵循正当法律程序,尽管听证会的仲裁者、组织者都是学校本身,但是允许学生表达自己的意见、陈述自己的理由也能使得学校在管理的过程中更加人性化,高校在作出处分决定前给予学生陈述、申辩的机会,在一定程度上会减少高校与学生"对簿公堂"的现象。因此,高校对学生作出不利决定时,必须遵循正当法律程序。

(五)高校应给学生上好"开学第一课"

在部分高校的管理者看来,考试舞弊是一种严重的错误,不是小事,更不是一时糊涂,考试作弊就是"盗窃",就是对知识的不劳而获,而且美国的高校对于作弊的学生是绝对不会让他们留在学校继续学习的,若不严格处分此类学生,难以起到警告作用。现实中几乎每个高校都会出现考试作弊的学生,针对这种情况,高校的管理者往往把责任推到学生身上,认为考试作弊的学生是不诚信的、违反校规校纪的,却没有认真思考过是不是高校的管理出现了问题。迈入大学校门的学生是刚成年的学生,心智尚不成熟,学校应该组织学生认真学习学生管理手册等相关校规、校纪,让学生在一入学时就能明白自己的行为将会承担哪些后果,开学第一课是校规校纪这一课,这一课学校应该上得扎实一点,让学生们敬畏,而不应该拿学生从未见过的手册作为依据,遇事直接作出顶格处理,影响其将来的毕业、就业、晋升、评级和调薪等权益,不可以把学生直接推到社会上,一个孩子的成长和成熟,是社会赋予高校的责任。

五、法条索引

《中华人民共和国教育法》(1995 年)

第二十一条　国家实行学业证书制度。

---

①　http://news. 163. com/10/0521/17/677M3ICO000146BD. html

经国家批准设立或者认可的学校及其他教育机构按照国家有关规定，颁发学历证书或者其他学业证书。

第二十二条　国家实行学位制度。

学位授予单位依法对达到一定学术水平或者专业技术水平的人员授予相应的学位，颁发学位证书。

第二十八条　学校及其他教育机构行使下列权利：

　……………

（五）对受教育者颁发相应的学业证书；

　……………

《中华人民共和国学位条例》（1980 年）

第四条　高等学校本科毕业生，成绩优良，达到下述学术水平者，授予学士学位：

（一）较好地掌握本门学科的基础理论、专门知识和基本技能；

（二）具有从事科学研究工作或担负专门技术工作的初步能力。

《中华人民共和国学位条例暂行实施办法》（1981 年）

第三条　学士学位由国务院授权的高等学校授予。

高等学校本科学生完成教学计划的各项要求，经审核准予毕业，其课程学习和毕业论文（毕业设计或其他毕业实践环节）的成绩，表明确已较好地掌握本门学科的基础理论、专门知识和基本技能，并且有从事科学研究工作或担负专门技术工作的初步能力的，授予学士学位。

第四条　授予学士学位的高等学校，应当由系逐个审核本科毕业生的成绩和毕业鉴定等材料，对符合本暂行办法第三条及有关规定的，可向学校学位评定委员会提名，列入学士学位获得者的名单。

非授予学士学位的高等学校，对达到学士学术水平的本科毕业生，应当由系向学校提出名单，经学校同意后，由学校就近向本系统、本地区的授予学士学位的高等学校推荐。授予学士学位的高等学校有关的系，对非授予学士学位的高等学校推荐的本科毕业生进行审查考核，认为符合本暂行办法第三条及有关规定的，可向学校学位评定委员会提名，列入学士学位获得者的名单。

第五条　学士学位获得者的名单，经授予学士学位的高等学校学位评定委员会审查通过，由授予学士学位的高等学校授予学士学位。

第十八条　学位授予单位的学位评定委员会根据国务院批准的授予学位的权限，分别履行以下职责：

161

…………

（三）通过学士学位获得者的名单；

…………

《中华人民共和国行政诉讼法》（1989 年）

第三十三条　在诉讼过程中，被告不得自行向原告和证人收集证据。

第五十三条　人民法院审理行政案件，参照国务院部、委根据法律和国务院的行政法规、决定、命令制定、发布的规章以及省、自治区、直辖市和省、自治区的人民政府所在地的市和经国务院批准的较大的市的人民政府根据法律和国务院的行政法规制定、发布的规章。

人民法院认为地方人民政府制定、发布的规章与国务院部、委制定、发布的规章不一致的，以及国务院部、委制定、发布的规章之间不一致的，由最高人民法院送请国务院作出解释或者裁决。

第五十四条　人民法院经过审理，根据不同情况，分别作出以下判决：

…………

（三）被告不履行或者拖延履行法定职责的，判决其在一定期限内履行。

《普通高等学校学生管理规定》（国家教委令第 7 号）

第十二条　凡擅自缺考或考试作弊者，该课程成绩以零分计，不准正常补考，如确实有悔改表现的，经教务部门批准，在毕业前可给一次补考机会。考试作弊的，应予以纪律处分。

第二十九条　学生有下列情形之一者，应予退学：

（一）一学期或连同以前各学期考试成绩不合格课程有三门主要课程或四门（含四门）以上课程不及格者；

（二）实行学分制的学校，不及格课程学分达到退学规定学分数者；

（三）连续留、降级或留、降级累计超过两次者；

（四）不论何种原因，在校学习时间超过其学制两年者；

（五）休学期满不办理复学手续者；

（六）复学经复查不合格不准复学者；

（七）经学校动员，因病该休学而不休学，且在一学年内缺课超过该学年总学时三分之一者；

（八）经过指定医院就诊，患有精神病、癫痫病等疾病者；

（九）意外伤残不能再坚持学习者；

（十）本人申请退学，经说服教育无效者。

按本条规定处理的学生，对学生不是一种处分。

第三十五条　具有学籍的学生,德、体合格,学完或提前学完教学计划规定的全部课程,考试及格或修满规定的学分,准予毕业,发给毕业证书。本科生按照《中华人民共和国学位条例》规定的条件授予学士学位。

《普通高等学校毕业生就业工作暂行规定》

第九条　高等学校的主要职责

根据国家的就业方针、政策和规定以及学校主管部门的工作意见,制定本学校的工作细则;负责本校毕业生的资格审查工作,及时向主管部门和地方调配部门报送毕业生资源情况;收集需求信息,开展毕业生就业供需见面和双向选择活动,负责毕业生的推荐工作;按照主管部门的要求提出毕业生就业建议计划;开展毕业教育和就业指导工作;负责办理毕业生的离校手续;开展与毕业生就业有关的调查研究工作;完成主管部门交办的其他工作。

《最高人民法院关于适用〈中华人民共和国行政诉讼法〉的解释》(2018年)

第二十四条第三款　当事人对高等学校等事业单位以及律师协会、注册会计师协会等行业协会依据法律、法规、规章的授权实施的行政行为不服提起诉讼的,以该事业单位、行业协会为被告。

第五节　国家统一招生考试

5.未通过国家统一招生考试录取的学生不能取得毕业证书
——王霞与江苏大学、江苏大学继续教育学院不履行法定职责案

一、典型案例

(一)案号

一审:镇江市京口区人民法院(2015)京行初字第9号。

二审:镇江市中级人民法院(2015)镇行终字第00156号。

(二)裁判要旨

普通高等学校未按国家招生规定而自行招收的学生以及举办的各种培训班的学生,学习结束后学校只能发给学习证明书,不得颁发毕业(结业、肄

业)证书。对于非通过国家统一招生考试录取、高等学校自行招收的学生，高校为其颁发学业证明书的行为符合法律规定。

(三)基本案情

原告王霞于 1995—1998 年在第二被告江苏大学成人教育学院法学专业函授班学习，该学生未经国家统一招生考试，系第二被告自行招生。学习结束后，第二被告为其颁发了学业证明书。2001 年原告通过国家统一招生考试被第二被告的计算机信息管理专业录取，但原告未在规定时间到校报到，也未参加相应的课程学习及考核。2002 年 6 月 18 日，第二被告向原告出具证明一份，内容为："学生王霞 1995 年至 1998 年在我院法学专业函授班学习，修完教学计划规定的全部课程，成绩合格。因其 2001 年方才取得学籍，故毕业证书要于 2003 年 8 月才能取得。"2015 年 5 月，原告到被告处查询其大专毕业的相关信息，但被告之处没有原告的大专毕业证书及学籍档案等相关信息。

(四)原告主张及理由

因参加本科自学考试无法通过报考资格审核，原告到两被告处查询其大专毕业证号，但被告知该处没有原告的大专毕业证书。因第二被告 2002 年 6 月 18 日向原告出具了一份证明，证明原告已经在其法学专业函授班学习完毕，成绩合格，2003 年 8 月才能取得毕业证书，故据此原告认为被告应当于 2003 年 8 月为其颁发毕业证书。现因被告不依法履行上述法定职责导致原告无法进行本科自学考试，原告诉至法院，请求被告履行为其颁发法学专业毕业证书及进行学籍管理，并为原告了解学业成绩及其他有关情况提供便利的法定职责。

(五)被告意见

原告王霞不具备请求被告履行为其颁发法学专业毕业证书及进行学籍管理职责的条件。

(1)原告王霞 1995 年至 1998 年在第二被告法学专业函授班学习，并未通过国家统一招生考试，系跟班学习，其毕业后，被告根据相关规定，为原告颁发了学习证明书，即原告向法庭提交的学业证书。原告王霞 2001 年考取了江苏大学成人高等教育计算机信息管理专业，但其未到校报到，已失去入学资格，同时原告也未参加规定的课程考核，其要求被告为其颁发法学专业毕业证书及进行学籍管理无事实和法律依据。

(2)原告的起诉已经超过《行政诉讼法》第四十六条规定的"应当在知道作出具体行政行为之日起六个月内提出"的法定起诉期限，且起诉的第二被告不具有独立的法人资格，请求法院依法驳回原告的诉讼请求。

（六）争议焦点

（1）被告是否应当履行为原告颁发法学专业毕业证书及进行学籍管理的法定职责；

（2）原告的起诉是否超过法定的起诉期限。

（七）裁判理由及结果

（1）国家教育委员会教学〔1993〕12 号《普通高等教育学历证书管理暂行规定》第十四条规定："普通高等学校未按国家招生规定而自行招收的学生以及举办的各种培训班的学生，学习结束后学校只能发给学习证明书，不得颁发毕业（结业、肄业）证书。"原告王霞 1995—1998 年在第二被告处法学专业函授班学习，并非通过国家统一招生考试录取，是被告自行招收的学生，第二被告为其颁发了学业证明书，该行为符合法律规定。

（2）《行政诉讼法》第四十六条第一款规定，公民、法人或者其他组织直接向人民法院提起诉讼的，应当自知道或者应当知道作出行政行为之日起六个月内提出。法律另有规定的除外。《最高人民法院关于适用〈中华人民共和国行政诉讼法〉若干问题的解释》第三条第一款第二项规定，已经立案的案件，超过法定起诉期限且无正当理由的，应当裁定驳回起诉。本案中，上诉人曾于 2003 年 8 月打电话给学校老师要求颁发毕业证，后来也追问过，但学校一直没有为其颁发毕业证。上诉人自 2003 年 8 月就知道被上诉人没有为其颁发毕业证，而直到 2015 年才向法院起诉要求被上诉人为其颁发毕业证书，其起诉已经超过六个月的起诉期限，且无正当理由。依据上述事实和规定，对上诉人的起诉应当裁定驳回。因出现新的证据，原审判决适用法律不准确，应予纠正。

一审：驳回原告王霞的诉讼请求。

二审：①撤销镇江市京口区人民法院（2015）京行初字第 9 号行政判决；②驳回王霞的起诉。

二、案件评析

虽然本案二审法院因超过诉讼时效驳回了起诉，同时撤销了镇江市京口区人民法院（2015）京行初字第 9 号行政判决，但是原告王霞能否取得毕业证书仍是此案的重点。

（一）没有通过国家统一考试的学生无法取得毕业证书

《教育法》（2009 年修正）第二十条规定："国家实行国家教育考试制度。国家教育考试由国务院教育行政部门确定种类，并由国家批准的实施教育考试的机构承办。"《高等教育法》（1998 年）第十九条规定："高级中等教育毕业或者具有同等学力的,经考试合格,由实施相应学历教育的高等学校录取,取得专科生或者本科生入学资格。本科毕业或者具有同等学力的,经考试合格,由实施相应学历教育的高等学校或者经批准承担研究生教育任务的科学研究机构录取,取得硕士研究生入学资格。硕士研究生毕业或者具有同等学力的,经考试合格,由实施相应学历教育的高等学校或者经批准承担研究生教育任务的科学研究机构录取,取得博士研究生入学资格……"第21条规定:"国家实行高等教育自学考试制度,经考试合格的,发给相应的学历证书或者其他学业证书。"由此可见,无论是本科生、研究生还是自考生,进入高等教育学校学习必须考试合格,高校的招生机构根据考生成绩开展招生工作。

国家教育委员会教学〔1993〕12号《普通高等教育学历证书管理暂行规定》第十四条规定:"普通高等学校未按国家招生规定而自行招收的学生以及举办的各种培训班的学生,学习结束后学校只能发给学习证明书,不得颁发毕业(结业、肄业)证书。"王霞参加的是成人教育函授班,成人高等教育办学为在职从业人员服务、以业余学习为主,学习形式为脱产、业余、函授等。函授班是成人教育的一种学习方式,通过成人教育国家统一考试的学生才可以进入函授班学习,才可以获得毕业证书。因被告违规招揽生源,原告王霞在第二被告法学专业函授班进行跟班学习,原告王霞没有参加入学考试,也没有取得该校的学籍,自然无法取得毕业证书。

目前,许多高校还设置了继续教育培训班,参加这类培训班也是不能获得学历证书的,这类培训班主要是针对各类投资人、公司高管和企业负责人设立的。以浙江大学为例,浙大继续教育学院就开设了各种样的培训班,如浙江大学党建创新与发展干部培训班、浙江大学政协委员履职能力提升专题培训班、浙江大学资源型城市产业转型专题培训班、浙江大学扶贫干部能力提升培训班、浙江大学新旧动能转换专题培训班、浙江大学促进民营经济发展专题培训班等,像这类培训班一般是在短时间内完成相关交流培训即可,培训结束后可以获得相关学习证明,不能取得学历证书。

(二)学校出具的予以颁发毕业证书的证明不合法

通过整理这三条时间线索(见表3-1),我们可以发现几个问题。

表3-1 王霞一案的时间线索

1995—1998 年	2001 年	2002 年 6 月 18 日
王霞在江苏大学成人教育学院法学专业函授班学习,未通过国家统一招生考试。	王霞通过了国家统一招生考试,被江苏大学成人教育学院计算机信息管理专业录取,但王霞未在规定时间到校报到,也未参加相应的课程学习及考核。	江苏大学成人教育学院出具证明,指出因王霞2001 年才取得学籍,故毕业证书要于 2003 年 8 月才能取得。

第一个问题:1995—1998 年王霞未通过国家统一招生考试,在法学函授班跟班学习,修完全部课程。根据法律规定,进入函授班学习是需要通过成人高等学校招生全国统一考试的,王霞未通过该考试却被学校录取,说明了高校违规招揽生源。

第二个问题:根据王霞的诉讼请求,她希望获得法学专业的毕业证书,为何在 2001 年又考取该校计算机信息管理专业?为何成功考取后又未报到、未参与课程学习呢?1998 年王霞在结业时,是因为没有通过国家统一考试才被拒绝颁发毕业证书的,据笔者推测,学校应该是告诉她不用来计算机信息管理专业学习,通过国家统一考试就可以拿到毕业证书了。当然,2002年6 月 18 日江苏大学成人教育学院出具的证明也验证了笔者的推测。

第三个问题:2002 年 6 月 18 日江苏大学成人教育学院出具证明,指出因王霞2001 年才取得学籍,故毕业证书要于 2003 年 8 月才能取得。被告在答辩时,声称王霞2001 年考取了江苏大学成人高等教育计算机信息管理专业,但其未到校报到,已失去入学资格。对于一个没有入学资格学生,为何江苏大学成人教育学院还在其考取计算机信息管理专业一年后向其承诺其在 2001 年已经取得学籍了呢?为何还向其承诺其可以在 2003 年 8 月取得毕业证书呢?

通过以上分析,我们不难发现高校在招生过程中存在的种种问题,对这些问题及时进行解决是贯彻落实依法治校最为迫切的任务。

(三)学校在管理过程中应注意的问题

一般情况下,高校的招生工作主要由以下几个机构负责:招生办公室负责本科招生工作,研究生院负责研究生招生工作,国际教育学院负责留学生招生工作,继续教育学院负责成人(网络)教育招生工作。在成人教育中,不符合免试条件而"先入学后考试"的情形时常发生,继续教育学院相关部门若为招揽生源向学生做出了颁发毕业证书的承诺,应协调其他内部机构去衔接、兑现这种承诺,联系教务处及时审核、打印毕业证书,保障学生顺利毕业。若高校无法兑现,就不要违规做出承诺。

为避免产生纠纷,高校与学生是否可以通过签订合同的方式规范毕业证的发放呢?从民法的角度来看,高校作为民事主体可以与学生在自愿协商的基础上签订合同,在学生缴纳学费、完成全部课程,符合毕业条件的前提下给予其颁发毕业证书。但是高校同时具备了民事主体和行政主体双重属性,高校颁发毕业证书的行为具有法律、法规授权的性质,使得这一行为显然不同于以意思自治为核心的民事法律行为。《教育法》(2015 年修正)第二十二条规定:"国家实行学业证书制度。经国家批准设立或者认可的学校及其他教育机构按照国家有关规定,颁发学历证书或者其他学业证书。"《学位条例》(2014 年修正)第八条规定:"学士学位,由国务院授权的高等学校授予;硕士学位、博士学位,由国务院授权的高等学校和科学研究机构授予。"通过上述规定,我们可以认定高校颁发毕业证书的行为因授权而属于行政行为。行政行为具有单方性的特点,每一所高校都制定了学生管理方案,这种规定是学校单方制定的,显然不属于学生与高校达成的共识,学生在入学前后并不会同学校就管理事宜进行充分的协商,学生对此通常并没有以平等身份进行"讨价还价"的余地,因此学生无法与高校签订有关毕业证发放的合同。

三、法条索引

《中华人民共和国行政诉讼法》(2014 年修正)

第四十六条　公民、法人或者其他组织直接向人民法院提起诉讼的,应当自知道或者应当知道作出行政行为之日起六个月内提出。法律另有规定的除外。

…………

第四十七条　公民、法人或者其他组织申请行政机关履行保护其人身权、财产权等合法权益的法定职责,行政机关在接到申请之日起两个月内不履行的,公民、法人或者其他组织可以向人民法院提起诉讼。法律、法规对行政机关履行职责的期限另有规定的,从其规定。

…………

第六十九条　行政行为证据确凿,适用法律、法规正确,符合法定程序的,或者原告申请被告履行法定职责或者给付义务理由不成立的,人民法院判决驳回原告的诉讼请求。

《最高人民法院关于适用〈中华人民共和国行政诉讼法〉若干问题的解释》(2015 年)

第三条 有下列情形之一,已经立案的,应当裁定驳回起诉:

…………

(二)超过法定起诉期限且无正当理由的;

…………

《普通高等学校学生管理规定》(国家教委令第 7 号)

第五条 普通高等学校按照招生规定录取的新生,持录取通知书和学校规定的有关证件,按期到校办理入学手续。因故不能按期入学者,应写信并附原单位或所在街道、乡镇证明,向学校请假。假期一般不得超过两周。未经请假或请假逾期报到的,以旷课论,超过两周不报到者,取消入学资格。

《普通高等教育学历证书管理暂行规定》(国家教育委员会教学〔1993〕12 号)

第十四条 普通高等学校未按国家招生规定而自行招收的学生以及举办的各种培训班的学生,学习结束后学校只能发给学习证明书,不得颁发毕业(结业、肄业)证书。

第六节 未完成规定课程

6.规定时间内未完成规定全部课程不能取得毕业证书
——郑锐与武汉科技大学教育行政管理案

一、典型案例

(一)案号

一审:武汉市青山区人民法院(2016)鄂 0107 行初 58 号。

二审:武汉市中级人民法院(2017)鄂 01 行终 61 号。

(二)裁判要旨

学生在学校规定学习年限内,修完教育教学计划规定内容,成绩合格,达到学校毕业要求的,学校应当准予毕业,并在学生离校前发给毕业证书。学生在学校规定学习年限内,修完教育教学计划规定内容,但未达到学校毕业要求的,学校可以准予结业,发给结业证书。

(三)基本案情

原告郑锐系被告武汉科技大学机械自动化学院 1999 级机械电子工程专业学生,于 1999 年至 2002 年在该校就读。因学信网上显示郑锐为毕业状态,2015 年 4 月,原告父亲为其缴清学费、住宿费欠款,当其持缴费收据到被告处领取学历证书时,被告核查原告的学生档案,发现原告有两门课程不及格,被告遂根据相关规定认定原告未达到毕业条件,对其不予颁发毕业证书,只能颁发结业证书。同时,被告在学信网上将其注册信息由"毕业"修改为"结业"。原告不服,诉至法院。

(四)原告主张及理由

原告认为其在中国高等教育学生信息网(以下简称学信网)上的注册信息自 2002 年毕业起一直是"毕业",而被告武汉科技大学在 2015 年 4 月 15 日认为因原告有两门考试成绩没有及格,所以将原告的注册学历信息由"毕业"改成了"结业",侵犯了原告的合法权益。因此请求撤销被告修改原告在学信网上注册信息的行政行为,恢复原告在学信网上的注册信息为"毕业",并责令被告向原告颁发毕业证书。

(五)被告意见

(1)被告根据原告成绩做出结业认定的行为属于民事法律关系和内部教育管理关系,不属于行政诉讼的受案范围。

(2)双方争议始于 2015 年 4 月 15 日,至起诉时已超过 1 年,原告起诉已超过 6 个月的起诉期限。

(3)武汉科技大学教务处 2002 年 7 月 1 日的学生成绩单显示,原告 2000—2001 学年第二学期的必修课程"液压传动"成绩为 54 分,2001—2002 学年第一学期基础课程"公共关系学"成绩为 0 分,两门课程均不及格,学分为零。根据《中华人民共和国高等教育法》第十一条、第二十条、第五十八条以及被告学籍管理规定的相关规定,对成绩合格达到毕业条件的学生颁发毕业证书,对成绩不合格或者未修满相应学分的学生,不授予毕业证书,只能颁发结业证书。

(六)争议焦点

(1)武汉科技大学拒绝为原告颁发毕业证书而引发的争议,是否属于行政诉讼的受案范围?

(2)原告起诉是否已超过法定起诉期限?

(3)被告认定原告未达到毕业条件,对其不予颁发毕业证书是否合法?

（七）裁判理由及结果

（1）根据《中华人民共和国高等教育法》的相关规定,武汉科技大学作为从事高等教育事业的法人,依法具有颁发学业证书的法定职权。武汉科技大学拒绝为原告颁发毕业证书而引发的争议,属于行政诉讼的受案范围。

（2）被告于2015年4月在拒绝向原告颁发毕业证书以及在学信网上对原告的学历信息进行修改时,并未告知原告诉权或起诉期限,其起诉期限应适用最长二年的规定,故原告提起本案诉讼并未超过法定的起诉期限。

（3）原告郑锐在向被告武汉科技大学申请领取毕业证书时,武汉科技大学经审查原告郑锐的学生档案,发现原告在校期间有两门课程不及格,被告据此认定原告未达到毕业条件,对其不予颁发毕业证书符合法律规定。被告未提交相关证据证明其在学信网上对原告郑锐的学历信息进行修改前已经省级教育行政部门审核确认,属于行政行为程序轻微违法。

裁判结果:①确认被告武汉科技大学未经省级教育行政部门审核确认即对原告郑锐在学信网上的学历信息由"毕业"改为"结业"的行为程序违法。②驳回原告郑锐的其他诉讼请求。

二、案件评析

（一）学校因学生成绩不合格而不予颁发毕业证的行为符合法律规定

在涉及高校关于颁发毕业证的行政诉讼中,因未完成规定全部课程、未修够学分不能取得毕业证书占据很大的比例,该类案件也大都以高校胜诉告终。根据《普通高等学校学生管理规定》(教育部令第41号)第三十二条规定:"学生在学校规定学习年限内,修完教育教学计划规定内容,成绩合格,达到学校毕业要求的,学校应当准予毕业,并在学生离校前发给毕业证书。"第三十三条规定:"学生在学校规定学习年限内,修完教育教学计划规定内容,但未达到学校毕业要求的,学校可以准予结业,发给结业证书。"因此,高校因学生成绩不合格而不予颁发毕业证书的行为,并无不当。

（二）教育教学计划课程不仅仅指文化课

学生需要修完的教育教学计划规定内容不仅仅是指文化课程,在韩逸飞诉上海医药高等专科学校不履行颁发毕业证书法定职责一案[①]中,法院认为毕业实习不合格也不能取得毕业证书。根据《普通高等学校学生管理规定》(教育部令第21号)规定,学生在学校规定年限内,修完教育教学计划规定内容,德、智、体达到毕业要求,准予毕业,由学校发给毕业证书。学生在

---

① 　上海市浦东新区人民法院(2014)浦行初字第446号行政判决书。

学校规定年限内,修完教育教学计划规定内容,未达到毕业要求,准予结业,由学校发给结业证书。《上海医药高等专科学校学生管理实施细则》规定,具有学籍的学生达到以下要求,准予毕业,颁发毕业证书:一是思想品德评价合格;二是在规定的年限内,完成专业培养计划规定的所有课程,成绩合格;三是毕业实习或工学交替实习鉴定合格。学生在最长实习年限结束时,仍有部分课程(含实践性课程)经两次补考后不及格,或思想品德评价不合格,没有达到毕业的条件,发给结业证书,准予结业。结业后,学生可在两年内向学校申请重考,重考成绩合格的,取得毕业资格,换发毕业证书。据此,学校依据上述相关规定,根据在籍学生完成学校教育教学计划的情况颁发相应的证书。原告要求被告颁发毕业证书,必须符合相关条件。

除了文化课和毕业实习不合格不能取得毕业证书外,各个高校都对本校学生的毕业条件进行了特殊规定。比如,清华大学的校规对每一位新生提出学会游泳的要求,未通过新生游泳测试的必须选修游泳课,将游泳与毕业证书挂钩。再比如西南政法大学1993年12月学校制定的《本专科学生外语考核管理办法》《学生学籍管理办法》规定:本科生英语测试必须通过四级统考,及格的方能毕业并取得学士学位,将英语四级考试成绩与毕业证挂钩。

(三)法院尊重高校的自主管理和事实判断

《普通高等学校学生管理规定》(教育部令第21号)第三十一条规定:学生在学校规定年限内,修完教育教学计划规定内容,德、智、体达到毕业要求,准予毕业,由学校发给毕业证书。《普通高等学校学生管理规定》(教育部令第41号)中提及到的"达到学校毕业要求的",可以获得毕业证书,由此可见对于毕业要求的认定,是由学校掌握的。学校审核学生的毕业情况,是高校自治权的充分体现。因高校拒绝颁发毕业证书、学位证书引发的争议是高校行政争议的主要类型,为保障高校的学术自由,保证稳定的办学环境,人民法院往往在审理教育行政案件时,充分考虑到高校与其他行政机关的区别,慎重行使司法审查权。涉及学术水平、专业技能这类问题时法院不应审查,比如在诉高校因学生学业成绩未达到学校要求拒绝颁发授予毕业证、学位证的案例中,不能对学业成绩是否合格进行审查,而是尊重高校的自主管理和事实判断。所以,因学生未完成规定全部课程拒发毕业证书这类案件如果程序合法,高校一般会胜诉。

(四)程序轻微违法的界定与后果

本案还涉及程序轻微违法的界定。法院认为,根据教育部《高等学校学生学籍学历电子注册办法》第二条、第四条的规定,高等学校在学信网上对学生学籍学历进行电子注册属于其依职权对学生学籍学历进行管理的方式,是可诉的行为。该办法第十九条第二款规定:"学历注册并提供网上查询后,学校不得变更证书内容及注册信息,不再受理学生信息变更事宜。注册信息确有错误的,须经省级教育行政部门审核确认后方可修改。"本案被告未提交相关证据证明其在学信网上对原告郑锐的学历信息进行修改前已经得到省级教育行政部门审核确认,属于行政行为程序轻微违法。

在新《行政诉讼法》修改之前,法院一般将程序轻微违法视为瑕疵,对此类行政行为一般作出维持的判决,程序轻微违法一般表现为以下几点:一是遗漏了非关键步骤,比如执法人员应当出示执法证件却没有出示;二是轻微的顺序颠倒,比如房屋征收前应足额发放补偿款,但是执法机关在征收过程中才给予发放,当然执法机关的行为并没有影响被征收人依法获得补偿;三是形式上具有轻微的缺陷,比如执法机关应书面答复但是仅口头告知,这对相对人的实体权利也没有实质影响;四是轻微超越时限,比如执法机关在工伤认定时稍微延期,出于行政效率和诉讼经济的考虑,没必要撤销。但是新法修改后,行政行为程序轻微违法的,人民法院须作出确认违法的判决,《行政诉讼法》第七十四条第一款第二项规定,行政行为程序轻微违法,但对原告权利不产生实际影响的,人民法院判决确认违法,但不撤销行政行为。《最高人民法院关于适用〈中华人民共和国行政诉讼法〉的解释》第九十六条规定,有下列情形之一,且对原告依法享有的听证、陈述、申辩等重要程序性权利不产生实质损害的,属于《行政诉讼法》第七十四条第一款第二项规定的"程序轻微违法":①处理期限轻微违法;②通知、送达等程序轻微违法;③其他程序轻微违法的情形。根据上述规定,对原告权利是否产生实际影响是决定裁判方式的重要因素。有学者认为,根据对原告权利影响的程度可以分为主要程序和次要程序,主要程序是影响原告权利的实质性程序,违反次要程序不会对原告权利产生实质影响,属于程序轻微违法。本案中,原告的学历信息已经注册并提供网上查询,按照法律规定,被告武汉科技大学不可以直接变更注册信息,学生的注册信息确有错误的,高等院校应该经过省级教育行政部门审核确认才可以变更。被告武汉科技大学没有经过省级教育行政部门审核确认自行修改,步骤缺失,但不影响决定的有效性。所以,该行为属于程序轻微违法。

三、法条索引

《中华人民共和国高等教育法》(2015年修正)

第十一条 高等学校应当面向社会,依法自主办学,实行民主管理。

第二十条 接受高等学历教育的学生,由所在高等学校或者经批准承担研究生教育任务的科学研究机构根据其修业年限、学业成绩等,按照国家有关规定,发给相应的学历证书或者其他学业证书。

…………

第五十八条 高等学校的学生思想品德合格,在规定的修业年限内学完规定的课程,成绩合格或者修满相应的学分,准予毕业。

《普通高等学校学生管理规定》(教育部令第 21 号)

第三十一条 学生在学校规定年限内,修完教育教学计划规定内容,德、智、体达到毕业要求,准予毕业,由学校发给毕业证书。

第三十二条 学生在学校规定年限内,修完教育教学计划规定内容,未达到毕业要求,准予结业,由学校发给结业证书。结业后是否可以补考、重修或者补作毕业设计、论文、答辩,以及是否颁发毕业证书,由学校规定。对合格后颁发的毕业证书,毕业时间按发证日期填写。

《高等学校学生学籍学历电子注册办法》

第二条 高等学校学生学籍学历电子注册是运用现代信息技术,对高等学校(含具有颁发国家承认学历文凭资格的公办、民办普通高等学校、成人高等学校,开放大学)和经批准承担培养研究生任务的科学研究机构(以下合并简称高等学校或学校)按国家规定录取的高等学历教育学生取得的学籍、获得的学历证书(含通过高等教育自学考试获得的毕业证书)进行在线审核、电子标注、数据备案和网上查询的管理方式。

第四条 高等学校学生学籍学历电子注册以高等学校为主体,由高等学校对符合国家规定、依法录取的学生学籍、毕(结)业生学历证书进行电子注册。省级教育行政部门依法对高等学校学生学籍学历电子注册工作进行监督和指导。

第十九条第二款 学历注册并提供网上查询后,学校不得变更证书内容及注册信息,不再受理学生信息变更事宜。注册信息确有错误的,须经省级教育行政部门审核确认后方可修改。

第七节　触犯刑法

7. 学习期间触犯刑法受到刑罚处罚不能获得毕业证书
——高某不服 X 大学不履行法定职责案

一、典型案例

（一）案号

该案例为改编案例①。

（二）裁判要旨

对于触犯国家刑律,构成刑事犯罪的学生,培养单位可酌情给予勒令退学或开除学籍的处分。学生在学习期间因犯罪被学校勒令退学,丧失了学籍,因此不能取得毕业证书和学位证书。

（三）基本案情

高某是 X 大学历史系 1993 级在职博士研究生,在校期间修完全部课程。1995 年 6 月高某提交博士论文并通过了论文答辩。1995 年 9 月因涉嫌受贿罪被起诉,1996 年 9 月 4 日高某因受贿罪被 Y 市高级人民法院终审裁定有期徒刑 10 年。1997 年 6 月 23 日 X 大学根据《X 大学研究生学籍管理规定》给予高某勒令退学处分,并且没有向原告颁发毕业证书和学位证书。

（四）原告主张及理由

原告于 1993 年 7 月接到被告的录取通知书并于当年 9 月在被告历史系攻读博士研究生,修完所学专业规定的全部课程,成绩合格,于 1995 年 6 月提交了博士论文并答辩通过。1995 年 9 月原告因涉嫌受贿被检察院起诉,1996 年 9 月因受贿罪接受刑事处罚。原告认为,1996 年所受到的刑事处罚并不是在校期间的违纪行为,校规校纪约束在校学生,原告事实上已于 1995 年 7 月份毕业。1996 年原告受到刑事处罚是因工作问题,与学校无关。因此,被告根据《X 大学研究生学籍管理规定》给予原告勒令退学的处分并决定不予颁发毕业证书和学位证书的行为于法无据,故原告诉至法院,请求依法判决 X 大学履行向原告颁发毕业证书和学位证书的法定职责。

---

① 该案例根据北京市教育委员会著《依法治教典型案例选编》第六章第 217 页的相关案例改编。

(五)被告意见

根据《教育法》和《研究生学籍管理规定》及其他相关法律规范,被告作为依法设立的高等学校有权对在校学生进行学籍管理并实施奖励或者处分。根据《研究生学籍管理规定》,对于触犯国家刑律,构成刑事犯罪的学生,培养单位可酌情给予勒令退学或开除学籍的处分。原告作为被告的在校学生,于 1995 年 9 月因涉嫌受贿被检察院起诉,1996 年 9 月因受贿罪接受刑事处罚,被告根据相关法律规范和《X 大学研究生学籍管理规定》给予原告勒令退学的处分合法合理,原告被勒令退学自然丧失了被告在校研究生的学籍,被告不予颁发毕业证书和学位证书有事实和法律依据。原告虽在 1995 年 6 月通过了论文答辩,但是尚未获得学位评定委员会的审核批准,所以不能当然地取得博士学位。

(六)争议焦点

X 大学不予颁发毕业证书的行为是否合法。

(七)裁判理由及结果

根据《教育法》和原告行为时仍适用的《研究生学籍管理规定》,依法设立的高等学校,有权对在校学生进行学籍管理并实施奖励或者处分;研究生要努力学习马克思主义,遵守宪法、法律和培养单位的规章制度,具有良好的道德品质和文明风尚,勤奋学习,刻苦钻研,努力掌握现代科学文化知识。学校在对学生实施处分时,应当做到事实清楚,证据充分,依据恰当,程序正当。本案中,高某因触犯国家刑事法律,被依法定罪,学校有权根据国家和学校的有关规定对其进行处理。高某系在职博士研究生,其修业年限为四年,按照有关规定应在 1997 年 7 月毕业,高某在学习期间因犯罪被学校勒令退学,丧失了学籍,因此不能取得毕业证书和学位证书。学校认定的事实清楚,适用法律法规等规范性文件恰当,程序合法,处分适当。

裁判结果:驳回原告的诉讼请求。

二、案件评析

(一)X 大学作出勒令退学、不予颁发毕业证书和学位证书的决定于法有据

根据《研究生学籍管理规定》第二十七条第(二)项规定,对于触犯国家刑律,构成刑事犯罪者,培养单位可酌情给予勒令退学或开除学籍的处分。高某学习期间于 1995 年 9 月因涉嫌受贿罪被起诉,属于上述规定第第二十七条第二项规定的情形。《普通高等学校学生管理规定》(国家教委令第 7 号)第六十三条也作出了同样的规定,所以 X 大学根据法律规定和本校《X

大学研究生学籍管理规定》对原告作出勒令退学的处分,并作出不予颁发毕业证书和学位证书的决定是合法的。

(二)高校以传授科学文化知识为基础,更要以立德树人为根本

高某认为其受刑罚处罚并不是因为违反校规校纪,而是因为工作问题,学校应给其颁发毕业证书。高某虽在学习期间没有违纪行为,已修完全部课程,成绩合格,具备相应的专业技能和职业素养,符合学校要求的毕业条件,但是根据法律规定,对于触犯国家刑律,构成刑事犯罪者,培养单位可酌情给予勒令退学或开除学籍的处分。法律之所以这样规定,是因为学校不仅是传授专业文化知识的地方,更是培养学生的信念理想、立德树人的圣地。符合毕业条件的大学生应该是德、智、体、美、劳全面发展的学生,应该是具有良好的道德品质和文明风尚的学生,应该是践行社会主义核心价值观、具有社会责任感和崇高理想信念的学生,应该是遵守宪法、法律、法规,具有良好道德品质和行为习惯的学生。高某虽具备相应专业技能,但是在校期间却因受贿被起诉,对于这类违反国家法律规定的学生,高校不应给予颁发毕业证书和学位证书。

(三)退学处理与开除学籍的异同

详见表3-2。

表3-2　退学处理与开除学籍的异同

普通高等学校学生管理规定	国家教委令第7号	教育部令第21号	教育部令第41号
退学处理	第二十九条　学生有下列情形之一者,应予退学:……按本条规定处理的学生,对学生不是一种处分。	第二十七条　学生有下列情形之一,应予退学:……	第三十条　学生有下列情形之一,学校可予退学处理:……

续表 3-2

普通高等学校学生管理规定	国家教委令第 7 号	教育部令第 21 号	教育部令第 41 号
开除学籍处分	第六十二条 对犯有错误的学生,学校可视其情节轻重给以批评教育或纪律处分。处分分下列六种:(1)警告;(2)严重警告;(3)记过;(4)留校察看;(5)勒令退学;(6)开除学籍。	第五十三条 纪律处分的种类分为:(一)警告;(二)严重警告;(三)记过;(四)留校察看;(五)开除学籍。	第五十一条 对有违反法律法规、本规定以及学校纪律行为的学生,学校应当给予批评教育,并可视情节轻重,给予如下纪律处分:(一)警告;(二)严重警告;(三)记过;(四)留校察看;(五)开除学籍。

《普通高等学校学生管理规定》(国家教委令第 7 号)第二十九条规定,按本条规定的退学处理不是一种处分,第六十二条规定,"勒令退学"是一种纪律处分。第二十一号令和第四十一号令在处分的种类里删除了"勒令退学",从此,退学决定是高校实施的一种处理行为而不是处分行为。下面以表 3-3 的形式对退学处理和开除学籍处分进行比较:

表 3-3　退学处理与开除学籍的比较

异同	退学处理	开除学籍处分
相同点	1.学生的学籍档案都会被注销,不可能再获得毕业证书和学位证书 2.两者都具有可诉性,都有剥夺学生受教育权利的实际效果 3.两者均可由高校自主裁量	

续表 3-3

异同		退学处理	开除学籍处分
不同点	行为主体不同	退学处理不是一种处分，可以由学校提出建议，也可以由学生主动申请退学	开除学籍处分只能由学校作出
	行为指向不同	指向学业，因各种主客观原因无法完成学业	指向管理秩序，一般是严重违反校规校纪的行为，具有惩罚性
	是否计入档案不同	退学处理不计入学生档案，因为它不是一种处分	开除学籍是处分行为，需要计入学生的学籍档案

（四）如何理解"构成刑事犯罪的，'可以'给予开除学籍处分"？

《普通高等学校学生管理规定》（教育部令第 41 号）第五十四条规定："学校给予学生处分，应当坚持教育与惩戒相结合，与学生违法、违纪行为的性质和过错的严重程度相适应。学校对学生的处分，应当做到证据充分、依据明确、定性准确、程序正当、处分适当。"第五十二条规定："学生有下列情形之一，学校可以给予开除学籍处分：……（二）触犯国家法律，构成刑事犯罪的……"从该条文不难看出，对于因触犯国家法律构成犯罪的学生，学校并非"应当"开除学籍、必须开除学籍，法律规范用了"可以"一词，"可以"不是强制性规范，高校可以针对具体情况做出具体处分，根据学生犯罪情形的严重程度酌情处理。"可以"一词体现了高校整理中教育与惩戒相结合的原则，学生若能诚恳地承认错误，主动做出深刻检讨，具有从轻处罚情节，不是必须要开除学籍的话，高校应当评估其对社会的危害程序、是否具有自首等从轻处罚情节，从而作出与学生违法、违纪行为的性质和过错的严重程度相适应的处分。一旦出现上述八种情形学校就给予开除学籍处分，将会违背管理与教育相结合的立法本意。

三、法条索引

《中华人民共和国教育法》（2015 年修正）

第二十九条　学校及其他教育机构行使下列权利：

…………

（四）对受教育者进行学籍管理，实施奖励或者处分；

（五）对受教育者颁发相应的学业证书；

············

《研究生学籍管理规定》(1995 年)

第四条　研究生要热爱祖国,拥护中国共产党的领导,努力学习马克思主义;遵守宪法、法律和培养单位的规章制度,具有良好的道德品质和文明风尚;勤奋学习,刻苦钻研,努力掌握现代科学文化知识。

第二十七条　研究生有下列情形之一者,培养单位可酌情给予勒令退学或开除学籍的处分:

············

(二)触犯国家刑律,构成刑事犯罪者;

············

《普通高等学校学生管理规定》(国家教委令第 7 号)

第六十三条　有下列情形之一的学生,可酌情给予勒令退学或开除学籍的处分:

············

(二)触犯国家刑律,构成刑事犯罪者;

············

《普通高等学校学生管理规定》(教育部令第 41 号)

第七条　学生在校期间依法履行下列义务:

(一)遵守宪法和法律、法规;

(二)遵守学校章程和规章制度;

(三)恪守学术道德,完成规定学业;

(四)按规定缴纳学费及有关费用,履行获得贷学金及助学金的相应义务;

(五)遵守学生行为规范,尊敬师长,养成良好的思想品德和行为习惯;

(六)法律、法规及学校章程规定的其他义务。

第五十二条　学生有下列情形之一,学校可以给予开除学籍处分:

(一)违反宪法,反对四项基本原则、破坏安定团结、扰乱社会秩序的;

(二)触犯国家法律,构成刑事犯罪的;

(三)受到治安管理处罚,情节严重、性质恶劣的;

(四)代替他人或者让他人代替自己参加考试、组织作弊、使用通讯设备或其他器材作弊、向他人出售考试试题或答案牟取利益,以及其他严重作弊或扰乱考试秩序行为的;

（五）学位论文、公开发表的研究成果存在抄袭、篡改、伪造等学术不端行为，情节严重的，或者代写论文、买卖论文的；

（六）违反本规定和学校规定，严重影响学校教育教学秩序、生活秩序以及公共场所管理秩序的；

（七）侵害其他个人、组织合法权益，造成严重后果的；

（八）屡次违反学校规定受到纪律处分，经教育不改的。

第八节　启　发

因为高校拒绝颁发毕业证书引发的诉讼不在少数，高校不予颁发毕业证书的理由也各有不同。高校具有颁发毕业证书的法定职责，对谁发放、不对谁发放，由高校决定，这是大学自治的重要部分。在这类案件中，司法权应当保持谦抑性，不得过度干涉高校的行政权。但是，高校应当遵守法律的实体和程序规范，不得超越或滥用职权，否则也将面临败诉风险。

一、高招不准"先上车后买票"

在王霞与江苏大学、江苏大学继续教育学院不履行法定职责案中，王霞没有通过国家统一招生考试就在江苏大学继续教育学院法学专业的函授班学习，江苏大学继续教育学院还给予其出具颁发毕业证书的证明。同样，在孔子林与河南财经政法大学、河南省教育厅教育行政管理案中，孔子林取得的"高等教育实用人才毕业证书"不属于"教育部审定核准的国民教育系列高等学校、高等教育自学考试机构颁发的专科毕业证书或以上证书"，其没有入学资格，电子学籍也未能注册，河南财经政法大学也出具证明，承诺孔子林将于 2012 年 7 月取得本科毕业证。

在明知学生没有入学资格的情况下，高校为了招揽生源甚至会做出发放毕业证书的承诺，却无法兑现这种承诺，这就导致了学校与学生对簿公堂。一般情况下，法院根据法律的规定判决不予颁发毕业证书的行为合法，但这对学生而言却是难以弥合的伤害。学生在缴纳学费、完成全部课程的情况下，在学校承诺给予其颁发毕业证书的期待中，被法院告知不予颁发毕业证书的行为合法，这对学生而言是不公平的，而且会影响成人高等教育的办学声誉和社会效益。高校这种扩大招生规模、损害招生质量，在成人统一考试录取之前违规招收所谓"免试生""超前生""进修生"等生源，搞所谓"先上车后买票"的行为是违法的。

二、学校的自治规则不可突破法律界限

每个高校都有自己的校规校纪、自治规则,这些自治规则一般是以《教育法》《高等教育法》《普通高等学校学生管理规定》《高等学校信息公开办法》等法律、法规和规章为依据确立的,高校把自治规则精细化、明确化,使之更符合本校自主管理的需要。通过一些教育行政诉讼案例我们会发现,这些自治规则存在许多缺陷,比如规则的制定缺乏民主参与、程序不合法、内容不合法、前后不一致等。

在田永案中,田永在补考过程中夹带写有电磁学公式的纸条,学校按校规对其作出退学处理,导致田永无法获得毕业证书。教育者对受教育者实施管理的过程中,虽然有相应的教育自主权,但这项自主权不得违背国家法律、法规和规章。国家教育委员会1990年1月20日发布的《普通高等学校学生管理规定》第十二条规定:"凡擅自缺考或考试作弊者,该课程成绩以零分计,不准正常补考,如确实有悔改表现的,经教务部门批准,在毕业前可给一次补考机会。考试作弊的,应予以纪律处分。"第二十九条规定的应予退学的十种情形中,没有不遵守考场纪律或者考试作弊应予退学的规定。田永只是携带了纸条,尚且没有证据证明他有偷看的行为,北京科技大学给予田永退学处理的决定,突破了上位法的规定。这些自治规则明显违背了国家上位法的规定和比例原则,应属无效。

三、作出处分决定要听取学生的陈述和申辩

根据《普通高等学校学生管理规定》(教育部令第41号)第五十四条规定,学校在作出处分时应当与学生的违法、违纪行为的性质和过错的严重程度相适应。证据要充分,程序要正当。第五十五条也规定,对学生作出处分或者其他不利决定之前,应告知学生作出决定的事实、理由和依据,告知学生有陈述申辩的权利,听取学生的陈述和申辩。在田永案中,北京科技大学忽视当事人的申辩权利,对田永作出退学处理,却又没给田永注销学籍、迁移户籍和档案,甚至还帮田永补办学生证,安排其参加考核、实习和毕业设计,使得田永认为自己和其他同学并无差异,对自己能够如期毕业产生期待。北京科技大学的行为是严重违背正当法律程序的,因此法院认定被告作出的退学处理决定在法律上从未发生过效力。

四、正确处理学生欠缴学费与毕业证发放的关系

根据《普通高等学校学生管理规定》(教育部令第41号)第七条规定,学生在校期间须依法履行缴纳学费及有关费用的义务。第十二条规定,未按

照学校规定缴纳学费的学生不予注册。高校在处理学生欠费的问题上往往采取较为宽容的态度，导致有些学生拖到毕业尚未缴纳学费，这时学校一般采取扣押毕业证、学位证等方式向学生施加压力，这种行为很容易引起大家的反感，对学生的就业和声誉也会带来不好的影响，但在这类案件的诉讼中，法院一般会支持高校的主张。

为了避免学校在学生毕业时再因欠费问题产生争端，高校在学生学习期间就应该了解学生欠费的根源并采取解决措施。有的学生不缴纳学费确实因为家庭经济困难，对于这类学生学校应当考虑到其欠缴学费的无奈、他们的弱势地位和实际情况，在学习和生活方面给予他们补助，帮助学生申请国家助学贷款。国家助学贷款是一个比较成熟的体系，贷款方与借贷方有合同约束，他们的权利义务、资助程序、受资助数额、还款程序等都会以法律形式固定下来，欠款行为会纳入国家诚信系统。在这种情况下，学生必须如期还款，以免影响自己的信用。对于故意欠缴的同学，学校需要打消他们的侥幸心理，让他们意识到欠缴学费的严重性，使他们明白这不仅影响评奖、评优以及毕业，还会被记入诚信档案，在将来贷款时受影响。

五、重视学生的电子注册档案

在侯哲亮与山西广播电视大学、山西广播电视大学阳泉分校行政确认案中，因为被告对原告的电子注册学籍疏于管理，导致原告无法毕业。电子注册是学籍管理的重要手段，学籍管理的复杂性决定了高校必须提高对学籍管理的认识，学校须将国家制定的有关学籍管理的方针政策与高校实际情况相结合，使得学籍管理工作能顺利开展。

高校在重视学籍电子注册的同时，也需要向学生宣传电子注册的重要性。许多学生不重识自己的电子学籍，当自己的姓名、家庭住址或其他信息变动时不及时与学校联系，直到毕业不能及时拿到毕业证书时才追悔莫及。另外，在学年注册时，常有学生委托别的同学帮其注册、签字，导致该生的学籍信息错误未被发现，严重影响其毕业和就业。

六、严格核查学生入学资格

按照《普通高等学校学生管理规定》（教育部令第41号）第九条的规定，学校应当在报到时对新生入学资格进行初步审查，审查合格的方可办理入学手续、注册学籍，审查时发现新生的录取通知、考生信息等证明材料与本人实际情况不相符合的，或者违反国家招生考试规定的，取消录取资格。在孔子林与河南财经政法大学、河南省教育厅教育行政管理案中，因被告对原告孔子林的入学资格审查不严，导致孔子林在学习期间修完全部课程，满足毕业要求却无法获得毕业证书。根据《2009 年全国成人高校招生办法》第三条的规定，报考专升本的考生必须是已取得经教育部审定核准的国民教育系列高等学校、高等教育自学考试机构颁发的专科毕业证书或以上证书人员。原告孔子林获得的"高等教育实用人才毕业证书"不属于"教育部审定核准的国民教育系列高等学校、高等教育自学考试机构颁发的专科毕业证书或以上证书"。河南省教育委员会下发的《关于高等学校举办实用人才专业班有关问题的通知》明确规定，对取得的"实用人才专业班毕业证书"，国家不承认学历。在此案中，本该对原告入学资格进行初审和复查的河南财经政法大学没有严格进行审查。导致原告缴纳了学费、修完了课程却不能取得毕业证书，严重影响了原告的合法权益。

高校在决定不颁发毕业证时，应该注意以上情况，正确衡量毕业证发放问题，合法合理的作出决定，避免与学生之间产生争议。

第四章

学位证书发放

第一节　不符合学业管理要求

1.因论文审查未获通过不予授予博士学位
——刘燕文诉北京大学不予授予博士学位案

一、典型案例

（一）案号

一审:北京市海淀区人民法院(2000)海行初字第 157 号。

二审:北京市第一中级人民法院(2001)一中行终字第 50 号。

（二）裁判要旨

（1）高校应当根据《研究生学籍管理规定》第三十三条的规定,研究生只要按培养计划的规定,已完成课程学习和必修环节,成绩合格,完成博士论文并通过答辩,学校就应向其发放毕业证书。

（2）校学位委员会在作出不批准授予学生博士学位决定前,未听取学生的申辩意见;在作出决定之后,也未将决定向学生实际送达,影响了学生向有关部门提出申诉或提起诉讼权利的行使,该决定应予撤销。

（三）基本案情

1996 年,北京大学无线电系博士生刘燕文的博士论文在分别经过博士论文答辩委员会及北京大学学位评定委员会电子学系分会的审查后,未获得校学位评定委员会的通过,最终未能获得博士学位。其在论文未获得通过后曾向各方了解校学位评定委员会拒绝通过的原因,均未能得到答复。1999 年刘燕文将北京大学与北京大学学位评定委员会告上法庭,请求法院撤销北京大学作出的决定并对其博士学位的授予予以重新审查。

(四)原告主张及理由

原告认为被告应当向其发放学位证书。

(1)原告认为校学位评定委员会作出不授予学位证书的决定没有正式、书面通知自己,违反了正当程序原则。

(2)原告认为自己符合大学毕业的法定条件,被告北京大学拒绝向其颁发博士毕业证书、学位证书是违法的。

(3)原告在 1996 年得知学校的决定后就多次找学校询问,因此其起诉并没有超过起诉期限。

(五)被告意见

(1)被告北京大学认为作出决定时是 1996 年,刘燕文起诉时已经是1999 年,因此超过了起诉期限。

(2)被告在作出决定时采用了无记名投票的方式,符合法律的正当程序。

(3)被告北京大学规定只有在博士论文获得通过的情况下才能获得毕业证书,刘燕文博士论文未获通过,不颁发毕业证书符合北京大学的规定,且将学位证书与毕业证书挂钩不违反上位法的精神。

(4)被告的学位评定委员会只是批准是否授予博士学位的法定机构,不是最后颁发博士学位证书的主体,不具有被告资格,而北京大学是学位授予单位,北京大学是适格的被告。

(六)争议焦点

(1)学生诉高校不予颁发学位证书是否为法院的受案范围?

(2)校学位评定委员会作出不予授予学位证书的决定程序是否正当?

(3)获得学位证书是否是取得毕业证书的前提条件? 两者能否挂钩?

(七)裁判理由及结果

一审北京市海淀区人民法院认为:

(1)对于起诉期限问题,由于北京大学一直未书面通知原告最终决议,对于原告的申诉也一直未将结果通知原告,故并未超过起诉期限。

(2)对于毕业证书问题,根据《研究生学籍管理规定》第三十三条,刘燕文已完成课程学习和必修环节,成绩合格,完成了博士论文并通过了答辩,北京大学应发给其毕业证书。

(3)对于决定是否符合程序问题,由于赞成票与反对票均未过半数,故学位委员会未形成有效决议。但是,校学位委员会在作出不批准授予刘燕文博士学位前,未听取刘燕文的申辩意见,在作出决定之后,也未将决定向刘燕文实际送达,影响了刘燕文向有关部门提出申诉或提起诉讼权利的行使,该决定应予撤销。

因此,一审法院作出责令北京大学在两个月内颁发给原告博士毕业证书、责令北京大学在三个月内对是否授予刘燕文博士学位予以重新审查的判决。二审法院在作出发回重审后,原审法院以"起诉期限已过"为由驳回刘燕文的起诉。

二、案件评析

本案是学生因论文未通过学校审查而对学校作出的不予授予学位决定不服的诉讼案件。1999 年本案发生之后引起了社会的强烈反响,其引发的讨论远远超过了案件的本身。不仅因为当时学生告母校的例子凤毛麟角,而且因为这个案件所反映出来的高校在自主管理权上长期存在的错误做法以及折射出我国在教育领域法律的不完善问题。本案的争议焦点众多,在事实与法律适用方面主要涉及以下几个问题:

(一)本案属法院的受案范围

对于本案是否是法院的受案范围,在当今司法实践已经达成一致观点:学校授予学位证书的行为是法律法规授权的组织行使的行政管理权,属法院的受案范围。之所以会讨论学校与学生之间的关系是否可诉,主要来源于"特别权力关系理论"的影响。"特别权力关系理论"由 19 世纪德国学者提出,当时的特别权力关系主要指官吏对国家的特别义务,认为官吏与国家是基于双方合意形成的一种特别关系,二者之间的义务是不对等的。后经过德国学者迈耶和日本学者的发展,将其扩大到学校与学生、医院与患者、监狱与受刑人之间。特别权力关系理论的特征之一是行政相对人义务的不确定性。比如在公立大学与学生之间的关系中,当学生进入公立学校之后,除了要遵守国家的法定义务外,还负有遵守学校各项内部规定的义务,特别权力关系理论认为学生无法通过提起诉讼来获得救济。但是传统的特别权力关系理论明显与法治的要求不符,所以特别权力关系理论在二战后屡屡遭到突破。首先是德国,德国著名公法学者乌勒提出:"特别权力关系可以分为'基础关系'和'管理关系','基础关系'是指有关特别权力关系的产生、变更、消灭事项,其实质在引起特别权力关系双方权利、义务消灭、变更的事项。'管理关系'指行政主体为了达到目的所形成的一切管理行为,比如:对公务人员作息的规定。对于基础关系应当允许相对人提起诉讼。"但是该理论因为存在两种关系界定上的模糊性,故被"重要性理论"所取代。

重要性理论认为:"特别权力关系可以分为'重要性关系'和'非重要性关系',只要涉及基本权利的重要事项就应该允许相对人提起诉讼。"现在,重要性理论被普遍接受。因此,学校与学生之间纠纷的案例之所以特殊,就是因为作为特别权力关系之下的学校有权对学生在校的学习情况作出具体规定,而学生也正是对学校的规定不服提起诉讼。

现在再讨论学校与学生之间有关学位纠纷是否可诉已无实际意义,但是,对于该类案件的被告仍然有几点需要讨论:被诉主体是否具有行政诉讼被告资格? 学校不予颁发毕业证书、学位证书的行为是否是行政诉讼法规定的可诉之具体行政行为?

1. 北京大学具有被告资格,校学位评定委员会不具有被告资格

刘燕文起诉的主体有两个:北京大学和校学位评定委员会。这两个被告是否是适格的被告,法官在判决书中进行了说明。

(1)北京大学是本案适格的被告。解决北京大学是否是适格的被告这一问题就要对"法律法规授权的组织"予以解读,因为北京大学不是行政机关,其作出的决定也不是行政处罚,而旧的《行政诉讼法》第二十五条第二款规定:"由法律、法规授权的组织所做的具体行政行为该组织是被告。"有些事业单位、社会团体虽然不是行政主体,但是法律赋予了其能够行使一定的行政管理职能,因此依据授权作出的行政行为与相对人发生矛盾是行政诉讼的管辖范围。《教育法》以及《学位条例》都赋予了学校颁发学位证书的权力,是法律法规授权的组织,因此,当学生不服其作出的决定提起行政诉讼时,北京大学是适格的被告。

(2)校学位评定委员会不是适格的被告。对于这一问题要看校学位评定委员会是否具有独立的法人人格。一审法院认为其作出的刘燕文论文不予通过的决定对刘燕文的权利产生了实际影响,是适格被告。在此,笔者更倾向于其不具有被告资格。因为,正如被告答辩时所说:"学位评定委员会只是北京大学专司审核、批准是否授予博士学位决定职能的法定机构,不是最后颁发博士学位证书的主体。其不是一般意义上所讲的法律法规授权的组织,只是法律规定的学位授予单位内部一种相对独立的特定机构。"如果按照一审法院的观点"校学位委员会作出是否授予博士学位的决定直接影响到刘燕文能否获得北京大学的博士学位证书"就将其认定为适格的被告、具有独立的法人人格,那么行政诉讼法里规定的对复议机关的起诉可能都要将"内部法制机构"作为被告,这显然是无比荒谬的结论。因此,在这类案件中,校学位评定委员会不应当作为被告参加诉讼,适格的被告应当是有学位授予权的学校。

2. 不予颁发毕业证书、学位证书的行为是行政诉讼法规定的可诉之具体行政行为

学校不予颁发毕业证书、学位证书的决定是否是可诉之具体行政行为法律没有明确的规定，但是学生的毕业证书、学位证书与其人身权、财产权有一定关系，对其将来就业产生重大影响，因为涉及其身份和待遇。同时，1995 年实施的《高等教育法》第四十二条规定："受教育者享有下列权利：……（四）对学校给予的处分不服向学校有关部门提出申诉，对学校、教师侵犯其人身权、财产权等合法权益，提出申诉或者依法提起诉讼。"此规定明确了学生有对学校侵犯人身权、财产权等合法权益的行为提起诉讼的权利。所以，学校不予颁发毕业证书、学位证书的行为是可诉之具体行政行为。

（二）作出不授予学位证书的决定违反了正当程序

本案中一个引人注目的焦点就是程序问题。一审法院判决北京大学在作出决定时违反程序也是因为"校学位委员会在作出决定前未听取刘燕文的申辩、作出决定后未向刘燕文实际送达，违反了正当程序"。

本案发生时，我国的《学位条例》和《学位条例暂行实施办法》及相关规定对学校在作出不授予学位决定时向学生送达应遵循怎样的程序并未规定，所以不存在违反法定程序的问题。那么，学校是否应当遵循正当程序原则向学生书面送达并听取学生的陈述和申辩？

正当程序原则是指行政机关作出影响行政相对人权益的行政行为时必须遵守的程序，包括事先向行政相对人说明理由，听取行政相对人的陈述和申辩等。正当程序原则来源于英国普通法上自然正义原则，它包括程序公正的两项根本规则：自己不能做自己案件的法官；抗辩必须公正地听取。1723 年英国法官在一个案件中说到："我记得一个非常博学的人说过，即使是上帝，也是在召唤亚当进行辩护之后，才作出判决。"我国《行政处罚法》规定了行政机关在作出处罚时应当遵循的严格程序，不仅有一般程序、简易程序，还有听证制度。我国《行政处罚法》第三十一条规定："行政机关作出行政处罚决定前，应告知当事人作出行政处罚决定的事实、理由及依据，并告知当事人依法享有的权利。"第三十二条规定："当事人有权进行陈述和申辩。行政机关必须充分听取当事人的意见……"虽然我国在教育法领域中对于程序的规定还比较薄弱，但是高校在作出决定时应当遵循正当程序原则，这是为了维护学生的基本权利所必须遵循的原则，包括：作出决定时书面通知学生；听取学生的陈述和申辩；告知其权利救济途径等一系列措施，甚至可以采取听证措施。

被誉为"教育行政领域第一案"的田永案正是高校因违反正当程序而被判败诉的典型案例。田永是北京科技大学的本科生，于 1994 年考取北京科

技大学并取得学籍。1996年2月29日,田永在电磁学课程的补考过程中,随身携带写有电磁学公式的纸条被监考老师发现。学校作出退学处理决定,但未直接向田永宣布、送达,也未给田永办理退学手续,田永继续以该校大学生的身份参加正常的学习及学校组织的活动。田永在该校的四年学习中成绩全部合格,通过毕业实习、毕业设计及论文答辩,获得"优秀毕业论文"荣誉,毕业总成绩为全班第九名。但毕业时,学校以田永已按退学处理、不具备北京科技大学学籍为由,拒绝为其颁发毕业证书、学位证书,田永向海淀区法院提起了诉讼。法院经过审理认为学校在作出决定时未听取田永的陈述和申辩,也未向其送达,因此违反了正当程序原则,判决学校败诉。法院在裁判中写道:高等学校依据违背国家法律、行政法规或规章的校规、校纪,对受教育者作出退学处理等决定的,人民法院不予支持;高等学校对因违反校规、校纪的受教育者作出影响其基本权利的决定时,应当允许其申辩并在决定作出后及时送达,否则视为违反正当程序。

因此,被告的校学位评定委员会在对刘燕文作出决定前应当听取其陈述和申辩,作出决定后应当向刘燕文实际送达,这不仅有利于保护在教育行政领域中处于劣势一方的学生的权利,更有利于学位管理工作的顺利进行,提高效率,保证公平、公正。

(三)毕业证的取得不能与学位证书的取得相挂钩

刘燕文案拉开了我国毕业证书与学位证书关系之争的序幕,在刘燕文案中法院支持了刘燕文的观点——毕业证书应与学位证书相分离。

我国高等教育实行的是"双证制",学生毕业时可以获得两个证书:毕业证书和学位证书。这两个证书所要证明的内容不同,毕业证书证明学生的受教育程度,学位证书是为了证明学生的专业能力水平。因此,博士生获得毕业证书和学位证书的条件虽有重合之处,但是仍有区别。博士生获得毕业证书、学位证书的具体条件详见表4-1。

表4-1　博士生获得毕业证书和学位证书的条件

获得毕业证书	取得入学资格	完成课程学习和必修环节	成绩合格,德、体合格	通过毕业论文(学位论文)答辩
获得学位证书	取得入学资格	完成课程学习和必修环节	成绩合格	通过论文答辩,且具有独立从事科学研究工作的能力,做出创造性的成果

本案中,围绕北京大学应不应该给刘燕文发放毕业证书的问题双方各抒己见。刘燕文认为按照《研究生学籍管理规定》第三十三条的规定,北京大学应当为其颁发毕业证书,因为其符合博士研究生的毕业资格。北京大学在一审诉讼答辩状中没有重点说明校学位评定委员会为何没通过刘燕文博士学位,只是在答辩状中解释了其拒绝给刘燕文颁发毕业证书的理由:"学生只有获得博士学位证书后才能获取毕业证书,故北京大学不能颁发博士毕业证书给刘燕文。"北京大学将毕业证书和学位证书的关系证明为关联关系,而刘燕文则认为我国的两证是独立的。他认为,如果按照北京大学的说法我国完全没有必要实行"双证制"。一审法院最终采用了刘燕文的观点。

依据《北京大学研究生学籍管理实施细则》的规定,必须通过校学位评定委员会的审核才能发放毕业证书。而《研究生学籍管理规定》规定,只要通过了答辩就可以获得毕业证书。刘燕文的论文在通过答辩后未获得校学位评定委员会的通过,实际上已经符合获得毕业证书的条件,北京大学应给其发放毕业证书,不能因为学生未获得学位证书就拒绝向其发放毕业证书,学校的此种规定违反了上位法的原则和精神。

三、法条索引

《中华人民共和国教育法》(1995 年)

第二十二条 国家实行学位制度。

学位授予单位依法对达到一定学术水平或者专业技术水平的人员授予相应的学位,颁发学位证书。

第四十二条 受教育者享有下列权利:

(一)参加教育教学计划安排的各种活动,使用教育教学设施、设备、图书资料;

(二)按照国家有关规定获得奖学金、贷学金、助学金;

(三)在学业成绩和品行上获得公正评价,完成规定的学业后获得相应的学业证书、学位证书;

(四)对学校给予的处分不服向学校有关部门提出申诉,对学校、教师侵犯其人身权、财产权等合法权益,提出申诉或者依法提起诉讼;

(五)法律、法规规定的其他权利。

《研究生学籍管理规定》(1995 年)

第三十三条 研究生按培养计划的规定,完成课程学习和必修环节,成绩合格,完成毕业(学位)论文并通过答辩,德体合格,准予毕业并发给毕业证书。

《北京大学研究生学籍管理实施细则》(1995 年)

第二十一条第二款　博士学位研究生完成培养计划规定的全部学习任务,成绩合格,并通过论文答辩,由所在院(系、所、中心)将全部博士学位报批材料送学位办公室审核,经学位评定委员会讨论通过后,按规定发给博士毕业证书和学位证书。

《中华人民共和国学位条例》(1980 年)

第六条　高等学校和科学研究机构的研究生,或具有研究生毕业同等学力的人员,通过博士学位的课程考试和论文答辩,成绩合格,达到下述学术水平者,授予博士学位:

(一)在本门学科上掌握坚实宽广的基础理论和系统深入的专门知识;

(二)具有独立从事科学研究工作的能力;

(三)在科学或专门技术上做出创造性的成果。

《普通高等学校学生管理规定》(教育部第 21 号令)

第五十六条　学校在对学生作出处分决定之前,应当听取学生或其代理人的陈述和申辩。

2. 因英语四级未通过不予授予学士学位
——何小强诉华中科技大学不履行法定职责案

一、典型案例

(一)案号

一审:武汉市洪山区人民法院(2008)洪行初字第 81 号。

二审:武汉市中级人民法院(2009)武行中字第 61 号。

(二)裁判要旨

(1)具有学位授予权的高等学校,有权对学位申请人提出的学位授予申请进行审查并决定是否授予其学位。申请人对高等学校不授予其学位的决定不服提起行政诉讼的,人民法院应当依法受理。

(2)高等学校依照《学位条例暂行实施办法》的有关规定,在学术自治范围内制定的授予学位的学术水平标准,以及据此标准作出的是否授予学位的决定,人民法院应予支持。

(三)基本案情

何小强是第三人华中科技大学武昌分校 2003 级通信工程专业的本科生,华中科技大学武昌分校是独立的事业单位法人,但是没有授予学士学位的资格,根据国家对民办高校学士学位授予的相关规定和双方协议的约定,被告华中科技大学同意对武昌分校符合学士学位条件的本科毕业生授予学士学位。2007 年何小强毕业,学校向其颁发了毕业证书,但是因其在校期间未通过全国大学英语四级考试,不符合《华中科技大学武昌分校本科毕业生学士学位实施细则》和《华中科技大学本科学分制学籍管理条例》授予学士学位的规定,因而未向华中科技大学推荐授予何小强学士学位,故何小强毕业时未能获得学位证书。2007 年 8 月,何小强向学校提出授予工学学士学位的申请。2008 年 5 月,华中科技大学武昌分校书面答复其结果,何小强不服学校作出的决定,提起行政诉讼。

(四)原告主张及理由

原告请求法院判令被告依法定条件授予原告工学学士学位证书:

(1)原告认为被告华中科技大学以原告没有通过全国大学英语四级考试为由,不授予原告工学学士学位的行为,没有法律依据。英语四级考试没有被教育部批准为教育考试,所以英语四级考试为非法考试。

(2)原告认为《学位条例》没有明确规定英语四级为授予学士学位的条件,英语四级考试和会计考试、资格考试、托福考试一样是一种职业考试,而非教育考试。被告以法律没有规定的英语四级为颁发学位证的必要条件是违法的,同时也增加了原告的义务。

(五)被告意见

(1)华中科技大学不是本案的适格被告。何小强应起诉华中科技大学武昌分校。因为被告与华中科技大学武昌分校不是行政隶属关系,被告也从来没有收到过华中科技大学武昌分校提交的名单,根本不存在行政不作为之事实。

(2)被告认为将英语四级考试成绩与学士学位挂钩是在法律的授权之内,符合法律规定。华中科技大学有授予学士学位的权利,有权对自己所培养的学生质量作出规定和要求,有权自行制定授予学位的规则。

(六)争议焦点

(1)华中科技大学是否是本案适格的被告?

(2)华中科技大学以何小强未通过全国大学四级英语考试为由未授予其学士学位是否符合法律规定?

（3）司法对于高校自主权的审查范围如何确定？

（七）裁判理由及结果

（1）何小强虽然不是华中科技大学本校的大学生，但作为与华中科技大学有委托授予学士学位关系的华中科技大学武昌分校的大学生，基于华中科技大学与华中科技大学武昌分校的实际约定、华中科技大学实际接受华中科技大学武昌分校委托审查授予该校应届本科毕业生学士学位的历史事实和现实操作情况，以及基于信赖利益保护原则，华中科技大学是本案适格的被告。

（2）高等学校依照《学位条例暂行实施办法》的有关规定，在学术自治范围内制定的授予学位的学术水平标准，以及据此标准作出的是否授予学位的决定，人民法院应予支持。

因此，一、二审法院都未支持何小强的诉讼请求。

二、案件评析

本案是学生在校期间未通过英语四级考试不符合学校规定的授予学士学位的条件，对不予授予学士学位的决定不服提起的行政诉讼。2014 年，本案被最高人民法院作为指导性案例。本案在事实与法律适用方面主要涉及以下几个问题：

（一）华中科技大学是本案适格的被告

在行政诉讼法上，被告适格包含两方面的含义：被告明确和被告正确。"明确"是指原告的起诉状指向了具体的、特定的被诉行政机关。"正确"是指该被告是作出行政行为的机关，是履行该行政职责的行政主体。我们要分析的是何小强起诉的被告是否"正确"的问题。

从被告的答辩理由来看，被告认为"自己与何小强所在学校是委托关系，不是行政隶属关系，何小强所在的华中科技大学武昌分校也没有将何小强授予学位的名单推荐过来，所以其不能成为本案适格的被告，第三人华中科技大学武昌分校应当为被告。"实际上，第三人华中科技大学武昌分校虽然是独立的法人，但是其没有授予学位的资格。而根据《学位条例》第八条"学士学位，由国务院授权的高等学校授予……"的规定和《国务院批准首批授予学士学位高等学校名单》，华中科技大学有学位授予权。同时，《学位条例暂行实施办法》第四条第二款规定："非授予学士学位的高等院校，对达到学士学术水平的本科毕业生，应当由系向学校提出名单，经学校同意后，由学校就近向本系统、本地区的授予学士学位的高等院校推荐。授予学士学位的高等院校有关的系，对非授予学士学位的高等院校推荐的本科毕业生进行审查考核，认为符合本暂行办法第三条及有关规定的，可向学校学位评定委员会提名,列入学士学位获得者的名单。"华中科技大学武昌分校与华中科技大学签订了合作办学的协议,该协议约定,对于达到学士学术水平的武昌分校的本科生,由武昌分校向华中科技大学推荐,再由华中科技大学决定是否授予学士学位。所以颁发学士学位的法定职责属于华中科技大学。

因此,华中科技大学是本案适格的被告,其依法享有行政职权,能够独立承担法律责任。在主体上,华中科技大学是法律法规授权的具有颁发学位证书的主体;在职权上,其具有授予学位证书的职权;在其与武昌分校的关系上,是依据法规和相关政策委托授予学位的关系,所以华中科技大学是适格的被告。武昌分校不是适格的被告,它的审查推荐权实质上属于学位授予权的一部分,这种推荐权无法满足"依法享有行政职权"这一规则,审查推荐权来自于其与华中科技大学签订的协议,而不是广义上法律的授权。所以原告将华中科技大学作为被告提起行政诉讼既明确又正确,华中科技大学应当为本案适格的被告。

（二）华中科技大学以何小强未通过全国大学四级英语考试为由不授予其学士学位符合法律规定

能否用英语四级考试成绩作为法定的学术水平标准是何小强贯穿于两审的主要理由,也是何小强最大的诉讼请求,他运用了大量的篇幅分析英语四级考试的非法性。《高等教育法》第十六条规定:高等学历教育应当符合下列学业标准:本科教育应当使学生比较系统地掌握本学科、专业必需的基础理论、基本知识,掌握本专业必要的基本技能、方法和相关知识,具有从事本专业实际工作和研究工作的初步能力。《学位条例》第四条规定:"高等学校本科毕业生,成绩优良,达到下述水平者,授予学士学位:(一)较好地掌握本门学科的基础理论、专门知识和基本技能;(二)具有从事科学研究工作或负担专门技术工作的初步能力。"那么,全国大学英语四级考试是不是属于《学位条例》第四条规定的与学术水平相关的考试呢? 法院认为:"全国大学英语四级考试主要是检验本科生经过大学英语课程教学学习后实际运用外语开展学术研究和进行工作的实际能力。在《关于做好应届本科毕业生授予学士学位准备工作的通知》第四条中,关于"成绩优良"的标准也应当是指符合高等院校根据学术自治原则确定的学术水平衡量标准才能授予学士学位。《学位条例暂行实施办法》第二十五条赋予了学位授予单位在不违反《学位条例》所规定的授予学士学位基本原则的基础上,在学术自治范围内制定学士学位授予标准的权力和职责。

判断英语四级考试成绩能不能作为授予学位证书的条件之一,就要看英语四级考试符合不符合上位法对于"学术标准"的规定,如果符合学术标准,那么华中科技大学的规定就合法。全国大学生英语四级考试是由教育部教育司主持的全国性教学考试,其目的是推动实施大学英语教学大纲,准确、客观地测量大学生的英语能力。英语四级考试题目和考试形式比较严谨,能够反映大学生的英语水平。华中科技大学将学生的英语四级考试成绩作为学术水平是对自己学校培养的学生质量的要求。英语作为大学生的基础课程,每所学校都会十分重视,而各个学校采用什么方法衡量英语水平是学校自主权范围内的事项,《学位条例暂行实施办法》第二十五条也赋予了学校学术自治的权利,因此,学校有权做出规定。华中科技大学在《学位条例》和《学位条例暂行实施办法》的基础上将全国大学英语四级考试成绩与学士学位挂钩,属于依法行使教学自主权的行为,属于学术自治的范畴。高校自行对其所培养的学生学术水平和教育质量做出具体的规定和要求,是对授予学士学位的标准的细化,并不违反上位法的规定。

(三)司法对于高校管理权的审查范围应遵循"判断余地"理论

在学生诉高校的案例中,无法回避的一个问题是:司法对于高校的管理权的审查范围到底有多大? 审查过多可能会影响高校本身的管理权,审查太少又会不能很好地保护在这类案件中本身就处于弱势一方的学生的权利。那么,司法审查在介入学生诉高校不授予学位案件中的程度到底有多大? 这个问题要回归到"判断余地"理论。法律概念可以分为确定法律概念和不确定法律概念,不确定法律概念就是那些抽象、模糊、容易产生分歧的概念。最早提出"判断余地理论"的德国行政法学家巴霍夫将不确定法律概念分为"经验概念"与"价值概念",对经验概念的审查只需要依据一般理性的人的标准就可以加以判断,它涉及标的、实践等,但是对于价值概念就需要司法和行政人员的价值判断。因为每个人的价值观念不同,对于价值判断的结果也不会相同,因此,法院应该尊重行政机关的专业能力与行政经验。沈岿教授认为:"法官和其他人一样,都只是在某个领域或者某个问题上具备超乎常人的专业知识与经验,在某种意义上都是'井底之蛙',只晓得自己头上的一片天。法官的这片天就是法律以及法律所追求的公平正义。法官显然不能超越自己的专业知识、经验,以自己的无知去替代别人的专业判断。当法官介入大学自治领域,理应遵循同样的原则,自不待言。"因此,法院在审查何小强案等类似的教育行政诉讼中应遵循判断余地理论,充分尊重学校对于学术评价的自治权。

当然,本案的判决也给出了一个明确的答案。二审法院认为:各高等院校根据自身的教学水平和实际情况在法定的基本原则范围内确定各自学士学位授予的学术标准,是学术自治原则在高等院校办学过程中的具体体现,坚持确定较高的学士学位授予学术标准抑或适当放宽学士学位授予学术标准均应由各高等院校根据各自的办学理念、教学实际情况和对学术水平的理想追求自行决定,对学士学位授予的司法审查不能干涉和影响高等院校的学术自治原则,学位授予类行政诉讼案件司法审查的深度和广度应当以合法性审查为基本原则。

在杨永智诉济南大学不履行授予学位法定职责案中,法院经审查认为,学校将打架受到纪律处分作为不授予学位证的条件与上位法规定的基本原则相抵触,本身并不合法,所以法院判决济南大学败诉。而在武华玉诉华中农业大学案和本案中,法院认为将考试作弊受到处分和大学英语四级考试未通过作为不授予学士学位原因并不违反上位法规定的授予学位证的基本原则,其制定的规定本身是合法的,学校的诉讼理由得到法院的支持。因此,法院在审判这类案件中都是以合法性审查为其审查限度。

（四）本案的现实意义

本案于 2009 年二审宣判后至今已经过了 10 年时间,自最高人民法院于 2014 年将其作为指导性案例公布以来也经过了 5 年时间,教育类行政诉讼案件经过田永案的审理以后,现在又有回暖的趋势。自从被人们称为"教育行政诉讼第一案"的田永案以后,司法能不能介入此类案件似乎已经不是问题,但是司法介入的强度问题并没有得到解决。本案是教育行政诉讼案件中有关学位授予纠纷的案例,因为涉及当时普遍关注的大学英语四级考试与学位证书发放挂钩的问题,所以为舆论所关注。在本案中,一方是认为将四级考试成绩与学位证书发放挂钩属于学校的学术自由的高校,一方是认为将四级考试成绩与学位证书发放挂钩明显超出上位法规定的学生。孰是孰非在当时困扰着法院的审判。本案在教育行政诉讼类案件中首次提出"合法性审查",这在当时不得不说是一大进步。因为对有着广泛的管理自主权和学术自由的高校进行审查,法院显得有些束手无策,常常使高校认为法院过多地干涉了其学术自由。但如果不受理此类案件,法院作为学生申请救济无果后最后一道屏障的保护作用也不能充分发挥(学生在认为学校侵犯了自己的权利时通常会先向学校申诉,再向法院起诉)。本案判决之前的"白紫山等与武汉理工大学不授予学位纠纷上诉案",法官同样认为"武汉理工大学将全国大学英语四级成绩作为学位授予的具体条件之一,并不违反《学位条例》第四条的规定。"2014 年,本案发生之后的"佘红涛与湖北民族学院行政许可上诉案"中,法院也采取了同样的观点——"对学士学位授予的司法审查不能干涉和影响高等院校的学术自治原则,学位授予类行政诉讼案件司法审查的深度和广度应当以合法性审查为基本原则。"本案发生后,国务院学位委员会也作出答复(国务院学位委员会文件学位〔2013〕11 号《对全国人大十二届一次会议第 2217 号建议的答复》),明确说明国务院学位委员会与教育部并没有制定学士学位授予必须与英语四级成绩挂钩的办法。与此同时很多学校也在校内文件中取消了把大学英语四级考试成绩与学士学位授予挂钩的规定。

高校基于自身的办学定位,在学术自治范围内当然可以制定本学校授予学位更严格的标准,但是该标准不能没有底线,应该注重其合理性。从其他国家和地区的学校授予学位证书的条件来看,有的学校将通过雅思考试作为授予学位的条件之一,比如法国巴黎政治学院要求雅思考试7分以上方可授予硕士学位。我国台湾地区政治大学也要求满足托福500分以上、雅思5.5分以上等英语能力检验标准之一的,视为通过外语能力毕业标准。所以,我国大学将通过大学英语四级考试作为授予学位的条件之一实属合理,不过可以采取更为多元化的评价标准,对大学生英语能力的检验不拘泥于大学英语等级考试。当然,如果高校认为对大学生英语能力的检验属于学术自治范围,从而要求非英语专业的学生必须获得英语四级500分以上或者通过雅思考试才能获得学位证书,这样的条件也就违反了比例原则。

三、法条索引

《最高人民法院关于执行〈中华人民共和国行政诉讼法〉若干问题的解释》(2000年)

第三十九条 公民、法人或者其他组织申请行政机关履行法定职责,行政机关在接到申请之日起60日内不履行的,公民、法人或者其他组织向人民法院提起诉讼,人民法院应当依法受理。法律、法规、规章和其他规范性文件对行政机关履行职责的期限另有规定的,从其规定。

《华中科技大学武昌分校授予本科毕业生学士学位实施细则》(2003年)

第三条 凡具有我校学籍的本科毕业生,符合本实施细则中授予条件者,均可向华中科技大学学位评定委员会申请授予学士学位。

……达到下述水平和要求,经学术评定委员会审核通过者,可授予学士学位。

…………

(三)通过全国大学英语四级统考。

…………

《华中科技大学本科学分制学籍管理条例》(2003年)

第五十七条 凡有下列情况之一,学校不授予学士学位:

…………

2.国家大学生英语四级考试不及格;

…………

《中华人民共和国学位条例》(2004 年修正)

第四条　高等学校本科毕业生,成绩优良,达到下述学术水平者,授予学士学位:

(一)较好地掌握本门学科的基础理论、专门知识和基本技能;

(二)具有从事科学研究工作或担负专门技术工作的初步能力。

第八条　学士学位,由国务院授权的高等学校授予;硕士学位、博士学位,由国务院授权的高等学校和科学研究机构授予。

…………

《中华人民共和国学位条例暂行实施办法》

第四条　授予学士学位的高等学校,应当由系逐个审核本科毕业生的成绩和毕业鉴定等材料,对符合本暂行办法第三条及有关规定的,可向学校学位评定委员会提名,列入学士学位获得者的名单。

非授予学士学位的高等学校,对达到学士学术水平的本科毕业生,应当由系向学校提出名单,经学校同意后,由学校就近向本系统、本地区的授予学士学位的高等学校推荐。授予学士学位的高等学校有关的系,对非授予学士学位的高等学校推荐的本科毕业生进行审查考核,认为符合本暂行办法第三条及有关规定的,可向学校学位评定委员会提名,列入学士学位获得者的名单。

第二十五条　学位授予单位可根据本暂行实施办法,制定本单位授予学位的工作细则。

《中华人民共和国高等教育法》(1998 年)

第十六条　……高等学历教育应当符合下列学业标准:本科教育应当使学生比较系统地掌握本学科、专业必需的基础理论、基本知识,掌握本专业必要的基本技能、方法和相关知识,具有从事本专业实际工作和研究工作的初步能力……

3. 因未在学校规定年限内完成学业不予授予学位
——陈劲诉重庆师范大学不予颁发学士学位证书案

一、典型案例

（一）案号

一审：重庆市沙坪坝区人民法院（2008）沙法行初字第 31 号。

二审：重庆市第一中级人民法院（2008）渝一中法行终字第 225 号。

（二）裁判要旨

《高等教育法》（1998 年）第三十四条规定："高等学校根据教学需要，自主制订教学计划、选编教材、组织实施教学活动。"高等学校据此为执行国家教育教学标准、保证教育教学质量所制订教学计划、设置学生的必修以及选修课程，属学校自主办学的权限，法院不应干涉。

（三）基本案情

陈劲是重庆师范大学物理学与信息技术学院 2002 级电子商务专业本科学生。其原就读于重庆教育学院 2001 级电子商务专业（专科），2004 年考入重庆师范大学后随着 2002 级的大三学生学习。根据重庆师范大学的规定，原专科未学而本科已开过的公共必修课、专业基础课和专业主干课，原则上学生必须补修。因此，陈劲在两年里补修了"线性代数""概率论与数理统计"等专业基础课及专业核心课，但是陈劲两次参加"概率论与数理统计"的考试都未及格。2006 年毕业时，重庆师范大学根据学校规定未向其颁发毕业证书和学位证书，只向其颁发了结业证书，学校告知其可以在同年 10 月来参加补考。同年 10 月陈劲补考成绩合格，学校向其颁发了毕业证书，但是仍然未向其颁发学位证书，陈劲申诉未果后向人民法院起诉。

（四）原告主张及理由

原告请求法院要求被告重庆师范大学向其颁发学士学位证书。

原告认为被告重庆师范大学制定的授予学士学位的实施细则与上位法相抵触，被告制定的《重庆师范大学学士学位授予条例》将学校规定的补修课程考试作为授予学士学位的条件之一，不符合上位法的规定。

（五）被告意见

被告认为陈劲未能在学习年限内（2004.09—2006.06）完成专业培养计划课程内容，其 2006 年 6 月毕业时未取得毕业证，所以不应被授予学士学位。

（六）争议焦点

重庆师范大学规定的授予学士学位"必须在规定年限内完成专业培养计划课程内容"的条件是否与上位法相抵触？

（七）裁判理由及结果

1. 一审裁判理由及结果

被告所依据的是《重庆师范大学学士学位授予条例》第三条第一款"学生毕业时未能取得毕业证书者,不授予学士学位"的规定,符合《学位条例暂行实施办法》第二十五条"学位授予单位可根据本暂行实施办法,制定本单位授予学位的工作细则"的规定,是对其本校不予授予学士学位情形的具体细化。

2. 二审裁判理由及结果

根据《高等教育法》（1998 年）第三十四条的规定,"高等学校根据教学需要,自主制订教学计划、选编教材、组织实施教学活动",被上诉人制订教学计划、设置学生的必修以及选修课程,属于自主办学的权限。

因此,一、二审法院都没有支持陈劲的诉讼请求。

二、案件评析

本案是关于在校学生没有在学校规定的年限内完成学校的课程培养计划而不授予其学士学位证书的诉讼案件。本案被收录于 2014 年中国法制出版社出版的《中国指导案例》中。目前,全国有关的高等院校制定的授予学位的规则中大部分都把未完成学校规定的课程、未修够学校规定的学分作为不予授予学位的规定。本案的争议焦点和学校规定的"学分未修够不予颁发学位证书"在实质上是一致的,都是对高校自主管理权在学位授予条件的权限范围的理解问题,因此,本案具有现实意义。本案在事实与法律适用方面主要涉及以下问题：

（一）学校可以作出"未完成学校规定的课程培养计划不予颁发学位证书"的规定,此规定不与上位法相抵触

1. 上位法中有关学校课程培养计划的规定及理解

《高等教育法》第三十四条规定："高等学校根据教学需要,自主制定教学计划、选编教材、组织实施教学活动。"《学位条例》第四条规定："高等学校本科毕业生,成绩优良,达到下述学术水平者,授予学士学位：（一）较好地掌握本门学科的基础理论、专门知识和基本技能；（二）具有从事科学研究工作或担负专门技术工作的初步能力。"这是我国法律对于高等学校的教学活动所做的原则性规定。《学位条例暂行实施办法》第三条规定："高等学校本科学生完成教学计划的各项要求,经审核准予毕业,其课程学习和毕业论文

（毕业设计或其他毕业实践环节）的成绩，表明确已较好掌握本门学科的基础理论、专门知识和基本技能，并且有从事科学研究工作或担负专门技术工作的初步能力的，授予学士学位。"第二十五条规定："学位授予单位可根据本暂行实施办法，制定本单位授予学位的工作细则。"这是行政法规对于高等学校在学位授予实施方面可以做出本学校的具体实施细则的规定。

（1）学校有权自主制定本校的教学计划。《高等教育法》第三十四条的规定赋予了学校自主制定教学计划的权力，即学校有权制定本校的教学计划、设置学生的必修以及选修课程。因此，学校根据本学校的教学需要可以制定本校的教学计划、设置学生的必修以及选修课程，这是学校的自主管理权。在本案中，重庆师范大学据此基于执行国家教育教学标准、保证教育教学质量，制定教学计划、设置学生的必修以及选修课程，属于其自主办学的权限，并不违反全国人民代表大学常务委员会制定的《高等教育法》的规定。

（2）只要规定的课程与本专业所应掌握的基础知识相符，学校以学生未完成课程计划不授予学士学位的，不违反上位法的规定。《学位条例》第四条规定：本科学生必须成绩优良，掌握本门学科的基础知识，具有从事科研或技术工作的初步能力，才能授予学士学位。笔者认为，这一条的规定包含两个递进的内容。首先，本科学生必须掌握了本门学科的基础知识。这些基础知识是学校规定的学生在校期间课堂上所学内容，尤其学校规定的必修课程是与本专业紧密联系的，是掌握本专业知识的基础内容，而学校每学期安排的考试是检验学生是否掌握了该专业知识的最有力证明。其次，本科生必须有从事科研工作或担任技术工作的初步能力。学生从事科研工作的能力体现在其论文写作和答辩上，其工作、技术能力体现在社会实践上。学生必须同时拥有学科知识和科研、工作能力才能授予其学士学位。但是笔者认为这些规定的前提都必须立足于"本门学科"。不同学科、专业的设置是为了培养国家各领域所需要的专业人才。学术有专攻，学校在规定教学计划时应设置符合本专业领域所应掌握的基础知识，只要学校所设置的课程与本专业所应掌握的学习内容相符，因学生未完成学校规定的课程计划高校决定不授予学士学位的，就不违反上位法的规定。比如：学校在对本校法学院的学生设置课程时，荒唐地将"概率论与数理统计"作为必修课程，学校在法学院就读的学生未通过此课程的考试时作出不授予学士学位的决定，就违反了上位法的规定和精神。本案中，陈劲就读的是重庆师范大学物理学与信息技术学院的电子商务专业，重庆师范大学将"概率论与数理统计"作为本专业的必修课程并无不妥，是作为设置在物理学与信息技术学院电子商务专业的学生所应掌握的基础课程。因此，重庆师范大学将其作为必修课程考察并规定应达到成绩合格并不违反《学位条例》的法律规定。

（3）对何时"完成学校教学计划的各项要求"，高校拥有自主权。《学位条例暂行实施办法》第三条规定了授予学士学位的具体条件，同时第二十五条赋予了高等学校广泛的自主办学权。从第三条的规定可以总结出授予学士学位的条件：①完成学校教学计划的各项要求，经审核准予毕业；②成绩优良，达到相应学术水平；③学位评定委员会对学术水平审查通过。因此，完成学校规定的课程考试且成绩合格是授予学士学位的条件之一。陈劲两次参加学校规定的课程考试都未能通过，是不符合学士学位授予条件的。第三条对何时完成学校规定的教学计划并未作出具体的规定，在规定不完善的情况下其将自主权赋予给学校，第二十五条规定了"学位授予单位可根据本暂行实施办法，制定本单位授予学位的工作细则"。所以，高校规定学生在未完成学校规定的教学计划时不予授予学士学位并不违反上位法的相关规定。

2. 为什么陈劲可以获得毕业证书却不能获得学位证书？

陈劲补考后学校向其颁发了毕业证书，仍然未向其颁发学位证书，这是我国实行双证制的结果。

学历证书是"普通高等学校以及承担研究生教育的其他机构发给学生受教育程度的凭证"。其获得者必须是"按照国家规定招收，并取得学籍的学生"。普通高等教育的学历证书分为三种：毕业证书、结业证书和肄业证书。《高等教育法》（1998年）第二十条规定："接受高等学历教育的学生，由所在高等学校或者经批准承担研究生教育任务的科学研究机构根据其修业年限、学业成绩等，按照国家有关规定，发给相应的学历证书或者其他学业证书。"《普通高等学校学生管理规定》（教育部令第41号）第三十七条规定："对违反国家招生规定取得入学资格或者学籍的，学校应当取消其学籍，不得发给学历证书、学位证书。"

学位证书是由具备学位授予权的培养机构颁发给学生并证明其专业能力水平的凭证。《学位条例》第四条规定："高等学校本科毕业生，成绩优良，达到下述学术水平者，授予学士学位：（一）较好地掌握本门学科的基础理论、专门知识和基本技能；（二）具有从事科学研究工作或担负专门技术工作的初步能力。"《学位条例暂行实施办法》第三条规定："高等学校本科学生完成教学计划的各项要求，经审核准予毕业，其课程学习和毕业论文（毕业设计或其他毕业实践环节）的成绩，表明确已较好地掌握本门学科的基础理论、专门知识和基本技能，并且有从事科学研究工作或担负专门技术工作的初步能力的，授予学士学位。"

本案中，陈劲未在学校规定的年限内完成学业，后来补考成绩合格，学校向其颁发了毕业证书。因为陈劲在校期间两次参加"概率论与数理统计"

的考试都未及格,他后来虽然通过补考达到了成绩合格的要求,但是与授予学位证书所要求的"成绩优良"有明显差距,所以其只能获得毕业证书而不能获得学位证书。

三、法条索引

《中华人民共和国高等教育法》(1998 年)

第三十四条　高等学校根据教学需要,自主制定教学计划、选编教材、组织实施教学活动。

《中华人民共和国学位条例》(2004 年修正)

第四条　高等学校本科毕业生,成绩优良,达到下述学术水平者,授予学士学位:

(一)较好地掌握本门学科的基础理论、专门知识和基本技能;

(二)具有从事科学研究工作或担负专门技术工作的初步能力。

《中华人民共和国学位条例暂行实施办法》

第三条　学士学位由国务院授权的高等学校授予。

高等学校本科学生完成教学计划的各项要求,经审核准予毕业,其课程学习和毕业论文(毕业设计或其他毕业实践环节)的成绩,表明确已较好地掌握本门学科的基础理论、专门知识和基本技能,并且有从事科学研究工作或担负专门技术工作的初步能力的,授予学士学位。

第二十五条　学位授予单位可根据本暂行实施办法,制定本单位授予学位的工作细则。

《重庆师范大学学士学位授予条例》(2006 年)

第三条第一款　学生毕业时未能取得毕业证书者,不授予学士学位。

《重庆师范大学学士学位授予实施办法》(2010 年)

第五条　有下列情况之一者不授予学士学位:

1. 在规定修业年限内未完成学业的结业生和肄业生;

2. 在校学习期间外语、计算机考试未达到学校要求者;

3. 平均学分绩点<2.0 者;

4. 在学习期间有考试作弊、毕业论文(设计)抄袭等学术不端行为者;

5. 在校期间严重违反校纪校规受到留校察看及以上处分者;

6. 在校期间违反国家法律,构成犯罪,且受到刑法处罚者。

4. 因所修学分不符合学校规定不予授予学位
——武资晰诉西安石油大学不予授予学士学位案

一、典型案例

（一）案号

一审：西安铁路运输法院（2017）陕 7102 行初 1364 号。

二审：西安铁路运输中级法院（2018）陕 71 行终 82 号。

（二）裁判要旨

（1）对于补考获得的学分是否应计算在重修学分中，高等学校应根据其自身的实际情况，在不违反《学位条例》以及《学位条例暂行实施办法》所规定的授予学士学位基本原则范围内，制定各自学校授予学位的实施细则，确定学士学位授予的条件。

（2）虽然对补考获得的学分是属于重修还是初修通过的课程（环节）的性质未作明确界定，但对其界定和解释均属于高等学校学术自治范畴，司法不应予以过多干预。

（三）基本案情

武资晰是西安石油大学 2012 级地球科学与工程学院的学生，2014 年其因累计不及格课程总学分超过 20 学分而留级。在校就读期间，武资晰累计重修学分为 62 分，根据《西安石油大学学士学位授予工作实施细则》的规定减去其留级期间的重修学分，武资晰获取重修课程总学分为 43.5 分。其中，武资晰参加补考通过 9 门课程，获得学分 28.5 分，参加重学及重学考试通过 5 门课程，获得学分 15 分。2017 年，西安石油大学因武资晰的重修课程总学分高于 40 学分，不符合学校制定的授予学士学位的条件，即《西安石油大学学士学位授予工作实施细则》第七条第（三）项规定"重修课程（环节）总学分低于 40 学分"，未向武资晰授予学士学位。武资晰不服，诉至法院。

（四）原告主张及理由

原告请求法院要求被告履行法定职责为其颁发学士学位证书。

（1）原告认为补考与重修属于两种不同的课程环节，不能等同或者混同，通过补考获取的学分不能累计到重修学分中。

（2）原告武资晰通过补考获取学分 28.5 分，通过重修获取学分 15 分，并不属于被告制定的关于不能授予学士学位的情况。

（五）被告意见

（1）被告认为通过补考取得的学分与重学取得的学分均属于重修学分。

原告在就读期间非初修课程 14 门,通过补考、重学方式取得学分累计 62 学分,依据《西安石油大学学士学位授予工作实施细则》第九条规定,减去留级重修期间的重修学分仍有重修课程(环节)43.5 学分,不符合西安石油大学规定的授予学士学位的条件。

(2)被告认为各个享有学位授予权的机构关于授予学位的消极条件规定有所不同,但补考取得学分与初修通过取得学分不同、影响学位取得的规定相同,原告将补考取得学分等同于初修通过成绩合格取得学分缺乏常识。

(六)争议焦点

(1)西安石油大学作出的不授予学位的决定是否合法?

(2)重修取得的学分是否包括通过补考取得的学分?

(七)裁判理由及结果

(1)西安石油大学根据其自身实际情况,在不违反《学位条例》及《学位条例暂行实施办法》所规定的授予学士学位基本原则范围内,制定本校的学位授予细则,是其学术自治原则的体现。

(2)对于补考获得的学分是否应计算在重修学分中,其界定和解释均属于西安石油大学学术自治范畴,司法不应过多干预。

一审西安铁路运输法院驳回了原告的诉讼请求,二审西安铁路运输中级法院以程序不合法改判。

二、案件评析

本案是关于在校学生因所修学分不符合学校的规定而不授予其学士学位的诉讼案件。本案的争议焦点围绕着学校作出的不授予学位的决定是否合法而展开,原被告就重修学分与补考取得的学分之间的关联进行辩论。本案在事实与法律适用方面主要涉及以下问题:

(一)被告因为原告所修学分不符合学校规定而不授予学位,于法有据

判断学校作出的不授予学位的决定是否合法是所有涉及学位授予案件都无法回避的问题。要判断这样的决定是否合法包含两方面:内容是否合法,程序是否合法。因刘燕文案已就程序的合法性问题进行过分析,在此仅分析其内容的合法性问题。

1. 上位法的相关规定

《学位条例》与《学位条例暂行实施办法》仅对授予学位作了概括性的规定。《学位条例》第二条规定:"凡是拥护中国共产党的领导、拥护社会主义制度,具有一定学术水平的公民,都可以按照本条例的规定申请相应的学位。"第四条规定:"高等学校本科毕业生,成绩优良,达到下述学术水平者,授予学士学位:(一)较好地掌握本门学科的基础理论、专门知识和基本技能;(二)具有从事科学研究工作或担负专门技术工作的初步能力。"《学位条例暂行实施办法》第三条规定:"高等学校本科学生完成教学计划的各项要求,经审核准予毕业,其课程学习和毕业论文(毕业设计或其他毕业实践环节)的成绩,表明确已较好地掌握本门学科的基础理论、专门知识和基本技能,并具有从事科学研究工作或担负专门技术工作的初步能力的,授予学士学位。"第二十五条规定:"学位授予单位可根据本暂行实施办法,制定本单位授予学位的工作细则。"

2. 对上位法和学校规定的理解

《西安石油大学学士学位授予工作实施细则》第七条第三项规定:"本科生在规定学习年限内,完成本科专业人才培养方案所规定课程(环节),修满规定学分,且考核合格准予毕业并达到下列要求的,可授予学士学位:……(三)重修课程(环节)总学分低于 40 学分……"其将不满足此条件作为不能授予学位的条件之一。学校将重修学分不能高于上限作为学校授予学士学位的规定,是基于学生在校期间是否掌握了本专业的基础理论和专业知识而考量的。学分制是衡量学生学习质和量的综合教学管理制度,大学里每一门课程对应着一定的学分,许多学校也将必须修够的最低学分作为授予学位的条件之一。学分虽然不能完全衡量大学生的综合素质,却是学生学习的水平和态度的客观体现,学生通常情况下都会通过学校安排的所有课程修够学校规定的学分而顺利取得学位证书。《学位条例》和《学位条例暂行实施办法》规定了取得学位的基本条件,不仅包括道德品行和学术水平,也包括程序条件。《学位条例暂行实施办法》第 25 条赋予了学校学术自治权,学校有权规定自己学校授予学位的具体条件,但是并不是所有的条件都符合学术自治的要求,只有属于学术水平与思想品德相关的条件才合法。本案中,武资晰首先因挂科 9 门累计不及格总学分超过 20 学分而被留级,之后除去留级期间的重修学分,因补考和重修获得了 43.5 的学分。而学校规定重修超过 40 学分就不能获得学位证书。学校的规定是基于学生的学习情况而规定的,是属于学术水平的范畴,并不违反上位法的规定,此项规定是合法的。

(二)重修取得的学分是否包括通过补考取得的学分,属于学校的自治权范围

本案中,西安石油大学是依据其制定的《西安石油大学学士学位授予工作实施细则》第七条第三项的规定不授予武资晰学士学位。武资晰重修学分为 43.5 分,达到了 40 分,符合西安石油大学规定的"重修学分超过 40 分"而不予颁发学位证书的规定。但是至于重修学分是否包括补考的学分双方意见不同。

对于补考获得的学分是否应计算在重修学分中,《西安石油大学学士学位授予工作实施细则》未作出规定,在其他任何文件中也未说明此问题。但是这同样不是法院要解释的问题。在何小强案中,法院就有关司法介入高校自主权的范围作出解释,明确法院应主要就学校做出不授予学位决定的合法性作出审查,至于学校的规定具体包括哪些情况交给学校解释。《学位条例暂行实施办法》第二十五条赋予了学校广泛的自主权,学校的规定只要不违法上位法的规定,司法一般不过多干预。本案的法官在作出判决时也是遵循这样的原则进行审查,对于重修是否包括补考取得的学分没有做出解释,交由西安石油大学教务处进行解释。

实际上,大部分学校都规定有重修学分和补考学分。在学生初修未通过考试在下学期开学时会进行补考,补考仍然未通过就需要重修,补考通过后获得的学分也就算到学生所获学分里,不再计入重修学分之中。但是学校根据自己的规定可以自行解释,有的学校会从严规定,认为学生补考学分过多是不能很好掌握基础知识的表现,所以也应计入重修学分里。因此,这属于学校的自主权,但是建议学校在相关的文件里注明,以避免同样的矛盾再次发生。

三、法条索引

《西安石油大学学士学位授予工作实施细则》

第七条　本科生在规定学习年限内,完成本科专业人才培养方案所规定课程(环节),修满规定学分,且考核合格准予毕业并达到下列要求的,可授予学士学位:

…………

(三)重修课程(环节)总学分低于40学分;

…………

《中华人民共和国学位条例》(2004年修正)

第二条　凡是拥护中国共产党的领导、拥护社会主义制度,具有一定学术水平的公民,都可以按照本条例的规定申请相应的学位。

第四条　高等学校本科毕业生,成绩优良,达到下述学术水平者,授予学士学位:

(一)较好地掌握本门学科的基础理论、专门知识和基本技能;

(二)具有从事科学研究工作或担负专门技术工作的初步能力。

《中华人民共和国学位条例暂行实施办法》

第二条 高等学校本科学生完成教学计划的各项要求,经审核准予毕业,其课程学习和毕业论文(毕业设计或其他毕业实践环节)的成绩,表明确已较好地掌握本门学科的基础理论、专门知识和基本技能,并具有从事科学研究工作或担负专门技术工作的初步能力的,授予学士学位。

第二十五条 学位授予单位可根据本暂行实施办法,制定本单位授予学位的工作细则。

第二节 违反校纪校规

5.因考试作弊受到纪律处分不予授予硕士学位
——武华玉诉华中农业大学教育行政行为案

一、典型案例

(一)案号

湖北省武汉市洪山区人民法院(2007)洪行初字第 102 号。

(二)裁判要旨

高等学校有权依照《学位条例暂行实施办法》第二十五条的规定,在不与上位法相冲突的情况下,结合本校实际情况制定学位授予工作细则,并据此作出相应的行政行为。司法机关就以上行为证据是否充分、程序是否合法进行有限度的司法审查。

(三)基本案情

武华玉是华中农业大学 2004 级硕士研究生。2004 年 12 月 31 日,其在参加"概率论与数理分析统计"课程考试时因同学陈苏兰偷看抄袭其答卷,监考老师没收了武华玉和陈苏兰的试卷,但未当场记录和告知武华玉和陈苏兰考试违规内容。2005 年 3 月 23 日,华中农业大学依据《华中农业大学学位授予工作实施细则》第二十五条第四项规定,认定其构成考试舞弊,作出《关于对武华玉同学考试舞弊的处分决定》,未告知其申辩权利,也未将处分决定送达武华玉。2007 年 6 月 22 日,华中农业大学以武华玉课程考试作弊受警告处分为由,不授予武华玉硕士学位。2007 年 7 月 11 日,武华玉不服华中农业大学拒绝颁发硕士学位证书的行为,诉至法院。

（四）原告主张及理由

原告请求法院确认被告拒不颁发原告硕士学位证书的行政行为违法。

（1）原告认为被告认定其考试作弊行为依法不能成立，被告当场并没有记录其考试作弊行为，且并没有告知其考试作弊的后果。

（2）原告认为被告在作出决定时没有听取原告的陈述和申辩，也没有依法向原告送达，同时对处分之后如何救济也未作出说明，其基本权利没有得到保障，属于程序违法。

（五）被告意见

（1）被告华中农业大学认为其是颁发硕士学位证书的主体，有权作出不予颁发硕士学位的决定。被告依据《学位条例暂行实施办法》第二十五的规定有权自主决定不予授予学位证书的具体事项。

（2）被告依据《华中农业大学学位授予工作实施细则》的规定作出武华玉因考试作弊而不予授予学位证书的决定符合《学位条例》和《学位条例暂行实施办法》的规定，被告不颁发原告硕士学位证书的行政行为合法。

（六）争议焦点

（1）被告制定的《华中农业大学学位授予工作实施细则》第二十五条的规定是否超越了上位法的授权范围？

（2）被告以原告考试舞弊受警告处分为由不授予原告硕士学位的证据是否充分？

（七）裁判理由及结果

华中农业大学有权制定本学校的实施细则，且其实施细则与上位法的规定不相抵触，因此其规定本身并不违法。但是，其对原告作出的处分决定主要证据不足，未当场记录其作弊行为，亦未向其送达和听取其陈述和申辩，程序违法，故该处分依法不能成立。

因此，法院责令被告在规定期限内对原告是否具备硕士学位授予条件进行审查。

二、案件评析

本案是关于在校学生不服高校针对其考试作弊给予处分决定而拒绝授予学位的诉讼案件。这类案件在学生诉高校不予颁发学位证书的案件里十分常见。《学位条例》与《学位条例暂行实施办法》并未明确规定考试作弊是拒绝授予学位的情形之一，但不少高校通过制定校规将学生考试作弊受到处分与学位授予相挂钩，由此产生诸多纠纷。本案在事实与法律适用方面主要涉及以下几个问题：

（一）被告制定的《华中农业大学学位授予工作实施细则》第二十五条第四项的规定是否超越了上位法的授权范围？

本案中被告依据《学位条例暂行实施办法》第二十五条"学位授予单位可根据本暂行实施办法，制定本单位授予学位的工作细则"的规定，有权制定《华中农业大学学位授予工作实施细则》，而《华中农业大学学位授予工作实施细则》第二十五条第四项规定"对考试舞弊作伪者、课题研究弄虚作假者不得授予硕士学位"。在上位法没有对不予授予学士学位作出具体规定时，华中农业大学能否对不予授予学士学位作出具体的规定？司法实践中对此看法不一，大多数支持此种做法的合法性。

1. 我国学位授予条件的标准包含了学术水平及道德品行

我国《学位条例》是授予学位的基本法。《学位条例》第二条规定："凡是拥护中国共产党的领导、拥护社会主义制度，具有一定的学术水平的公民，都可以按照本条例的规定申请相应的学位。"同时，国务院学位委员会《关于对〈中华人民共和国学位条例〉等有关法规、规定解释的复函》第一条明确说明了"《学位条例》第二条规定，申请学位的公民要拥护中国共产党领导、拥护社会主义制度，其本身内涵是相当丰富的，涵盖了对授予学位人员的遵纪守法、道德品行的要求"，因此，这一条可归纳为有关"道德品行"的要求。《学位条例》第五条规定："高等学校和科学研究机构的研究生，或具有研究生毕业同等学力的人员，通过硕士学位的课程考试和论文答辩，成绩合格，达到下述学术水平者，授予硕士学位：（一）在本门学科上掌握坚实的基础理论和系统的专门知识；（二）具有从事科学研究工作或独立担负专门技术工作的能力。"这一条可归纳为有关"学术水平"的范畴。因此，依据我国现行法律及相关解释，我国学位授予的标准包含了学术水平及道德品行。学校的学位授予实施细则都应在这两个标准之内进行具体规定，超越了上位法的标准就应视为违法。

2. 考试作弊行为包含在上述两个标准之内

考试是评价教学质量、衡量教学效果的重要手段，是教学活动的重要环节。针对学生考试作弊的行为，许多高校制定了明确的考试管理制度。然而，一些大学生为了追求及格及其他目的，仍然采取作弊的方式，这严重影响了学校教学质量和良好的学风、校风。所以，各高校都将考试作弊行为在不同程度上与学士、硕士和博士学位挂钩，影响甚至拒绝学生获得学位证书的申请。《学位条例暂行实施办法》第二十五授权学位授予单位制定学位授予的工作细则，因而，法院在审理此类案件中认为"学位的授予是对学位获得者学习成绩和学术水平的客观证明，学校是以培养人才为目的的，其有权对自己所培养的学生质量作出规定和要求"，从而认定其具有合法性。

（1）考试作弊行为影响学术水平的公正认定。考试是评价学生的一种方式，可以反映出学生的综合能力与素质，考察学生掌握、运用知识的能力和程度。学生在考试当中作弊起码证明其没有能够很好地掌握本学科所要求掌握的知识内容。毋庸置疑，学科知识与学术水平紧密联系。大学里通过各种考试作弊方式使每一门学科刚好达到及格线因而取得毕业证书和学位证书的学生并不罕见，这样的作弊行为怎能证明其已经掌握了学科所要求的专业知识？如果学生考试作弊被学校发现，学校还不能因此运用手中的自主管理权对学生作出处分，反而向学生颁发学位证书，那么大学对于学生学术水平的认定会大打折扣。

（2）考试作弊与道德品行有关。我国《学位条例》第二条规定了学位授予的道德标准，即：学位获得者不仅需要有正确的政治立场，而且需要品行端正。考试作弊的同学无论出于什么立场其都是一种违反考试纪律、违反了公平竞争的行为，其在道德品行上与触犯刑法的学生相比虽不是一种极大的错误，但是也有人因为考试作弊想获得某种利益，比如：有的学生想通过考试作弊取得较高的成绩从而争取保送研究生的名额，有的学生因为考试作弊使自己在班级里的排名靠前从而获得奖学金，此时就会不可避免地影响其他同学的受教育权利等权利。学校是教书育人的地方，"教书"是其根本目的，但是"育人"甚至比教书对于一个社会和国家的作用更为重要。获得学位证书的学生不仅应在学术上积累大量知识，更应该具备良好的道德品质，应该在提升自己的同时尊重其他人的权利，应该懂得教育公平，应该理解受教育权对于一个人一生的重要性，应该在心中将道德和知识放置于同样重要的地位。所以，考试作弊的同学在道德品行上存在的问题能影响其获得学位证书的权利。

因此，作弊现象的出现证明学生在学术水平上存在虚假，同时在思想认识上存在错误。华中农业大学在其制定的《华中农业大学学位授予工作实施细则》第二十五条中对考试作弊行为的规定是行使高校自主管理权的具体体现，其并不违反上位法的规定。

（二）被告以原告考试舞弊受警告处分为由不授予原告硕士学位的证据是否充分？

在"概率论与数理分析统计"课程考试时，原告武华玉与同学陈苏兰邻座，因陈苏兰偷看抄袭武华玉的答案，监考老师没收了双方的试卷，但是没有当场记录和告知陈苏兰和武华玉考试的违纪内容。后来，华中农业大学以陈苏兰将武华玉答卷拿去抄袭而武华玉未予以制止构成考试协同舞弊为由，对武华玉同学作出处分决定。本案本身就存在主要证据不足的问题。因为学生在考场中作弊监考老师应该当场记录，如果是因为携带书本或者传递小纸条作弊老师应该保留证据,因为偷看他人试卷被认为作弊的,有监控视频的学校应该保留视频并当场告知学生作弊的记录情况。在对学生作出作弊处分决定后,应当向其送达处分决定,并告知相关救济途径。华中农业大学在没有当场记录作弊内容和方式的情况下就作出《关于对武华玉同学考试舞弊的处分决定》,证据明显不足。而且该警告处分决定亦未告知原告陈述申辩权和救济方式,故该处分决定证据不足、程序不合法,无论是从事实角度还是从程序角度来看依法不能成立,对原告、被告均没有拘束力和执行力,不能对武华玉发生效力。华中农业大学学位评定委员会以原告考试舞弊受到警告处分为由,审议通过不授予原告硕士学位的决定,没有事实根据,那么依据该决定作出的不授予原告硕士学位的决定就应当重新作出。

（三）审查不授予学位的案件中能对处分决定的合法性进行审查

本案是学生因考试作弊受到处分学校不予颁发学位证书,实际上学校在拒绝向学生授予学位时的理由主要是学生受到过学校规定的纪律处分。本案的判决中提到:"监考老师没有当场记录和告知陈苏兰和武华玉考试的违纪内容。警告处分决定亦未告知原告陈述申辩权和救济方式,故该处分决定证据不足、程序不合法。"这就涉及法院在对学校不授予学位的案件中是否能对处分决定的合法性进行审查的问题。

从司法实践来看,法院在对不授予学位的案件进行审查时往往对其依据的处分决定的程序合法性进行审查,对其内容的合法性法院不过多干涉。在"田永诉北京科技大学拒绝颁发毕业证书、学位证书案"中,田永的主要诉讼请求是"要求学校颁发毕业证书和学位证书",并没有请求法院对学校的处分决定是否合法进行审查从而撤销学校的处分决定,但是该案的法官在判决书中写到:"按退学处理,涉及被处理者的受教育权利,从充分保障当事人权益的原则出发,作出处理决定的单位应当将该处理决定直接向被处理者本人宣布、送达,允许被处理者本人提出申辩意见。北京科技大学没有照此原则办理,忽视当事人的申辩权利,这样的行政管理行为不具有合法性。"因此,从被誉为"学生诉高校的第一案"田永案的判决书中可以看出,法院在对不授予学生学位的案件进行审查时会对学校作出不授予学位证书决定所依据的处分决定的合法性进行审查,重点审查其程序是否合法。

实际上,对于在不授予学位的案件中法院能否对处分决定的合法性进行审查笔者持肯定的态度。因为,高校办学自主权不是排除司法审查的屏障,学校对学生作出不授予学位的决定时理由往往是学生受到过学校的处分,而该处分决定是否合法是案件的主要争议焦点,只有对处分决定是否合法进行明确的审查才能判断出学校因此作出的不授予学位的决定是否合法。在"杨永智诉济南大学不履行授予学位法定职责案"中,法院认为学校将打架受到纪律处分作为不授予学位的理由与《学位条例》的"学术标准"规定不符,违反上位法的原则和精神,判定其违法。在本案和田永案中,法院认为学校作出处分决定时未遵循正当程序原则,属于程序违法。因此,在审查不授予学位的案件中法院能够对处分决定是否合法进行审查,但对于其合理性法院不能过多干涉。

三、法条索引

《中华人民共和国学位条例》(2004 年修正)

第二条 凡是拥护中国共产党的领导、拥护社会主义制度,具有一定的学术水平的公民,都可以按照本条例的规定申请相应的学位。

第五条 高等学校和科学研究机构的研究生,或具有研究生毕业同等学力的人员,通过硕士学位的课程考试和论文答辩,成绩合格,达到下述学术水平者,授予硕士学位:

(一)在本门学科上掌握坚实的基础理论和系统的专门知识;

(二)具有从事科学研究工作或独立担负专门技术工作的能力。

《中华人民共和国学位条例暂行实施办法》

第二十五条 学位授予单位可根据本暂行实施办法,制定本单位授予学位的工作细则。

《国务院学位委员会关于对〈中华人民共和国学位条例〉等有关法规、规定解释的复函》

第一条 《中华人民共和国学位条例》第二条规定,申请学位的公民要拥护中国共产党领导、拥护社会主义制度,其本身内涵是相当丰富的,涵盖了对授予学位人员的遵纪守法、道德品行的要求。

《华中农业大学学位授予工作实施细则》

第二十五条第四项 对考试舞弊作伪者、课题研究弄虚作假者不得授予硕士学位。

6.因打架受到纪律处分不予授予学士学位
——杨永智诉济南大学不予授予学位案

一、典型案例

（一）案号

一审:山东省济南市市中区人民法院(2010)市行初字第61号。

二审:山东省济南市中级人民法院(2011)济行终字第29号。

（二）裁判要旨

（1）学位授予单位具有制定本单位授予学位工作实施细则的职权,但其制定的工作细则是对《学位条例》和《学位条例暂行实施办法》规定的授予学位条件的细化和具体化,而不能超越《学位条例》和《学位条例暂行实施办法》的原则性规定,增加与学业成绩及学术水平无关的限制条件,给高等学校本科毕业生获得学士学位增加额外的义务。

（2）学生因打架受到学校给予的纪律处分,属于因学术水平问题及相关思想品德之外的其他不当行为而受到的处分,与《学位条例》第四条和《学位条例暂行实施办法》第三条规定的授予学士学位的条件无关。

（三）基本案情

杨永智是济南大学经济学院国际经济与贸易专业2006级本科学生,其在2007年因与同学打架被学校给予留校察看一年的处分,察看期自2007年6月至2008年6月。2008年7月10日,经杨永智申请,济南大学撤销了杨永智的留校察看处分,2010年杨永智临近本科毕业时,济南大学根据济南大学第三届学位评定委员会的审议,决定对包括杨永智在内的57名毕业生不予授予学士学位。该次会议形成济南大学学位评定委员会会议纪要,并公布了济南大学2010届本科毕业生因违纪、作弊处分不授予学士学位名单。杨永智对济南大学不向其颁发学士学位证书的决定不服,提起行政诉讼。

（四）原告主张及理由

原告请求法院判令被告组织学位评定委员会对原告是否颁发学位证的问题进行重新审核。

（1）原告认为被告作出不授予学位证书决定的程序不合法。因为被告没有证据证明其不予颁发学位证符合正当程序,亦未提交证据证明其颁发学位证的决定是以不记名投票方式并经学位评定委员会全体成员过半数通过。应当依法撤销其所作出的该决定。

（2）《学位条例》第四条规定了对高等学校本科毕业生授予学士学位的

两个条件,都是有关于学术水平的规定,被告因原告打架受到处分而不向其授予学位证书明显不符合上位法的规定。

(五)被告意见

(1)被告认为虽然《学位条例》与《学位条例暂行实施办法》都对无记名投票和学位评定委员会全体成员过半数通过作出了规定,但是其是对授予硕士和博士学位的规定,并不适用于学士学位的授予。因此,并不违反法定程序。

(2)被告认为《学位条例暂行实施办法》第二十五条规定了学校有自主管理权,学校的规定并不违反上位法精神。

(六)争议焦点

(1)被告济南大学作出的不授予杨永智学士学位的决定程序是否正当?

(2)济南大学因学生打架受到纪律处分不授予学士学位的决定是否与上位法的精神相抵触?

(七)裁判理由及结果

一审济南市市中区人民法院认为:

(1)济南大学学位评定委员会不授予杨永智学士学位的决议不违反相关法律程序性规定,杨永智也未提出异议,济南大学依据其学位评定委员会的决议,决定不授予杨永智学士学位,行政程序合法。

(2)《济南大学普通全日制学生学籍条例》系根据《学位条例暂行实施办法》授权制定的有关本校学士学位管理方面的细则,并未违反上位法的相关规定。

一审法院判决驳回了杨永智的诉讼请求。

二审济南市中级人民法院认为:

(1)济南大学没有按照规定审查上诉人的成绩和毕业鉴定等材料是否符合授予学士学位的条件,而是不加甄别地以上诉人曾受到行政处分为由,直接将上诉人列入不符合学士学位授予条件的学生名单,剥夺了上诉人申请学位的权利,影响了学位评定委员会的决定,违反了程序性规定,属程序违法。

(2)杨永智所受处分系因参与打架,属于因学术水平问题及相关思想品德之外的其他不当行为而受到的处分,与授予学士学位的条件无关,拒绝授予学士学位属于主要证据不足。

二审法院撤销了一审的判决,并责令济南大学依法履行向上诉人杨永智颁发学士学位证书的法定职责。

二、案件评析

本案是关于在校学生不服高校针对其打架行为给予留校察看处分而不授予其学士学位的诉讼案件,是学生受到纪律处分而不能获得学位案例中的情况之一,但是其与前述武华玉因考试作弊受到学校处分而不予授予学位的案件又有本质不同:本案是学生因打架受到处分学校拒绝授予学位,武华玉是因考试作弊受到学校处分学校拒绝授予学位。本案被最高人民法院《中国行政审判案例》第八卷收录,可见其意义重大。本案在事实与法律适用方面主要涉及以下几个问题:

(一)被告济南大学作出的不授予学士学位的决定程序不合法

就济南大学作出的决定程序问题,虽然二审法院判决与原告的结论相同,都认为济南大学作出的决定程序不合法,但是,二审法院依据的是《学位条例暂行实施办法》第四条和第五条,与原告依据的《学位条例》第十条并不相同。因此,就济南大学作出的决定程序是否合法问题涉及对《学位条例》第十条和《学位条例暂行实施办法》第四条、第五条的理解。

1.《学位条例》第十条对"学位评定委员会审查通过程序"的规定不能全部适用于学士学位的授予(学士学位的授予程序不同于硕士、博士学位的授予程序)

从原告起诉的理由来看,其认为被告济南大学作出的决定程序不合法,依据的理由是《学位条例》第十条。《学位条例》第十条第二款规定:"学位评定委员会负责审查通过学士学位获得者的名单;负责对学位论文答辩委员会报请授予硕士学位或博士学位的决议,作出是否批准的决定。决定以不记名投票方式,经全体成员过半数通过。决定授予硕士学位或博士学位的名单,报国务院学位委员会备案。"这一条是对学位授予过程中学位评定委员会的规定,其中包含了我国规定的所有学位(即学士学位、硕士学位、博士学位)经学位评定委员会的审查程序。第一句话对学士学位的表达区别于对硕士学位和博士学位的表达:就学位评定委员会对学士学位获得者名单的审查用的是"审查通过",就硕士学位和博士学位的名单用的是"决定"。因此,就二审法院的判决来理解,应将第二句话和第三句话中的"决定"仅理解为授予硕士学位和博士学位,与授予学士学位的审查无关。《学位条例》第十条中规定的"学位评定委员会在作出决定时应当采用不记名投票""经全体成员过半数通过""报国务院学位委员会备案"都仅适用于申请硕士学位和博士学位。那么,就济南大学并没有采用不记名投票和过半数通过来看,其并不违反法定程序。

2.系学位评定委员会不能仅因学生受到过处分为由而不向校学位评定

委员会提交授予学士学位的名单

《学位条例暂行实施办法》第四条规定："授予学士学位的高等学校,应当由系逐个审核本科毕业生的成绩和毕业鉴定等材料,对符合本暂行办法第三条及有关规定的,可向学校学位评定委员会提名,列入学士学位获得者的名单。"第五条规定："学士学位获得者的名单,经授予学士学位的高等学校学位评定委员会审查通过,由授予学士学位的高等学校授予学士学位。"因此,就第四条来看,系学位评定委员会应对本科毕业生的成绩和毕业鉴定等材料进行审核,成绩和毕业鉴定等材料符合规定并且符合《学位条例》与《学位条例暂行实施办法》第三条对于学术水平["高等学校本科学生完成教学计划的各项要求,经审核准予毕业,其课程学习和毕业论文(毕业设计或其他毕业实践环节)的成绩,表明确已较好地掌握本门学科的基础理论、专门知识和基本技能,并具有从事科学研究工作或担负专门技术工作的初步能力的,授予学士学位"]和思想品德的规定,就应当提请校学位评定委员会审核通过。但是就本案来看,济南大学不授予学位的程序不合法,杨永智的成绩和毕业鉴定材料系里没有审核因而也没有向校学位评定委员会提交杨永智的名单,仅仅因为其受到过处分而直接将杨永智列入不符合学士学位授予条件的学生名单里,剥夺了其申请学位的权利,因而其作出的决定程序违法。

(二)学校因学生受到处分而拒绝授予学位证书不违反上位法的精神,但受到处分的理由应区别对待

济南大学对杨永智作出的不授予学士学位的决定依据的是原《济南大学普通全日制学生学籍管理暂行条例》第六十九条和第七十一条的规定。其中第六十九条规定："有下列情况之一的毕业生,不授予学士学位:……(三)受到行政纪律处分者……"第七十一条规定："在校期间受过记过及以下处分者(因作弊受处分者除外),却有优异表现的,在毕业前2个月撤销处分后由本人提出书面申请,学校同意后可授予学士学位。受过记过以上处分者,不再授予学位。"依据济南大学的规定,杨永智确实不符合授予学士学位的条件,但是济南大学的规定违反了上位法的精神,应属无效。《学位条例》第二条规定："凡是拥护中国共产党的领导、拥护社会主义制度,具有一定学术水平的公民,都可以按照本条例的规定申请相应的学位。"《学位条例》第四条规定："高等学校本科毕业生,成绩优良,达到下述学术水平者,授予学士学位:(一)较好地掌握本门学科的基础理论、专门知识和基本技能;(二)具有从事科学研究工作或担负专门技术工作的初步能力。"《学位条例暂行实施办法》第三条规定:"学士学位由国务院授权的高等学校授予。高等学校本科学生完成教学计划的各项要求,经审核准予毕业,其课程学习和毕业论文(毕业设计或其他毕业实践环节)的成绩,表明确已较好掌握本门学科的基础理论、专科知识和基本技能,并具有从事科学研究工作或担负专门技术工作的初步能力的,授予学士学位。"这些都是对学位申请者应当具备的条件所做的原则性规定。因此,只要符合这些规定就可以申请学士学位。通过对武华玉案的分析,可以将这些条件概括为两个标准:学术标准和道德品行标准。但是从规定来看,只要不属于因学术水平及思想品德受到处分的学生都可以申请学士学位。或许有人会提出疑问:为什么武华玉诉华中农业大学教育行政行为案中,武华玉同样是受到纪律处分,华中农业大学不向其授予学位没有与上位法相违背? 其实高校有权对本校学生不予授予学位做出细致的规定,也可以做出"因……受到纪律处分不予授予学位"的规定,但是受到纪律处分而不予授予学位的原因应该与上位法的精神保持一致,受到纪律处分的原因应区别对待,学校不能笼统地将所有纪律处分都作为不予授予学位的理由。

武华玉案中其因作弊受到学校处分,本案中杨永智是因打架受到纪律处分。学位证书是证明学生是否具备专业知识和技术水平的有力证明,因此《学位条例》和《学位条例暂行实施办法》都将申请学位证书的条件限定于学术水平及思想品德。武华玉考试作弊,而学校安排的考试是在校大学生是否掌握本学科所学知识最好的检验方式,考试作弊的学生没有能够掌握好所申请获得学位证书应具备的学科知识,且其作弊行为证明其思想品行存在问题。但是以司法实践来看,"打架属于因学术水平问题及相关思想品德之外的其他不当行为,其可以成为高校学籍管理的规定,但是不能作为学位管理的内容",所以其更不能作为拒绝授予学位的理由。因此,济南大学的规定违反了上位法的精神与原则。(实际上,济南大学在二审判决的前两个月——2012年9月,公布了《济南大学普通全日制学生学籍管理规定》,对原来的规定进行了修改,其中第五十八条规定:"符合学位授予条件者,颁发学位证书。")

三、法条索引

《中华人民共和国学位条例》

第四条　高等学校本科毕业生,成绩优良,达到下述学术水平者,授予学士学位:

(一)较好地掌握本门学科的基础理论、专门知识和基本技能;

(二)具有从事科学研究工作或担负专门技术工作的初步能力。

第十条　学位论文答辩委员会负责审查硕士和博士学位论文、组织答辩,就是否授予硕士学位或博士学位作出决议。决议以不记名投票方式,经全体成员三分之二以上通过,报学位评定委员会。

学位评定委员会负责审查通过学士学位获得者的名单;负责对学位论文答辩委员会报请授予硕士学位或博士学位的决议,作出是否批准的决定。决定以不记名投票方式,经全体成员过半数通过。决定授予硕士学位或博士学位的名单,报国务院学位委员会备案。

《中华人民共和国学位条例暂行实施办法》

第三条 学士学位由国务院授权的高等学校授予。

高等学校本科学生完成教学计划的各项要求,经审核准予毕业,其课程学习和毕业论文(毕业设计或其他毕业实践环节)的成绩,表明确已较好地掌握本门学科的基础理论、专门知识和基本技能,并具有从事科学研究工作或担负专门技术工作的初步能力的,授予学士学位。

第四条 授予学士学位的高等学校,应当由系逐个审核本科毕业生的成绩和毕业鉴定等材料,对符合本暂行办法第三条及有关规定的,可向学校学位评定委员会提名,列入学士学位获得者的名单。

非授予学士学位的高等学校,对达到学士学术水平的本科毕业生,应当由系向学校提出名单,经学校同意后,由学校就近向本系统、本地区的授予学士学位的高等学校推荐。授予学士学位的高等学校有关的系,对非授予学士学位的高等学校推荐的本科毕业生进行审查考核,认为符合本暂行办法第三条及有关规定的,可向学校学位评定委员会提名,列入学士学位获得者的名单。

第五条 学士学位获得者的名单,经授予学士学位的高等学校学位评定委员会审查通过,由授予学士学位的高等学校授予学士学位。

第二十五条 学位授予单位可根据本暂行实施办法,制定本单位授予学位的工作细则。

《济南大学普通全日制学生学籍管理暂行条例》

第六十九条 有下列情况之一的毕业生,不授予学士学位:

…………

(三)受到行政纪律处分者。

…………

第七十一条 在校期间受过记过及以下处分者(因作弊受处分者除外),却有优异表现的,在毕业前2个月撤销处分后由本人提出书面申请,学校同意后可授予学士学位。受过记过以上处分者,不再授予学位。

第三节　关于高校拒绝颁发学位证书应注意的问题

学位不仅是个人受教育程度和学术水平、研究能力的表现,同时还承担着人才选拔、能力水平的评价功能,不但与个人的受教育权相关,还与生存权、财产权密切相关。毫无疑问,在学位授予中学位授予单位是核心。学校是颁发学位证书最直接的主体,但是每一所学校都会根据自己学校的办学质量和要求制定具体的学位授予实施细则。这些细则用肯定式列举或者否定式列举亦或二者兼有的方式对学位授予的条件做出细化。但是,自田永案和刘燕文案后,高校不授予学位的行为屡屡被诉诸法院,高校关于授予学位的规定和行为也不断受到质疑和挑战。我们将高校在制定学位授予实施细则、作出不授予学位的决定时应该注意的问题进行分析,以期对各高校有所裨益,减少高校在学位发放过程中的司法纠纷。

一、学校在作出拒绝授予学位的决定时应遵循正当程序原则

在高校拒绝颁发学位证书的司法案例中,许多高校败诉的原因不是因为制定的实施细则违反上位法的规定,而是因为其在作出不予颁发学位证书的决定时没有听取学生的陈述和申辩。在"刘燕文诉北京大学不授予博士学位案"中,一审法院判决北京大学败诉的原因之一是"校学位委员会在作出决定前未听取刘燕文的申辩,作出决定后未向刘燕文实际送达。"在"武华玉诉华中农业大学教育行政行为案"中,法院认为华中农业大学的实施细则本身并不违法,之所以败诉是因为作出的处分决定证据不足、未向武华玉送达和听取其陈述和申辩,属程序违法。同样,在"武资晰诉西安石油大学不履行授予学士学位法定职责案"中,二审以学校做出的决定程序不合法改判学校败诉。

虽然我国法律对学位授予过程中是否应当遵循正当程序没有规定,但从"田永诉北京科技大学案"以来,法院在裁判过程中就已经确立了正当程序原则在授予学位案中的地位。正因为法院在判决的时候会把正当程序作为审查的内容之一,所以如果学校不遵循正当程序原则就会承担败诉的风险。学校在作出不授予学位的决定时应该遵循的程序见表4-1。

表4-1　学校在作出不授予学位决定时应遵循的程序

事前程序	事中程序	事后程序
事先公示	说明理由	送达
告知	听取学生陈述和申辩	告知其救济途径

在实际的司法判决中,学校最容易忽视的是"听取学生的陈述和申辩",学校也往往因为没有正确遵循正当程序原则而被法院认定为程序违法。

二、学校可以将受到纪律处分作为拒绝授予学位的理由,但应区别对待

《学位条例》和《学位条例暂行实施办法》赋予了学校在授予学位证书上广泛的自主权,学校可以根据本校的办学情况和教学质量制定自己的学位授予实施细则。实际上,大多数学校都将受到相应的纪律处分作为不予授予学位证书的理由之一。有的学校将"考试作弊受到纪律处分"作为不予颁发学位证书的理由,比如"武华玉诉华中农业大学教育行政行为案"中,武华玉因为考试作弊受到纪律处分,华中农业大学拒绝向其授予学位证书;有的学校将"打架受到纪律处分"作为不予颁发学位证书的理由,比如"杨永智诉济南大学履行授予学位法定职责案"中,济南大学拒绝向杨永智颁发学位证书的理由是因其打架受到行政纪律处分。当然还有学校将其他原因受到纪律处分作为不予颁发学位证书的理由。

学校将学生受到纪律处分作为拒绝授予学位证书的理由本身是不违法的,但是受到处分的原因应区别对待。学位证书是证明学生专业知识和技术水平的证书,学校在将受到纪律处分作为拒绝授予学位证书的理由时应将受到纪律处分的原因区别对待。在武华玉案中,武华玉是因为考试作弊受到纪律处分,其证明学生没有很好地掌握学位证书所要证明的专业知识;而杨永智案中,杨永智是因为打架受到纪律处分,属于"因学术水平问题及相关思想品德之外的其他不当行为",其只能成为学籍管理的内容,不能作为学位管理的内容。因此,学校不能笼统地将所有纪律处分都作为不予授予学位的理由。

三、毕业证书的发放不能与授予学位相挂钩

学校在学生毕业时会向学生发放两个证书:毕业证书和学位证书。通常情况下学校会将两个证书在同一时间交到学生手里。但是有的学生直到毕业也没有明白两个证书的意义,甚至少数高校也会将两个证书的授予条件相混淆甚至相挂钩。在"刘燕文诉北京大学不授予博士学位案"中,北京大学将毕业证书与学位证书相挂钩,将获得学位作为授予毕业证书的前提,这与上位法的原则和精神是相违背的,两个证书应当相互区别。

《普通高等学校学生管理规定》(教育部第41号令)第三十二条规定:"学生在学校规定学习年限内,修完教育教学计划规定内容,成绩合格,达到学校毕业要求的,学校应当准予毕业,并在学生离校前发给毕业证书。符合

学位授予条件的,学位授予单位应当颁发学位证书。"我国实行的是"双证制",即:将毕业证书与学位证书相分离。符合授予毕业证书的条件,学校应当发放毕业证书;符合授予学位证书的条件,就发放学位证书。这两个证书虽然在授予条件上有重合之处,但是所要证明的内容却完全不同。毕业证书是为了证明学生的受教育程度,学位证书是为了证明学生的专业能力水平。类似于刘燕文案中北京大学的规定"学生毕业时未能取得学位证书者,不授予毕业证书"是违法的。

四、学位评定委员会的审查应严格依据法定程序,学士学位和硕士学位、博士学位的授予名单审查程序不同

在刘燕文案中,原告提出北京大学校学位评定委员会在作出决定时没有遵循《学位条例》的法定程序,没有采取过半数通过的方式对名单进行审查。在杨永智案中,原被告双方围绕学位评定委员会的审查应遵循何种程序展开辩论,最终依据法院对《学位条例》第十条进行解读,济南大学并未违反法定程序。在实际的司法过程中,学校往往很难拿出证据证明学位评定委员会在作出决定时遵循了法定的程序,从而存在败诉的风险。

在杨永智案中,原告认为济南大学作出的决定程序不合法,没有采用不记名投票和过半数通过的方式对杨永智是否能够获得学士学位进行审查,法院通过对《学位条例》第十条的解读明确了学位评定委员会在审查学位授予名单所应当遵循的程序。我国《学位条例》第十条规定:论文答辩委员会在对学生的论文答辩作出决议后,将决议报学位评定委员会,由学位评定委员会审查学位获得者的名单。对于学士学位获得者的名单学位评定委员会负责审查通过;对于硕士学位和博士学位获得者的名单,学位评定委员会应当进行不记名投票,经全体成员过半数通过,最后还要报国务院学位委员会备案。所以,对于硕士学位和博士学位的发放,《学位条例》进行了详细的规定,对于学士学位的发放,并没有向前者那样严格。

五、学校的课程安排应与获得学位证书所需掌握的基础知识相符

《学位条例》第四条规定:本科学生成绩优良,且掌握本门学科的基础知识具有从事科研或技术工作的初步能力,才能授予学士学位。这一条的规定出发点是"本门学科"的基础知识。因此,只要学校所设置的课程与本专业所应掌握的学习内容相符,学生未完成学校规定的课程计划不授予学士学位的,就不违反上位法的规定。

在"陈劲诉重庆师范大学不予颁发学士学位证书案"中,原、被告双方围

绕"必须在规定年限内完成专业培养计划课程内容"各抒己见。被告认为陈劲没有在规定年限内完成学校所设置的课程安排不应发放学位证书,原告认为学校将补修课程考试作为授予学位的条件之一是违法的。事实上,我国《高等教育法》第三十四条赋予了学校自主制定教学计划的权力,即:学校有权制订本校的教学计划、设置学生的必修以及选修课程。学校所设置的课程应当与学生获得学位证书所应掌握的基础知识相符。比如在陈劲案中,学校将"概率论与数理统计"作为重庆师范大学物理学与信息技术学院的学生的必修课程就与本专业获得学位证书所应掌握的基础知识相符。如果将其作为法学院学生的必修课程显然不符合法学院学生学位证书所证明的专业知识,学生认为所设置的课程不合理,从而以没有在规定年限内完成学校的教学计划为由提起诉讼,学校很难不被法院认定为违法。

六、学校只能对在校时触犯刑法而被退学或开除学籍的学生有权拒绝颁发学位证书

高某案中原被告对于高某是否是在校时间因而学校是否有权不予授予学位产生歧义。高校拥有自主权,但是该自主权只约束在校大学生,对于学生毕业以后的行为学校当然地不具有约束力。对于什么是"在校时间",不能做字面理解,不应认为只有学生在学校的学习时间才是在校时间而把寒暑假排除在外。此处的在校时间应是学生从获得学校的学籍开始到学生获得毕业证书的时间,这段时间都应理解为"在校时间",都应受到学校管理制度的约束。当然,学生在毕业以后离开学校就不属于本校学生,毕业以后的行为就不属于学校的管辖范围,不影响其获得毕业证书和学位证书。但是,对于学生毕业已经获得学位证书很长时间以后学校才发现其当初提交的毕业论文存在学术不端行为的情况,学校可以撤销其已经获得的学位证书,因为虽然行为被发现是在毕业以后的"非在校时间",但是影响其获得学位证书的行为发生在"在校时间"。

学校不仅是传道授业解惑的地方,更是学生身心成熟、了解社会的地方,学校在学生的一生中起着至关重要的作用。一名合格的学生不仅需要掌握文化知识,更需要具备良好的品格,拥护社会主义制度,拥护中国共产党的领导,遵守宪法和法律的规定,遵守学校规定的各项规章制度。因此,《普通高等学校学生管理规定》关于受过刑事处罚的学生学校可以作出开除学籍处分的规定也是出于此种目的,如果一个人没有良好的品格,那在学术上拥有的成就越高,可能对国家的危害越大。因此,当一个学生因为受到刑事处罚而被学校退学或开除学籍后,当然不能取得学位证书。

第五章

毕业证、学位证撤销

第一节　撤销的主体和性质

1. 学校颁发毕业证行为的审查范围及标准
——侯雅允诉河南省民政学校、河南省教育厅不符颁发毕业证书案

一、典型案例

（一）案号

一审：河南省郑州市金水区人民法院（2014）金行初字第 203 号。

二审：河南省郑州市中级人民法院（2014）郑行终字第 361 号。

（二）裁判要旨

（1）根据我国相关法规的规定，中等专业学校向符合毕业条件的学生颁发经过教育局验印的毕业证，相对人不服毕业证颁发行为提起诉讼的，以普通中等学校和教育局为被告。

（2）普通中等学校对于学生毕业的具体条件在不与上位法冲突的情况下有设定的自主权，司法机关对于毕业证授予细则进行有限度的司法审查。

（三）基本案情

侯雅允 2010 年参加河南省普通中等专业学校招生，于 2010 年 8 月被河南省民政学校录取为"机电一体化"专业"联合办学班"学生，学制三年。河南省民政学校根据 2008 年与青岛经济技术开发区黄海职业学校签订的联合办学协议，与侯雅允于 2010 年 9 月签订了培养协议书，约定了侯雅允到联合

办学学校学习的相关事项。2011 年第二学年开始后,侯雅允被安排至青岛经济技术开发区黄海职业学校学习,在该校经过一定时间学习后,被该校安排至相关工厂实习。后侯雅允因为实习时间过长及学校行为违反约定,自行中断实习并返回郑州。2013 年 6 月,河南省民政学校根据侯雅允相关学习情况审核相关资料,并向河南省教育厅申请验证后,由河南省民政学校和河南省教育厅共同向原告发放中专毕业证书。后侯雅允认为应该撤销自己的中专毕业证书。

(四)原告主张及理由

侯雅允认为自己不符合河南省民政学校给其颁发毕业证书的条件,两被告应撤销毕业证书,具体理由如下:

(1)侯雅允首先认为自己是被河南省民政学校机电一体化专业(3+2 大专)录取为 2010 年新生,并提供了招生简章来证明。侯雅允应该被颁发大专毕业证书而非中专毕业证书。

(2)侯雅允第二学年到青岛经济技术开发区黄海职业学校培训学习,学习时间低于承诺,侯雅允没有参加两门功课学习,河南省民政学校和河南省教育厅向侯雅允颁发中专毕业证不符合《普通中等专业学校学生学籍管理规定》相关规定,侯雅允没有完成学业及实习,应当撤销中专毕业证书。

(五)被告意见

河南省民政学校和河南省教育厅请求法院驳回侯雅允的诉讼请求。

河南省民政学校的意见为:①侯雅允认为自己是(3+2)大专,毫无依据,明显错误。②侯雅允入校后学习了知识,取得了技术,再要求撤证毫无依据。

河南省教育厅的意见为:河南省教育厅根据河南省民政学校提供的毕业证颁发资料,为侯雅允颁发毕业证的行为符合相关规定,无任何不当之处。

(六)争议焦点

本案争议的焦点问题是二被告人给原告侯雅允颁发毕业证的行为是否合法。

(七)裁判理由及结果

(1)河南省民政学校颁发毕业证书、河南省教育厅进行验证的行为是合法的。本案中,被告河南省民政学校认为侯雅允具备学籍,经过相关课程学习并考核合格为其颁发毕业证书,向河南省教育厅申报的毕业证颁发资料齐全,河南省教育厅进行验印的行为符合规定。

(2)侯雅允录取专业为三年制"机电一体化"专业。根据侯雅允提供的录取通知书及河南省民政学校提供的学籍、培养协议等证据能证明其录取专业是三年制"机电一体化"专业"联合办学班"。

（3）河南省民政学校向侯雅允发放毕业证书以评价的学业成绩中不包含侯雅允提出的未参加考试的两门课程的成绩，因此侯雅允对上述两门课程是否学习不能成为撤销毕业证书的理由。

（4）河南省民政学校向侯雅允颁发毕业证书准予其毕业的行为对原告来说是一种授益行为，撤销其毕业证书则可能给原告带来不利后果，故对原告该理由本院亦不予支持。

本案经过两审终审。一审法院驳回了侯雅允的诉讼请求，原告上诉后，二审法院认为一审判决认定事实清楚，适用法律正确，程序合法，应予维持，遂驳回上诉，维持原判。

二、案例评析

本案是一个由行政相对人向学校申请撤销自己毕业证书的案件，由于侯雅允在获得中专毕业证书后认为自己应该拿到大专毕业证书，因而提起撤销自己中专毕业证书的行政诉讼。我国目前撤销毕业证书类的案件比较少，本案作为一个由行政相对人自己提出申请撤销毕业证书的案件，对于探讨毕业证书撤销的问题有着重要的意义。

（一）撤销毕业证书的性质该如何认定

研究撤销毕业证书的案件，首先要明确撤销毕业证书的性质。毕业证书一般分为学历证书和非学历证书。非学历证书是相对于学历证书而言的，学历证书一般是国民教育系列毕业证书，是指通过电子注册学籍，国家承认的学历，是现有教育的主体。在这个案件里，争议的对象就是学历证书。普通高等学校学生毕业后一般会收到毕业证书即学历证书和学位证书两个证书，毕业证书和学位证书是两种类型的证书，两者所证明的事项也有所不同，所以在颁发、撤销的程序上也有所不同。颁发学历证书是授益性行政行为、依申请的行政行为、要式行政行为。撤销毕业证书不是行政处罚，我国《行政处罚法》第八条规定的行政处罚的种类有：①警告；②罚款；③没收违法所得、没收非法财物；④责令停产停业；⑤暂扣或者吊销许可证、暂扣或者吊销执照；⑥行政拘留；⑦法律、行政法规规定的其他行政处罚。撤销毕业证书不属于暂扣或吊销许可证，因为吊销的前提是获得的许可证是合法的，而撤销毕业证书属于授予毕业证书时存在违法情况。我国《教育法》（2015年修正）第八十二条规定："学校或者其他教育机构违反本法规定，颁发学位证书、学历证书或者其他学业证书的，由教育行政部门或者其他有关行政部门宣布证书无效，责令收回或者予以没收；有违法所得的，没收违法所得;情节严重的,责令停止相关招生资格一年以上三年以下,直至撤销招生资格、颁发证书资格;对直接负责的主管人员和其他直接责任人员,依法给予处分。前款规定以外的任何组织或者个人制造、销售、颁发假冒学位证书、学历证书或者其他学业证书,构成违反治安管理行为的,由公安机关依法给予治安管理处罚;构成犯罪的,依法追究刑事责任。以作弊、剽窃、抄袭等欺诈行为或者其他不正当手段获得学位证书、学历证书或者其他学业证书的,由颁发机构撤销相关证书。购买、使用假冒学位证书、学历证书或者其他学业证书,构成违反治安管理行为的,由公安机关依法给予治安管理处罚。"本条处在《教育法》第九章"法律责任"中,但是第一款的规定本质上不是对学生的处罚,而是对学校作出的不当行为的纠错。我国《教育行政处罚暂行实施办法》第九条规定的教育行政处罚的种类包括:①警告;②罚款;③没收违法所得,没收违法颁发、印制的学历证书、学位证书及其他学业证书;④撤销违法举办的学校和其他教育机构;⑤取消颁发学历、学位和其他学业证书的资格;⑥撤销教师资格;⑦停考,停止申请认定资格;⑧责令停止招生;⑨吊销办学许可证;⑩法律、法规规定的其他教育行政处罚。当中也并没有撤销毕业证书及学历证书这一类行政处罚。撤销毕业证书也不属于行政许可的撤回:颁发毕业证书不同于授予行政许可,其不具有行政许可过程性、连续性的特点。综上,撤销毕业证书并不属于行政处罚也不属于行政许可的撤销,所以此类案件不受《行政处罚法》和《行政许可法》的限制。

(二)颁发毕业证书的条件与程序是什么?

我国《高等教育法》对于学历教育的要求规定在第十六条中:"高等学历教育分为专科教育、本科教育和研究生教育。高等学历教育应当符合下列学业标准:(一)专科教育应当使学生掌握本专业必备的基础理论、专门知识,具有从事本专业实际工作的基本技能和初步能力;(二)本科教育应当使学生比较系统地掌握本学科、专业必需的基础理论、基本知识,掌握本专业必要的基本技能、方法和相关知识,具有从事本专业实际工作和研究工作的初步能力;(三)硕士研究生教育应当使学生掌握本学科坚实的基础理论、系统的专业知识,掌握相应的技能、方法和相关知识,具有从事本专业实际工作和科学研究工作的能力。博士研究生教育应当使学生掌握本学科坚实宽广的基础理论、系统深入的专业知识、相应的技能和方法,具有独立从事本学科创造性科学研究工作和实际工作的能力。"对于学业水平的要求是层层递进,有区别的要求。我国《高等教育法》第二十条规定:"接受高等学历教育的学生,由所在高等学校或者经批准承担研究生教育任务的科学研究机构根据其修业年限、学业成绩等,按照国家有关规定,发给相应的学历证书或者其他学业证书。"第二十一条规定:"国家实行高等教育自学考试制度,经考试合格的,发给相应的学历证书或者其他学业证书。"我国学业证书由学校颁发,以考试为必要条件。我国《普通高等学校学生管理规定》(国家教委令第7号)具体规定了颁发毕业证的条件:"具有学籍的学生,德、体合格,学完或提前学完教学计划规定的全部课程,考试及格或修满规定的学分,准予毕业,发给毕业证书。"本案中争议的毕业证是中专毕业证,所以法院在裁判时适用的是《普通中等专业学校学生学籍管理规定》当中的规定:"具有学籍,思想品德合格,学完计划规定的全部课程(包括实习和毕业设计),经考核合格的学生,准予毕业,并由学校发给经省、自治区、直辖市教育行政部门或其授权的下一级教育行政部门验印的毕业证书,未经验印的毕业证书一律无效。"综上,可以认定我国普通高等学校学生毕业证颁发的条件有:第一,具有学籍;第二,思想品德、体育合格;第三,完成学校要求的全部课程;第四,通过相关考试。学校可以自主细化以上四个标准,学生满足以上四个条件就可以申请颁发毕业证。学校在审核相关资料后,和教育行政部门一同颁发毕业证。在本案中被告河南省民政学校根据原告相关学习情况审核相关资料,并向被告河南省教育厅申请验印后,由两被告共同向原告发放本案所诉中专毕业证书。另外,在本案中,侯雅允认为自己属于3+2大专,而实际上自己属于中专。我国目前中专和3+2大专都可以通过中招考试招生。不同的是,普通中专毕业生在符合毕业条件得到中专毕业证书后参加统一的大专招生考试可以升入大专;而3+2大专学生则是在三年中专学习结束后参加一个特殊的"三二分段"中职接高职统一考试,其中考试成绩符合要求的,可以转入高等院校继续完成两年大专学习,发两年制大专文凭,在学历证书电子注册信息中,考生特征填"三二分段"。如果考试没有符合要求,就不能进入大专学习,学校会给学生发中专毕业证书,按中专毕业生处理。由此可知,无论是中专学生还是3+2学生希望升入大专学习都需要经历一次考试,而侯雅允明显没有参加任何升学考试,其要求自己通过3+2学习取得大专毕业证书的要求不能成立。

(三)撤销毕业证书的实质要件与程序要件有哪些

我国《普通高等学校学生管理规定》(教育部令第41号)第三十七条对于撤销毕业证的情形有明确规定:"对违反国家招生规定取得入学资格或者学籍的,学校应当取消其学籍,不得发给学历证书、学位证书;已发的学历证书、学位证书,学校应当依法予以撤销。对以作弊、剽窃、抄袭等学术不端行为或者其他不正当手段获得学历证书、学位证书的,学校应当依法予以撤销。被撤销的学历证书、学位证书已注册的,学校应当予以注销并报教育行政部门宣布无效。"根据以上法条可以看出,我国对于撤销毕业证有明确规定,即:存在违反国家招生规定取得入学资格或学籍,或者存在学术不端的行为应当撤销毕业证书,并且对已经注册的毕业证书进行注销并报教育行政部门宣布无效。在本案中,侯雅允具有学籍且考试合格,她提出的没有参加的两门考试,经查明不属于她毕业必须要通过的考试,也就是说她毕业进行了需要进行的考试,不存在学术不端行为。所以河南省民政学校给侯雅允颁发毕业证书的行为不存在瑕疵,是合法的。本案中,如果撤销侯雅允的毕业证书,撤销主体是河南省民政学校,河南省民政学校注销被撤销毕业证书后由河南省教育厅宣布毕业证书无效。学校可以作出撤销学位证书、学历证书或者其他学业证书的行政行为,且该行为可诉。

我国目前对于撤销毕业证书的程序问题没有明确规定。根据我国实践,可以认为撤销毕业证书的形式正当要件基本上包括以下内容:申请撤销毕业证书;调查撤销毕业证书;作出拟撤销毕业证书通知并送达;学生申诉;作出撤销毕业证书决定并送达;注销毕业证书并申请教育行政部门宣布无效。在本案中其实并没有涉及撤销毕业证书的程序问题,因为本案中原告符合颁发毕业证的条件,最终也就没有学校的调查撤销毕业证书程序的问题。本案中出现争议的是侯雅允能否自己申请撤销毕业证书。对于申请主体的问题,首先要分清毕业证书撤销的主体和申请毕业证书撤销的主体,这两个主体一个是对应申请撤销毕业证书这个阶段,一个是对应作出撤销毕业证书决定并送达这个阶段。以学位证书撤销案件为例,在这类案件中因为颁发学位证的主体是学校,撤销的主体也是学校。而申请学位证书撤销的主体可以是校学位委员会,也可以是检举揭发行政相对人的学位证书存在问题的相关人员,这里的申请人应该是没有限制的。我国目前毕业证书撤销还没有相关案例,这个时候可以参考学位证书撤销的有关内容。本案中侯雅允希望撤销自己毕业证书的目的是撤销中专毕业证书,得到大专毕业证书。此时不应该限制侯雅允的申请,侯雅允可以自己检举揭发自己的毕业证书存在问题。而对于作出撤销决定的主体,在案件审理过程中一般会提出学校是否可以作出撤销学位证书、学历证书或者其他学业证书的行政行为,且该行为是否可诉。根据我国《高等教育法》的规定,学校是撤销学位证书、毕业证书的主体。学生作为行政相对人当然无法作出能否撤销毕业证书、学位证书的决定,如果真的存在不符合颁发毕业证书却颁发毕业证书的情况,应当是学校作为行政主体进行撤销,而不是学生撤销毕业证书。毕业证书如果存在瑕疵当然是可以被撤销的,并不因为它的授益性而有改变,学校认定不予撤销的,学历证书继续有效,不受影响。

三、法条索引

《高等教育法》(1998年)

第十六条 高等学历教育分为专科教育、本科教育和研究生教育。

高等学历教育应当符合下列学业标准:

(一)专科教育应当使学生掌握本专业必备的基础理论、专门知识,具有从事本专业实际工作的基本技能和初步能力;

(二)本科教育应当使学生比较系统地掌握本学科、专业必需的基础理论、基本知识,掌握本专业必要的基本技能、方法和相关知识,具有从事本专业实际工作和研究工作的初步能力;

(三)硕士研究生教育应当使学生掌握本学科坚实的基础理论、系统的专业知识,掌握相应的技能、方法和相关知识,具有从事本专业实际工作和科学研究工作的能力。博士研究生教育应当使学生掌握本学科坚实宽广的基础理论、系统深入的专业知识、相应的技能和方法,具有独立从事本学科创造性科学研究工作和实际工作的能力。

第二十条 接受高等学历教育的学生,由所在高等学校或者经批准承担研究生教育任务的科学研究机构根据其修业年限、学业成绩等,按照国家有关规定,发给相应的学历证书或者其他学业证书。

接受非学历高等教育的学生,由所在高等学校或者其他高等教育机构发给相应的结业证书。结业证书应当载明修业年限和学业内容。

第二十一条 国家实行高等教育自学考试制度,经考试合格的,发给相应的学历证书或者其他学业证书。

《普通高等学校学生管理规定》(国家教委令第7号)

第三十四条 学生毕业时作全面鉴定,其内容包括德、智、体三方面。包括政治态度、思想意识、道德品质以及学习、劳动和健康状况等方面。

第三十五条 具有学籍的学生,德、体合格,学完或提前学完教学计划规定的全部课程,考试及格或修满规定的学分,准予毕业,发给毕业证书。本科生按照《中华人民共和国学位条例》规定的条件授予学士学位。

第三十六条 公共体育课不及格者,不准毕业,作结业处理,发给结业证书。

第三十七条 毕业时不及格的课程未达到留级规定或未修满学分者,作结业处理,发给结业证书。结业后按学校的规定补考,及格后换发毕业证书。

第三十八条 无学籍学生不得发给任何形式的毕业证书。

2.高等学校学位证书撤销行为的性质
——陈颖诉中山大学撤销学位证书案

一、典型案例

（一）案号

一审：广东省广州市珠海区人民法院（2006）海发行初字第 15 号。

二审：广东省广州市中级人民法院（2006）穗中法行终字第 442 号。

再审：从缺。

（二）裁判要旨

学生涂改肄业证将其伪造成毕业证的行为属于违反国家招生规定取得入学资格或学籍，是严重破坏高等学校招生秩序的行为。高等学校可以依据《普通高等学校学生管理规定》第三十七条的规定撤销学生的学历证书、学位证书。

（三）基本案情

1986 年陈颖考入武汉水运工程学院，由于在学校学习期间有专业课成绩不及格，学校最终没有颁发毕业证书给陈颖，只给陈颖颁发了肄业证。陈颖于 1994 年将自己的大学肄业证书涂改为大学毕业证书后，以同等学历人员的身份参加 1995 的研究生入学考试并被中山大学哲学系录取。陈颖在中山大学顺利毕业后，于 1999 年进入广东省高等教育出版社工作。2005年，陈颖的工作单位广东省高等教育出版社的上级单位广东省教育厅经调查致函中山大学，说明陈颖在报考研究生期间存在弄虚作假的情况，随后中山大学向陈颖询问有关情况，陈颖承认在报考研究生时存在欺骗学校的行为。2005 年 12 月 31 日，中山大学在校学位评定委员会复审后，作出撤销陈颖硕士学位证书的决定，同时广东省高等教育出版社也将陈颖开除。陈颖收到撤销决定后向中山大学申请行政复议，中山大学不予答复，随后于 2006年 3 月 23 日向广州市海珠区人民法院提起行政诉讼。

（四）原告主张及理由

陈颖要求法院判处被告中山大学撤销学位的决定无效，并且被告应向原告赔礼道歉。具体理由如下：

（1）陈颖参加了中山大学的入学考试并合格，每学期按时报到注册，拥有学籍，在满足授予硕士学位条件的情况下，授予硕士学位是合法有效的，中山大学撤销学位的决定是违法的，法院应该予以撤销。

（2）中山大学撤销学位存在程序违法。

（五）被告意见

中山大学要求法院驳回陈颖的诉讼请求,具体理由如下:中山大学宣布被上诉人毕业证书无效是在高校自主决定权范围内作出的,中山大学有权宣布撤销学位证书。

（六）争议焦点

（1）撤销学位证书的性质如何？是否属于行政处罚并适用《行政处罚法》中的两年处罚时效？

（2）陈颖的违法行为发生在11年前,离校6年,陈颖是否还应当承担法律后果？

（3）中山大学对陈颖的处理是否存在程序不当？

（七）裁判理由及结果

一审法院认为陈颖涂改肄业证为毕业证的舞弊行为显然属于不应录取的条件,原告作为无学籍学生,不应具有毕业资格。并且根据《学位条例》向符合毕业条件的人颁发学位证书,是一种对被授予人专业技能、水平的一种长时间持续有效的认可。在程序方面,一审法院认为中山大学在接到有关异议时,向原告核实,听取原告承认当时舞弊作伪的陈述后作出撤销学位的决定是合法的。由此,一审法院驳回了陈颖要求中山大学撤销其硕士学位证书决定无效的请求,随后陈颖不服上诉至广州市中级法院。

二审法院认为中山大学在陈颖入学后没有对陈颖肄业证书原件进行审核,没有尽到相应的义务。陈颖的违法行为应当承担的法律责任与中山大学撤销学位证书行为造成的后果并不对应。中山大学以自主办学权追究责任从公平合理角度考虑是不合适的,且中山大学撤销学位证书存在程序违法。综上,广州中院终审支持了陈颖的诉讼请求,二审判决撤销一审判决,并撤销中山大学《关于撤销陈颖硕士学位证书的决定》。中山大学不服判决,向广东省高院提出申诉,广东省高院责成广州中院再审此案。

再审结果认定,中山大学再审请求有理,一审判决驳回陈颖的诉讼请求正确,予以维持;二审认定事实清楚但适用法律错误,应予纠正,故判决二审无效,维持一审判决。

二、案例评析

陈颖案作为我国撤销学位证书第一案,虽然已经过去十余年,但对现在研究学位撤销类案件也有重要意义。本案经过一审、二审到再审,最终以陈颖败诉告终。本案在当年引发热议,在案件审理过程中同时也提出并讨论了学位证书撤销案件的基本问题。本案审理过程中认定事实、适用法律方面出现的反复在一定程度上体现出对撤销学位证书案件性质认定上的模糊。近年来撤销学位证书案件也在不断增加,学界也不断讨论,对于学位证书撤销案件整体的认识也不断清晰。

（一）撤销学位证书的案件性质该如何认定

在审判中,陈颖提出撤销学位证书属于行政处罚,应该适用两年的诉讼时效,而陈颖自被发现通过伪造的本科毕业证书考取研究生已经过 6 年,明显已经过了诉讼时效,不应该再通过撤销学位的方式追究责任,并以此为理由要求法院撤销中山大学的决定。而法院对这个问题的判断也会影响本案的判决,这就体现出对撤销学位证书案件定性的重要性。这个问题在学界也多有讨论,有的学者认为撤销学位证书在性质上属于行政许可的撤销[①],有的学者认为撤销学位证书属于行政撤销或撤回[②]。对于撤销学位证书是否属于行政处罚的问题,首先,撤销学位证书不属于我国行政处罚法中明确列举的吊销营业执照的范围,因为吊销执照的前提是获得执照这一行为本身是合法的,而我国撤销学位证书的前提是获得学位证书的过程中出现了违法行为。其次,考察撤销学位证书是否属于法律法规另有规定的行政处罚。我国教育行政处罚法中规定的处罚类型中没有明确规定撤销学位证书这种类型的行政处罚,目前我国教育类行政法律法规中规定关于学位撤销的有 2015 年修订的《教育法》在第九章"法律责任"中第八十二条对于撤销学位证书的规定,以及《学位条例》在十七条的规定。从上述法条可以看出,不管法条是否处于"处罚"这一章,主要是看处罚本身的性质。撤销学位证书的规定注重的是学校对于作出授予学位证书行为在出现问题后的补救,撤销学位证书本身是一种补救措施,而并不是侧重于对学位申请人的处罚。所以在这里,撤销学位证书并不受行政处罚的一系列限制。而学位证书撤销是否属于行政许可的撤销,首先看授予学位证书是否属于行政许可。我国行政许可的定义为:在法律一般禁止的情况下,行政主体根据行政相对人的申请通过颁发许可证,或者执照等形式,依法赋予特定的行政相对人从事某种活动或实施某种行为的权利或资格的行为。授予学位证书虽然有一定行政许可的性质,比如授予学位是依申请的行政行为,也是授益性的行政行为,但是授予学位证书也有与行政许可明显的不同,行政许可是对一般禁止的解除,未经许可即为违法,而学位证书非经授予会导致无效,而非违法。

---

① 湛中乐:《论对学位撤销全的法律规制——陈颖诉中山大学引发的思考》,《中国教育法制评论》第九辑。

② 朱志辉:《试论撤销学位的行政行为性质——由陈颖诉中山大学引发的思考》,《高教探索》2006 年第 6 期。

综上,撤销学位证书既不属于行政许可也不属于行政处罚,因此,学位证书撤销并不适用行政处罚法当中的诉讼时效等规定,也不适用于行政许可法中的特殊规定。所以在陈颖案这样的撤销学位证书的案件中,原告不应当使用诉讼时效作为抗辩理由。

(二)撤销学位证书案件是否具有可诉性

高校具有办学自主权,但是高校的自主权是有限制的。高校的学位纠纷能否纳入司法审查讨论的开端,就是1999年田永诉北京科技大学拒绝授予学位案,而本案开启了对学位证书撤销可诉性的讨论。我国《学位条例》第八条规定:"学士学位,由国务院授权的高等学校授予;硕士学位、博士学位,由国务院授权的高等学校和科学研究机构授予。"这就明确了我国授予学位是公权力的一种体现,高校是依据国务院的授权向符合条件的学生授予学位,因此具有了行政主体的地位,授予学位是一种行政行为。而《学位条例》第十七条规定:"学位授予单位对于已经授予的学位,如发现有舞弊作伪等严重违反本条例规定的情况,经学位评定委员会复议,可以撤销。"这明确了撤销学位是学校作出的另外一项行政行为。而这种行政行为是否可诉呢? 撤销学位行为不属于我国《行政诉讼法》第十三条规定的不受理事项。我国《行政诉讼法》第十二条规定:"人民法院受理公民、法人或者其他组织提起的下列诉讼:(一)对行政拘留、暂扣或者吊销许可证和执照、责令停产停业、没收违法所得、没收非法财物、罚款、警告等行政处罚不服的;(二)对限制人身自由或者对财产的查封、扣押、冻结等行政强制措施和行政强制执行不服的;(三)申请行政许可,行政机关拒绝或者在法定期限内不予答复,或者对行政机关作出的有关行政许可的其他决定不服的;(四)对行政机关作出的关于确认土地、矿藏、水流、森林、山岭、草原、荒地、滩涂、海域等自然资源的所有权或者使用权的决定不服的;(五)对征收、征用决定及其补偿决定不服的;(六)申请行政机关履行保护人身权、财产权等合法权益的法定职责,行政机关拒绝履行或者不予答复的;(七)认为行政机关侵犯其经营自主权或者农村土地承包经营权、农村土地经营权的;(八)认为行政机关滥用行政权力排除或者限制竞争的;(九)认为行政机关违法集资、摊派费用或者违法要求履行其他义务的;(十)认为行政机关没有依法支付抚恤金、最低生活保障待遇或者社会保险待遇的;(十一)认为行政机关不依法履行、未按照约定履行或者违法变更、解除政府特许经营协议、土地房屋征收补偿协议等协议的;(十二)认为行政机关侵犯其他人身权、财产权等合法权益的。除前款规定外,人民法院受理法律、法规规定可以提起诉讼的其他行政案件。"由于撤销学位证书不属于行政许可的撤销,因此不属于第一、三项列举的事项,学位授予撤销是有关于受教育权的内容,不属于人身权、财产权,但可以被第六项规定的其他合法权益纳入保护范围。因此撤销学位案件具有可诉性。

(三)伪造毕业证书能否构成撤销学位证书的理由

陈颖案也是典型的因伪造学位证书、毕业证书而撤销学位证书的案件,陈颖的大学毕业证书是伪造的,那么能否因为这个原因撤销陈颖的学位证书呢?根据我国《学位条例》第十七条的规定:"学位授予单位对于已经授予的学位,如发现有舞弊作伪等严重违反本条例规定的情况,经学位评定委员会复议,可以撤销。"在本条例中,并没有明确规定如果伪造学位证书、毕业证书撤销学位的情况。在我国《教育法》第八十二条第三款中规定:"以作弊、剽窃、抄袭等欺诈行为或者其他不正当手段获得学位证书、学历证书或者其他学业证书的,由颁发机构撤销相关证书。购买、使用假冒学位证书、学历证书或者其他学业证书,构成违反治安管理行为的,由公安机关依法给予治安管理处罚。"其中规定了以作弊等欺诈手段获得学位证书和以其他不正当手段获得学位证书的情况,这里的其他不正当手段具体是什么,《教育法》没有明确规定。我国《普通高等学校学生管理规定》第三十七条:"对违反国家招生规定取得入学资格或者学籍的,学校应当取消其学籍,不得发给学历证书、学位证书;已发的学历证书、学位证书,学校应当依法予以撤销。对以作弊、剽窃、抄袭等学术不端行为或者其他不正当手段获得学历证书、学位证书的,学校应当依法予以撤销。被撤销的学历证书、学位证书已注册的,学校应当予以注销并报教育行政部门宣布无效。"明确规定了违反国家招生规定取得入学资格和学术不端这两种情况会导致撤销学位证书。这也就表明了伪造涂改毕业证书、学位证书使得本来不具有入学考试资格的学生参加入学考试并获得学位,这种情况下学校可以撤销学位。但是,我们要注意,本案是十年前的案例,在当时我国《普通高等学校学生管理规定》还未出台,也就没有具体规定违反招生规定取得入学资格要撤销学位证书的情形,因此,在本案的判决中,陈颖并不应该承担撤销学位证书的后果。

(四)本案是否应该适用时效制度

在本案中虽然不能认定撤销学位证书属于行政处罚,但是仍然可以讨论本案中撤销学位的行政行为是否可以适用时效制度。陈颖于1994年涂改了肄业证书参加中山大学考试,到2005年被发现,中间已经相隔11年。陈颖已经凭借中山大学硕士学位证找到工作,撤销学位证书后陈颖也被开除,生活受到极大的影响。在本案的审理过程中,法院也对时效问题进行了讨论,二审法院认为:"被上诉人在法定复查期限过后准予上诉人注册并允许其参加学校学习,完成学业,应当视为对被上诉人取得学籍的认可……况且,在上诉人违法行为已经发生11年,上诉人离开学校6年后,被上诉人再以自主办学权为由追究责任，无论是从公平合理角度还是从维护社会秩序稳定方面都是不合适的。"而再审法院认为:"《普通高等学生管理规定》第六条关于高等学校应当在新生入学后三个月内进行复查的规定并不意味着高等学校在三个月后对发现的不符合招生条件者不能作出相应的处理。"事实上,这里争议的时效问题其实是法的安定性原则与依法行政原则的冲突。法的安定性原则是维护社会稳定的要求,它的原因在于合目的性,具有实证性、实用性、不变性,要考虑到案件的具体情况。法的安定性原则有两个要求,即法律关系的安定性和法律内容的安定性。针对本案发生的时期而言,本案发生在 2005 年,根据 1990 年的《高等学校学生管理规定》,学校应当在新生入学三个月内对学生的入学资格进行审核,而中山大学并未在此期限内审核陈颖的肄业证原件,根据法的安定性原则,不应该无限期扩大审核期限。同时在陈颖毕业时学术水平符合硕士毕业条件,这时应当认为入学资格的瑕疵已经被陈颖的主观努力而弥补,因此不应该再追究陈颖的责任。

三、法条索引

《中华人民共和国教育法》(2015 年修正)

第八十二条　学校或者其他教育机构违反本法规定,颁发学位证书、学历证书或者其他学业证书的,由教育行政部门或者其他有关行政部门宣布证书无效,责令收回或者予以没收;有违法所得的,没收违法所得;情节严重的,责令停止相关招生资格一年以上三年以下,直至撤销招生资格、颁发证书资格;对直接负责的主管人员和其他直接责任人员,依法给予处分。

前款规定以外的任何组织或者个人制造、销售、颁发假冒学位证书、学历证书或者其他学业证书,构成违反治安管理行为的,由公安机关依法给予治安管理处罚;构成犯罪的,依法追究刑事责任。

以作弊、剽窃、抄袭等欺诈行为或者其他不正当手段获得学位证书、学历证书或者其他学业证书的,由颁发机构撤销相关证书。购买、使用假冒学位证书、学历证书或者其他学业证书,构成违反治安管理行为的,由公安机关依法给予治安管理处罚。

《普通高等学校学生管理规定》(教育部令第 41 号)

第三十七条　对违反国家招生规定取得入学资格或者学籍的,学校应当取消其学籍,不得发给学历证书、学位证书;已发的学历证书、学位证书,学校应当依法予以撤销。对以作弊、剽窃、抄袭等学术不端行为或者其他不正当手段获得学历证书、学位证书的,学校应当依法予以撤销。被撤销的学历证书、学位证书已注册的,学校应当予以注销并报教育行政部门宣布无效。

《中华人民共和国学位条例》

第十七条 学位授予单位对于已经授予的学位,如发现有舞弊作伪等严重违反本条例规定的情况,经学位评定委员会复议,可以撤销。

第十八条 国务院对于已经批准授予学位的单位,在确认其不能保证所授学位的学术水平时,可以停止或撤销其授予学位的资格。

《中华人民共和国学位条例暂行实施办法》

第十八条 学位授予单位的学位评定委员会根据国务院批准的授予学位的权限,分别履行以下职责:

(一)审查通过接受申请硕士学位和博士学位的人员名单;

(二)确定硕士学位的考试科目、门数和博士学位基础理论课和专业课的考试范围;审批主考人和论文答辩委员会成员名单;

(三)通过学士学位获得者的名单;

(四)作出授予硕士学位的决定;

(五)审批申请博士学位人员免除部分或全部课程考试的名单;

(六)作出授予博士学位的决定;

(七)通过授予名誉博士学位的人员名单;

(八)作出撤销违反规定而授予学位的决定;

(九)研究和处理授予学位的争议和其他事项。

第二节 撤销的原因

3.高等学校因学生学术不端撤销学位
——李涛诉华南理工大学撤销学位证书案

一、典型案例

(一)案号

一审:广州铁路运输第一法院(2017)粤 7101 行初 938 号。

二审:广州铁路运输中级法院(2017)粤 71 行终 2130 号。

(二)裁判要旨

(1)高等学校可以规定学生发表一定数量的学术论文作为学生取得申

请学位资格的条件。在颁发学位证书后发现改论文存在抄袭属于以作弊、剽窃、抄袭等学术不端行为或者其他不正当手段获得学历证书、学位证书，依照《普通高等学校学生管理规定》第三十七条的规定学生的学位证书应当撤销。

（2）高等学校在撤销学位的过程如果中存在程序不当的行为，法院依法撤销高等学校作出的撤销学位决定。

（三）基本案情

李涛是华南理工大学 2010 级学生，于 2013 年 12 月 27 日获得博士学位。2016 年 4 月至 6 月期间，华南理工大学先后收到了广东省教育厅转来的检举揭发李涛发表的博士论文存在抄袭行为的信访文件，以及多份举报李涛及李涛导师肖南峰合作发表的论文存在抄袭行为的电子邮件。华南理工大学计算机科学与工程学院展开调查并形成情况说明。学院调查核实后经学院学位委员再次讨论，认为李涛列为博士论文主要成果的 4 篇论文的核心内容都是翻译或者抄袭自其他文献。这四篇论文都列在李涛签名确认的华南理工大学授予博士学位人员资格审批表和填写的"攻读博士学位期间取得的研究成果"中。该学院将上述情况上报到学校研究生院及学位委员会办公室。2016 年 6 月 24 日，学位评定委员会召开了全体会议，作出撤销李涛的博士学位的决定。2016 年 7 月 19 日，华南理工大学作出撤销李涛博士学位的决定，该决定于 2016 年 7 月 22 日送达给李涛，之后华南理工大学通过电子邮件告知李涛有申诉的权利。2016 年 8 月 28 日，李涛提出申诉书，对撤销博士学位的处理结果表示异议。2016 年 9 月 30 日，由华南理工大学计算机科学与工程学院成立的校外专家组出具评审意见。2016 年 10 月 24 日，研究生院驳回了李涛的申诉，并于 2016 年 11 月 6 日送达给李涛，李涛不服，诉至原审法院。

（四）原告主张及理由

李涛要求法院撤销被告华南理工大学作出的撤销学位的决定。具体理由如下：

（1）原告在申诉书及起诉书中从未承认存在抄袭行为。

（2）华南理工大学的撤销决定受理程序违法、调查程序违法、提出处理意见的程序违法。受理部门和提出处理意见应该是校学术委员会，而不是计算机科学与工程学院。校学术委员会是规章规定的法定部门，也是大学章程规定的"受理机构"和"调查机构"，而学院不是。并且被告适用的《华南理工大学研究生学术不端行为处理办法》是 2011 年版，试用期是一年，现已失效。

（3）被告的撤销学位决定适用法律错误。

(五) 被告意见

华南理工大学请求法院驳回李涛的诉讼请求,具体理由如下:

(1)华南理工大学作出撤销学位的决定没有违反法定程序,《学位条例》和相关法律法规没有对撤销学位作出明确的规定。本案中,对于原告博士学位论文抄袭的事实已调查清楚,经过学校学位评定委员会及校外专家等多方取证论证和充分讨论后作出决定,并且已经充分听取原告的申诉,保障了原告的救济的权利。校方认为本案争议的撤销决定学校已经遵循了正当程序原则。

(2)关于事实部分,《学位条例》第十七条规定,撤销学位的认定事实之一就是舞弊作伪,舞弊作伪可以成为做出撤销学位决定的理由。目前的证据足以证明李涛抄袭论文是存在的,构成舞弊作伪。本行政诉讼中,被告作为学校有权有义务对在校在读的学生进行相应的管理,具体的表现形式包括学校的规章制度。

(六) 争议焦点

原告在校期间发表的学术论文是否存在抄袭行为? 如存在学术论文的抄袭行为,被告能否作为撤销其博士学位的依据?

(七) 裁判理由及结果

一审法院认为,有初步证据证明原告在被告处攻读博士学位期间发表的学术论文存在抄袭行为,对该学术造假行为应当依法查处。一审判决李涛败诉,李涛不服,上诉至二审法院。

二审法院认为,华南理工大学亦有依法查处的法定职权,但是被上诉人华南理工大学自展开本案调查至 2016 年 7 月 19 日作出华南工研〔2016〕20号《关于撤销计算机科学与工程学院李涛博士学位的决定》,没有通知上诉人,没有听取上诉人李涛的陈述及申辩,没有向上诉人说明相关事实根据和理由及拟作出的决定,违反了教育部《学位论文作假行为处理办法》第十三条第一款的规定和程序正当基本行政法治原则,该程序违法直接影响到事实的查清,侵犯的不仅仅是上诉人程序上的权利,还影响到实体处理,属于严重违法。本案二审法院撤销了一审法院的审判,并依法改判撤销华南理工大学作出的《关于撤销计算机科学与工程学院李涛博士学位的决定》。

二、案例评析

(一)本案中撤销学位证的法律依据是什么

我国《教育法》中规定了"以作弊、剽窃、抄袭等欺诈行为或者其他不正当手段获得学位证书、学历证书或者其他学业证书的,由颁发机构撤销相关证书"。这表明以抄袭、剽窃手段获得学位证书由颁发机关撤销。我国《学位条例》第十七条也明确规定了"学位授予单位对于已经授予的学位，如发现有舞弊作伪等严重违反本条例规定的情况，经学位评定委员会复议，可以撤销"。本条表明有舞弊作伪的情况，学位授予单位有权对学位予以撤销。而《学位条例暂行实施办法》对《学位条例》中撤销学位的规定进一步细化，第十八条规定"作出撤销违反规定而授予学位的决定"是学位评定委员会的职责。我国《普通高等学校学生管理规定》第三十七条是对撤销学位的规定："对违反国家招生规定取得入学资格或者学籍的，学校应当取消其学籍，不得发给学历证书、学位证书；已发的学历证书、学位证书，学校应当依法予以撤销。对以作弊、剽窃、抄袭等学术不端行为或者其他不正当手段获得学历证书、学位证书的，学校应当依法予以撤销。被撤销的学历证书、学位证书已注册的，学校应当予以注销并报教育行政部门宣布无效。"在本条中将作弊、剽窃等行为总结为学术不端行为，并将其作为撤销学位的条件。我国《高等学校预防与处理学术不端办法》第二十九条规定："学术不端行为与获得学位有直接关联的，由学位授予单位作暂缓授予学位、不授予学位或者依法撤销学位等处理。"综上，华南理工大学有权在发现学位申请人存在学术不端情况下撤销其授予的学位。

（二）论文抄袭应该如何认定

我国《高等学校预防与处理学术不端行为办法》第二十七条规定了应当认定为学术不端的情形："（一）剽窃、抄袭、侵占他人学术成果；（二）篡改他人研究成果；（三）伪造科研数据、资料、文献、注释，或者捏造事实、编造虚假研究成果；（四）未参加研究或创作而在研究成果、学术论文上署名，未经他人许可而不当使用他人署名，虚构合作者共同署名，或者多人共同完成研究而在成果中未注明他人工作、贡献；（五）在申报课题、成果、奖励和职务评审评定、申请学位等过程中提供虚假学术信息；（六）买卖论文、由他人代写或者为他人代写论文；（七）其他根据高等学校或者有关学术组织、相关科研管理机构制定的规则，属于学术不端的行为。"在这里可以认定如果在学术论文中存在以下情形应当认定为舞弊作伪：①抄袭剽窃他人学术成果；②伪造数据注视；③购买他人论文；④在没有参加研究的论文署名。分析我国关于撤销学位的法条可以看出，对于学术不端的表述多种多样，有存在舞弊作伪行为、作弊、剽窃、抄袭等欺诈行为等多种表述。舞弊作伪的具体内容我国法律并没有明确的规定，但"抄袭、剽窃"是我国《著作权法》中明确规定的侵权行为。但是有学者指出，《著作权法》中的抄袭、剽窃与学术论文中的抄袭、剽窃本质上并不相同。学术论文中对于抄袭、剽窃的规定明显要严于《著作权法》的规定，学术抄袭以违反学术诚信为主要标准，抄袭主要观点框架构成学术抄袭,不受著作权保护期限限制,也不受抄袭数量限制,并且禁止自我抄袭。应当注意的是,学术论文具有一定的专业性,学位委员会进行审核的时候应该邀请该领域专家参与讨论,认定的标准应当与认定学校学位论文抄袭标准一致,不应该高于此标准审查。我国《高等学校预防与处理学术不端行为办法》也规定了构成学术不端情节严重的情形:①造成恶劣影响的;②存在利益输送或者利益交换的;③对举报人进行打击报复的;④有组织实施学术不端行为的;⑤多次实施学术不端行为的;⑥其他造成严重后果或者恶劣影响的。

(三)论文抄袭的认定过程

本案属于一个非常典型的因为论文抄袭导致学位被撤销的案件。虽然本案二审判决华南理工大学败诉,但是根本原因在于华南理工大学的程序性违法,一、二审法院均认定学校因抄袭撤销李涛学位是有法律依据的。通过这个案件,可以讨论目前法律明确规定的作为撤销学位的要件之一的论文抄袭具体应当如何认定的程序。在这个案件中,由于李涛在毕业论文中存在抄袭行为,导致华南理工大学决定撤销其学位,同时李涛的论文指导老师的博士生导师资格同样被撤销。对于存在学术不端的认定程序,我国《高等学校预防与处理学术不端行为办法》有相关规定。对于这类案件,在认定过程中会出现的问题主要有以下几个方面:

(1)认定抄袭论文的启动。一般在程序上,学校不会对已经通过的毕业论文自主进行重复审查,因为在毕业论文答辩的过程中就已经对论文的内容进行了实质审查,而且从学士、硕士到博士论文的审查标准也在逐渐增加,通过查重、专家审核、答辩等一系列程序,一般论文中出现的问题都会被检查出来,所以一旦学校学位论文答辩委员会决定通过学生的论文答辩,学校就会直接授予学位不会再重复审核学生的学位论文。目前出现的因为抄袭而撤销学位的案件,学校只有在利害关系人举报的情况下,才会对论文进行重新审查。

(2)应该由谁认定抄袭。论文的审查主体由我国《高等教育法》明确规定,即学术委员会。因为一般学位论文具有很强的专业性,由不具有专业知识的人审查抄袭问题是不现实的,我国《高等教育法》第四十二条规定:"高等学校设立学术委员会,履行下列职责:(一)审议学科建设、专业设置,教学、科学研究计划方案;(二)评定教学、科学研究成果;(三)调查、处理学术纠纷;(四)调查、认定学术不端行为;(五)按照章程审议、决定有关学术发展、学术评价、学术规范的其他事项。"明确规定了学术委员会是调查处理学术纠纷和调查认定学术不端的主体。另外,由于我国明确规定学位委员会的职权有撤销学位、作出撤销违反规定而授予学位的决定、研究和处理授予学位的争议和其他事项。如果由学位委员会自己调查、自己决定,对于程序正当原则也有损害,因此由学术委员会组织调查小组调查论文的抄袭情况,并报由学位委员会研究是否予以撤销。学术委员会在程序正当的情况下作出的论文是否抄袭的决定,法院应该予以认可。

（3）抄袭的论文应该做何种认定。论文审查的对象,一般会认为只有学位论文。但是目前我国也出现在学校期间撰写投稿、在毕业后发表的学术论文存在抄袭问题,学校决定撤销学位的案件。如于艳茹诉北京大学案,在本案中被举报抄袭的论文包括学位论文和其他毕业要求的学术成果论文。在这里,认定抄袭论文应该包含的对象就成了目前认定论文抄袭问题中的一个难点。我国《学位条例》中规定的是授予单位发现舞弊作伪等情况应予撤销学位,这里没有明确说明舞弊作伪的对象。2015 年修订的我国《教育法》中规定的是以作弊、剽窃、抄袭等欺诈行为或者其他不正当手段获得学位证书、学历证书或者其他学业证书的,由颁发机构撤销相关证书。这里对于抄袭的对象限定为帮助获得学位证书、学历证书的论文。一方面我国相关教育法规中都有明确的对学生的学术道德的规定和要求,对于论文抄袭这种重大的错误应该予以严肃处理,但是另一方面,学位对于一个学生的工作、生活的影响是重大的,所以在确定抄袭对象的认定方面,也应该宽严相济,基本确定为影响学位授予的论文存在抄袭现象学校发现后应当予以撤销学位的处罚。这里的影响学位授予的论文应该包括学位论文和学校规定的获得学位必须提交的论文成果。由于学位论文本身的专业性质,所以认定论文抄袭的具体标准应当与审核取得该学位的学位论文的标准相同,实质性审核应该交由学术委员会,学术委员会应该出具相关的认定意见书交给学校,学校在作出撤销学位决定时应该尊重学位委员会的意见。

（四）大学在处理撤销学位案件中程序上存在的问题

本案最终败诉还是由于程序违法。根据我国《学位条例》的规定,在撤销学位之前应该经过学位评定委员会复议,本案中认定华南理工程序性违法的根本就在于,华南理工大学没有在正式作出处罚决定之前先作出一个拟处理决定,这样使得李涛申诉的权利受到了侵害。不管学校实质性的调查的情况如何,都应该严格遵守程序合法。而且在调查的过程中调查主体是计算机科学与工程学院,事实上,调查主体应该是校内最高学术机关——学术委员会,由学术委员会调查并形成调查报告。

三、法条索引

《中华人民共和国教育法》（2015 年修正）

第八十二条　学校或者其他教育机构违反本法规定,颁发学位证书、学历证书或者其他学业证书的,由教育行政部门或者其他有关行政部门宣布证书无效,责令收回或者予以没收;有违法所得的,没收违法所得;情节严重的,责令停止相关招生资格一年以上三年以下,直至撤销招生资格、颁发证书资格;对直接负责的主管人员和其他直接责任人员,依法给予处分。

前款规定以外的任何组织或者个人制造、销售、颁发假冒学位证书、学历证书或者其他学业证书,构成违反治安管理行为的,由公安机关依法给予治安管理处罚;构成犯罪的,依法追究刑事责任。

以作弊、剽窃、抄袭等欺诈行为或者其他不正当手段获得学位证书、学历证书或者其他学业证书的,由颁发机构撤销相关证书。购买、使用假冒学位证书、学历证书或者其他学业证书,构成违反治安管理行为的,由公安机关依法给予治安管理处罚。

《普通高等学校学生管理规定》(教育部令第 41 号)

第三十七条　对违反国家招生规定取得入学资格或者学籍的,学校应当取消其学籍,不得发给学历证书、学位证书;已发的学历证书、学位证书,学校应当依法予以撤销。对以作弊、剽窃、抄袭等学术不端行为或者其他不正当手段获得学历证书、学位证书的,学校应当依法予以撤销。被撤销的学历证书、学位证书已注册的,学校应当予以注销并报教育行政部门宣布无效。

《中华人民共和国学位条例》

第十七条　学位授予单位对于已经授予的学位,如发现有舞弊作伪等严重违反本条例规定的情况,经学位评定委员会复议,可以撤销。

第十八条　国务院对于已经批准授予学位的单位,在确认其不能保证所授学位的学术水平时,可以停止或撤销其授予学位的资格。

《中华人民共和国学位条例暂行实施办法》

第十八条　学位授予单位的学位评定委员会根据国务院批准的授予学位的权限,分别履行以下职责:

(一)审查通过接受申请硕士学位和博士学位的人员名单;

(二)确定硕士学位的考试科目、门数和博士学位基础理论课和专业课的考试范围;审批主考人和论文答辩委员会成员名单;

(三)通过学士学位获得者的名单;

(四)作出授予硕士学位的决定;

(五)审批申请博士学位人员免除部分或全部课程考试的名单;

（六）作出授予博士学位的决定；

（七）通过授予名誉博士学位的人员名单；

（八）作出撤销违反规定而授予学位的决定；

（九）研究和处理授予学位的争议和其他事项。

《学位论文作假行为处理办法》（教育部令第 34 号）

第二条　向学位授予单位申请博士、硕士、学士学位所提交的博士学位论文、硕士学位论文和本科学生毕业论文（毕业设计或其他毕业实践环节）（统称为学位论文），出现本办法所列作假情形的，依照本办法的规定处理。

第三条　本办法所称学位论文作假行为包括下列情形：

（一）购买、出售学位论文或者组织学位论文买卖的；

（二）由他人代写、为他人代写学位论文或者组织学位论文代写的；

（三）剽窃他人作品和学术成果的；

（四）伪造数据的；

（五）有其他严重学位论文作假行为的。

第七条　学位申请人员的学位论文出现购买、由他人代写、剽窃或者伪造数据等作假情形的，学位授予单位可以取消其学位申请资格；已经获得学位的，学位授予单位可以依法撤销其学位，并注销学位证书。取消学位申请资格或者撤销学位的处理决定应当向社会公布。从做出处理决定之日起至少三年内，各学位授予单位不得再接受其学位申请。

前款规定的学位申请人员为在读学生的，其所在学校或者学位授予单位可给予开除学籍处分；为在职人员的，学位授予单位除给予纪律处分外，还应当通报其所在单位。

第十二条　发现学位论文有作假嫌疑的，学位授予单位应当确定学术委员会或者其他负有相应职责的机构，必要时可以委托专家组成的专门机构，对其进行调查认定。

第十三条　对学位申请人员、指导教师及其他有关人员做出处理决定前，应当告知并听取当事人的陈述和申辩。

当事人对处理决定不服的，可以依法提出申诉、申请行政复议或者提起行政诉讼。

《高等学校预防与处理学术不端行为办法》（教育部令第 40 号）

第十二条　高等学校应当明确具体部门，负责受理社会组织、个人对本校教学科研人员、管理人员及学生学术不端行为的举报；有条件的，可以设立专门岗位或者指定专人，负责学术诚信和不端行为举报相关事宜的咨询、受理、调查等工作。

第十三条　对学术不端行为的举报,一般应当以书面方式实名提出,并符合下列条件:

(一)有明确的举报对象;

(二)有实施学术不端行为的事实;

(三)有客观的证据材料或者查证线索。

以匿名方式举报,但事实清楚、证据充分或者线索明确的,高等学校应当视情况予以受理。

第十四条　高等学校对媒体公开报道、其他学术机构或者社会组织主动披露的涉及本校人员的学术不端行为,应当依据职权,主动进行调查处理。

第十五条　高等学校受理机构认为举报材料符合条件的,应当及时作出受理决定,并通知举报人。不予受理的,应当书面说明理由。

第十六条　学术不端行为举报受理后,应当交由学校学术委员会按照相关程序组织开展调查。

学术委员会可委托有关专家就举报内容的合理性、调查的可能性等进行初步审查,并作出是否进入正式调查的决定。

决定不进入正式调查的,应当告知举报人。举报人如有新的证据,可以提出异议。异议成立的,应当进入正式调查。

第十七条　高等学校学术委员会决定进入正式调查的,应当通知被举报人。

被调查行为涉及资助项目的,可以同时通知项目资助方。

第十八条　高等学校学术委员会应当组成调查组,负责对被举报行为进行调查;但对事实清楚、证据确凿、情节简单的被举报行为,也可以采用简易调查程序,具体办法由学术委员会确定。

调查组应当不少于三人,必要时应当包括学校纪检、监察机构指派的工作人员,可以邀请同行专家参与调查或者以咨询等方式提供学术判断。

被调查行为涉及资助项目的,可以邀请项目资助方委派相关专业人员参与调查组。

第十九条　调查组的组成人员与举报人或者被举报人有合作研究、亲属或者导师学生等直接利害关系的,应当回避。

第二十条　调查可通过查询资料、现场查看、实验检验、询问证人、询问举报人和被举报人等方式进行。调查组认为有必要的,可以委托无利害关系的专家或者第三方专业机构就有关事项进行独立调查或者验证。

第二十一条　调查组在调查过程中,应当认真听取被举报人的陈述、申辩,对有关事实、理由和证据进行核实;认为必要的,可以采取听证方式。

第二十二条　有关单位和个人应当为调查组开展工作提供必要的便利和协助。

举报人、被举报人、证人及其他有关人员应当如实回答询问,配合调查,提供相关证据材料,不得隐瞒或者提供虚假信息。

第二十三条　调查过程中,出现知识产权等争议引发的法律纠纷的,且该争议可能影响行为定性的,应当中止调查,待争议解决后重启调查。

第二十四条　调查组应当在查清事实的基础上形成调查报告。调查报告应当包括学术不端行为责任人的确认、调查过程、事实认定及理由、调查结论等。

学术不端行为由多人集体做出的,调查报告中应当区别各责任人在行为中所发挥的作用。

第二十五条　接触举报材料和参与调查处理的人员,不得向无关人员透露举报人、被举报人个人信息及调查情况。

第二十六条　高等学校学术委员会应当对调查组提交的调查报告进行审查;必要的,应当听取调查组的汇报。

学术委员会可以召开全体会议或者授权专门委员会对被调查行为是否构成学术不端行为以及行为的性质、情节等作出认定结论,并依职权作出处理或建议学校作出相应处理。

4.高等学校因学生违规取得入学资格而撤销学位
——翟建宏诉郑州大学撤销学位证书案

一、典型案例

(一)案号
一审:河南省郑州高新技术开发区人民法院(2014)开行初第147号。
二审:郑州市中级人民法院(2015)郑行终字第42号。

(二)裁判要旨
学生伪造硕士毕业证书取得报考资格属于违反国家招生规定取得入学资格或者学籍,应当依据《普通高等学校学生管理规定》第三十七条的规定撤销学历证书、学位证书。

学生以"同等学力者"条件报考时应该通过相应的考试,否则认为不具有入学资格。

（三）基本案情

翟建宏是郑州大学历史学院 2002 级博士研究生，于 2005 年 6 月毕业并取得博士学位。2013 年 9 月郑州大学接到关于翟建宏入学考试报名所用硕士学位证书是造假的举报。经核查后，郑州大学于 2014 年 1 月 6 日作出《关于撤销翟建宏博士学位的决定》，按照《学位条例》及《郑州大学学位授予工作实施细则》的有关规定，经校学位评定委员会会议研究，决定撤销翟建宏博士学位并注销学位证书。2014 年 6 月原告得知后不服该决定，将郑州大学诉至法院，请求撤销郑州大学作出的《关于撤销翟建宏博士学位的决定》。

（四）原告主张及理由

翟建宏要求撤销郑州大学作出的《关于撤销翟建宏博士学位的决定》，理由如下：

（1）考试时提供了硕士学位证书。

（2）翟建宏如果报考时提供了涉案硕士学位证书，郑州大学可以通过教育部学位与研究生教育发展中心（下称学位中心）对该证书进行认证。作为教育招生单位，郑州大学完全知悉或应该知悉这一认证机构，但是郑州大学没有去认证，应该推定郑州大学在招生工作中没有尽到注意义务。

（3）郑州大学作出的具体行政行为程序违法。一审判决认定被诉具体行政行为符合法定程序，但是却没有指出是依据哪些事实和证据作出这一认定的。而实际上，被上诉人提供的所有证据都无法证明其程序合法。

（五）被告意见

郑州大学请求法院驳回翟建宏的诉讼请求。理由如下：

（1）翟建宏以不真实的硕士学位证书骗取博士生报考资格的事实清楚。证实上诉人翟建宏报考时提交硕士学位证书是不真实的。同时，上诉人认为其是以具有"同等学力者"这一条件报考博士研究生的观点，显然是不成立的。

（2）答辩人在审查上诉人的报考资格时已尽到法律上的注意义务。

（3）答辩人做出的撤销上诉人博士学位的决定，证据合法、确凿，符合法定程序。

（六）争议焦点

（1）翟建宏是以获得硕士学位还是以具有同等学力的条件报考郑州大学博士研究生的问题。

（2）被上诉人作出的撤销学位决定适用法律是否正确问题。

（3）被上诉人作出的撤销学位决定程序是否合法问题。

（七）裁判理由及结果

本案一审法院认为,根据《学位条例》规定,学位授予单位对于已经授予的学位,如发现有舞弊作伪等严重违反本条例规定的情况,经学位评定委员会复议,可以撤销。被告郑州大学是经国务院批准的博士学位授予单位,对舞弊作伪等严重违反《学位条例》规定的情况,具有撤销学位的职权。被告作出的《关于撤销翟建宏博士学位的决定》,事实清楚、证据充分,符合法定程序,原告虽不认可被告留存的硕士学位证书,也不认可教育部学位与研究生教育发展中心据此作出的"中国人民大学1997年授予的工业经济学专业硕士学位不真实"的认证报告,但原告并未提供自己保存的硕士学位证书原件,也未提供其他足以推翻教育部学位与研究生教育发展中心认证报告的反驳证据,故原告的诉讼请求本院不予支持。判决驳回原告翟建宏的诉讼请求。翟建宏不服一审判决提起上诉。二审法院驳回上诉,维持原判。

二、案例评析

本案属于非常典型的因为学位证书造假导致学位被撤销的案件。通过这个案件,可以讨论第二种法律明确规定的会撤销学位的行为,即存在以不正当行为获得入学考试资格的情形。

（一）学校应当如何审核学生入学资格

我国《高等教育法》(1998年)中对入学资格的规定在第十九条:"高级中等教育毕业或者具有同等学力的,经考试合格,由实施相应学历教育的高等学校录取,取得专科生或者本科生入学资格。本科毕业或者具有同等学力的,经考试合格,由实施相应学历教育的高等学校或者经批准承担研究生教育任务的科学研究机构录取,取得硕士研究生入学资格。硕士研究生毕业或者具有同等学力的,经考试合格,由实施相应学历教育的高等学校或者经批准承担研究生教育任务的科学研究机构录取,取得博士研究生入学资格。允许特定学科和专业的本科毕业生直接取得博士研究生入学资格,具体办法由国务院教育行政部门规定。"本条规定了学生的入学资格包括考试资格和考试两种,其中证明具有考试资格的一种情况是具有前面的学业证书、学历证书或者具有同等学力。《高等教育法》没有规定学校具体应如何审查,而具体规定在《高等学校学生管理规定》(教育部令第41号)中,第九条规定:"学校应当在报到时对新生入学资格进行初步审查,审查合格的办理入学手续,予以注册学籍;审查发现新生的录取通知、考生信息等证明材料,与本人实际情况不符,或者有其他违反国家招生考试规定情形的,取消入学资格。"第十一条规定:"学生入学后,学校应当在3个月内按照国家招生规定进行复查。复查内容主要包括以下方面:(一)录取手续及程序等是否合乎国家招生规定;(二)所获得的录取资格是否真实、合乎相关规定;(三)本人及身份证明与录取通知、考生档案等是否一致;(四)身心健康状况是否符合报考专业或者专业类别体检要求,能否保证在校正常学习、生活;(五)艺术、体育等特殊类型录取学生的专业水平是否符合录取要求。复查中发现学生存在弄虚作假、徇私舞弊等情形的,确定为复查不合格,应当取消学籍;情节严重的,学校应当移交有关部门调查处理。复查中发现学生身心状况不适宜在校学习,经学校指定的二级甲等以上医院诊断,需要在家休养的,可以按照第十条的规定保留入学资格。复查的程序和办法,由学校规定。"这个条款明确规定了学校的注意义务包括在入学三个月内审核考生录取资格是否真实。但是对具体如何审查,规定给了学校一定的自主权,可以自己设立。经过入学阶段的审查后,学校在授予学位前根据《学位条例》的规定要审核学生提交学位申请材料。但是目前我国也没有具体规定审核的内容。在本案中,郑州大学就以此为答辩理由,认为如果在审核时,对每一个学生都付费进行学位认证过于加重学校义务。

(二)假冒入学资格的可诉性分析

我国《学位条例》中只规定了存在舞弊作伪情况可以撤销学位,然而舞弊作伪是否包括伪造毕业证书、学位证书没有具体说明,还需要根据其他有关法律细化,可以认为伪造毕业证书也是作伪的一种情况。我国《教育法》第八十二条规定了以作弊等欺诈等手段取得学位证书由颁发机构撤销学位。从该条分析,本条款中作弊等欺诈手段应该是与前面的作弊、抄袭手段相类似,没有明确规定违反国家法律规定取得招生资格的情形。我国《普通高等学校学生管理规定》中规定:"对违反国家招生规定取得入学资格或者学籍的,学校应当取消其学籍,不得发给学历证书、学位证书;已发的学历证书、学位证书,学校应当依法予以撤销。"这明确规定了违反国家招生规定取得入学资格应当撤销学位证书。这就是将以违反国家招生规定取得入学资格明确列为可以撤销学位证书的情形。通过涂改、伪造学位证书取得考试资格就属于上述情形。另外,我国《普通高等学校招生违规行为处理暂行办法》第十一条规定:"考生有下列情形之一的,应当如实记入其考试诚信档案。下列行为在报名阶段发现的,取消报考资格;在入学前发现的,取消入学资格;入学后发现的,取消录取资格或者学籍;毕业后发现的,由教育行政部门宣布学历、学位证书无效,责令收回或者予以没收;涉嫌犯罪的,依法移送司法机关处理。(一)提供虚假姓名、年龄、民族、户籍等个人信息,伪造、非法获得证件、成绩证明、荣誉证书等,骗取报名资格、享受优惠政策的;(二)在综合素质评价、相关申请材料中提供虚假材料、影响录取结果的;(三)冒名顶替入学,由他人替考入学或者取得优惠资格的;(四)其他严重违反高校招生规定的弄虚作假行为。违反国家教育考试规定、情节严重受到停考处罚,在处罚结束后继续报名参加国家教育考试的,由学校决定是否予以录取。"伪造、非法获得证件、成绩证明、荣誉证书也属于被发现后应该宣布学历、学位证书无效的情形。本案中,郑州大学依法撤销翟建宏的学位证书于法有据。

(三)伪造学位证书、毕业证书撤销学位的正当程序

在本案中,翟建宏通过伪造人民大学的硕士毕业证书,达到报考郑州大学博士学位的报考条件。在被发现是通过假的毕业证书报考博士学位后,郑州大学作出了撤销翟建宏学位的处理决定。因为存在伪造毕业证书被撤销学位明确规定在我国《高等教育法》《学位条例》《学位条例暂行实施办法》之中。在本案中,郑州大学在接到翟建宏硕士学位造假的举报后,开始调查,从河南省招生办、郑州大学档案馆、上诉人翟建宏的人事档案和郑州市纪委等获知的材料,确认上诉人是通过"已获硕士学位"类别获得报考资格,也是以在职研究生身份申请的博士学位,并通知翟建宏到校说明情况。后经与中国人民大学、教育部学位与研究生教育发展中心和郑州市纪委联系,查证了翟建宏硕士学位证书不真实的事实。郑州大学以《学位条例》第十七条和《郑州大学学位授予工作实施细则》第二十九条的规定,经由校学位评定委员会作出撤销翟建宏博士学位的决定,并合法送达。根据郑州大学的撤销程序,并根据我国有关法律规定,郑州大学开始因伪造入学资格启动撤销学位程序时,首先是审查的启动,目前只有学校接到举报后启动这一个方式。不论是翟建宏案,还是"学位撤销第一案"的陈颖案,都是由他人向学校举报后,学校启动调查程序。在一般的情况下,学校在学生入学后会对学生的入学资格进行审查,学校如果尽到了规定的必要的注意义务,就不应该对学位证书、毕业证书造假承担责任,而且之后不会再对学生的入学资格问题再做审查。其次,审查的主体仍然应该遵循与授予学位主体(学位评定委员会)不同的原则,学位评定委员会自己审查自己的错误行为,明显不利于对学生权利的保护,这里也不同于学术不端的调查,因为学术委员会没有审核学生学籍的权利。学校可以在院里成立一个调查小组调查此案,得出调查结果后交由学位评定委员会审核作出撤销决定。这是因为我国的《学位条例》规定,存在作伪行为的由学位授予单位撤销,学位评定委员会复核。这就表明不管是抄袭还是作伪的认定机构,都是学位评定委员会。最后是认定作伪的对象应该是毕业证书、学位证书。本案中需要认定是否作伪的,就是翟建宏的硕士学位证书。这里认定学位证书、毕业证书是否存在伪造的方法就是根据国务院学位委员会学位(2000)1号文件的规定,由学校申请对存在问题的学位证书进行认证,以认证的结果作为证据。

(四)如何判定以同等学力报考

这类案件在审判的过程中还会出现的问题之一就是把通过伪造学位证书、毕业证书报考和以同等学力报考这两种不同的报考方式混为一谈,试图通过证明是通过同等学力报考来掩盖学位证书、毕业证书造假的行为。我国《高等教育法》也规定了可以通过同等学力报考,在这种情况下,应该仔细审查行政相对人当时报考时的记录,如果是符合有关教育法规和学校章程规定的可以认定为同等学力者的要件,且是严格根据同等学力的入学考试标准进行的,那么就应当认定为以同等学力的身份参加入学考试,但是如果并未满足以上两个条件,则不能认定为同等学力。本案中虽然行政相对人提出自己是通过同等学力的身份参加的入学考试,但是根据有关的记录,翟建宏不符合同等学力的认定条件,在入学考试中也没有参加只有以硕士学位报考才能免考的政治考试,因此不能认定为同等学力。同时在这类案件中还有一种《教育法》规定的行政处罚,即购买、使用假冒学位证书、学历证书或者其他学业证书,构成违反治安管理行为的,由公安机关依法给予治安管理处罚。

三、法条索引

《中华人民共和国教育法》(2015 年修正)

第八十二条　学校或者其他教育机构违反本法规定,颁发学位证书、学历证书或者其他学业证书的,由教育行政部门或者其他有关行政部门宣布证书无效,责令收回或者予以没收;有违法所得的,没收违法所得;情节严重的,责令停止相关招生资格一年以上三年以下,直至撤销招生资格、颁发证书资格;对直接负责的主管人员和其他直接责任人员,依法给予处分。

前款规定以外的任何组织或者个人制造、销售、颁发假冒学位证书、学历证书或者其他学业证书,构成违反治安管理行为的,由公安机关依法给予治安管理处罚;构成犯罪的,依法追究刑事责任。

以作弊、剽窃、抄袭等欺诈行为或者其他不正当手段获得学位证书、学历证书或者其他学业证书的,由颁发机构撤销相关证书。购买、使用假冒学位证书、学历证书或者其他学业证书,构成违反治安管理行为的,由公安机关依法给予治安管理处罚。

《普通高等学校学生管理规定》(教育部令第 41 号)

第三十七条　对违反国家招生规定取得入学资格或者学籍的,学校应当取消其学籍,不得发给学历证书、学位证书;已发的学历证书、学位证书,学校应当依法予以撤销。对以作弊、剽窃、抄袭等学术不端行为或者其他不正当手段获得学历证书、学位证书的,学校应当依法予以撤销。被撤销的学历证书、学位证书已注册的,学校应当予以注销并报教育行政部门宣布无效。

《中华人民共和国学位条例》

第十七条　学位授予单位对于已经授予的学位,如发现有舞弊作伪等严重违反本条例规定的情况,经学位评定委员会复议,可以撤销。

第十八条　国务院对于已经批准授予学位的单位,在确认其不能保证所授学位的学术水平时,可以停止或撤销其授予学位的资格。

《中华人民共和国学位条例暂行实施办法》

第十八条　学位授予单位的学位评定委员会根据国务院批准的授予学位的权限,分别履行以下职责:

(一)审查通过接受申请硕士学位和博士学位的人员名单;

(二)确定硕士学位的考试科目、门数和博士学位基础理论课和专业课的考试范围,审批主考人和论文答辩委员会成员名单;

(三)通过学士学位获得者的名单;

(四)作出授予硕士学位的决定;

(五)审批申请博士学位人员免除部分或全部课程考试的名单;

(六)作出授予博士学位的决定;

(七)通过授予名誉博士学位的人员名单;

(八)作出撤销违反规定而授予学位的决定;

(九)研究和处理授予学位的争议和其他事项。

第三节　撤销的程序

5. 撤销学位中的正当程序
——于艳茹诉北京大学撤销学位案

一、典型案例

(一)案号

一审:北京市海淀区人民法院(2015)海行初字第 1064 号。

二审:北京市第一中级人民法院(2017)京 01 行终 277 号。

（二）裁判要旨

高等学校撤销学生学位时应当遵守正当程序原则,撤销学位程序不当的,法院会判决撤销学校的撤销学位决定。

（三）基本案情

于艳茹在北京大学就读博士研究生期间将其撰写的论文向杂志社投稿,并在毕业前向杂志社发送了修改稿,同时也将该论文作为科研成果列入博士学位论文答辩申请书和研究生科研统计表。于艳茹取得历史学博士学位后,该论文正式发表。一年后该杂志社发布公告,认为于艳茹的论文构成严重抄袭。北京大学随即成立专家调查小组,小组进行了三次会议并最终认定论文属于严重抄袭,于艳茹参加了第二次会议,就涉案论文是否存在抄袭情况进行了陈述。最终北京大学学位评定委员会召开会议,会议通过决定撤销于艳茹的博士学位。同日,北京大学作出撤销决定,并送达于艳茹。于艳茹对该撤销决定不服,向北京大学学生申诉处理委员会提出申诉。北京大学学生申诉处理委员会作出维持撤销决定。随后于艳茹向北京市教委提出申诉,请求撤销上述撤销决定。市教委对于艳茹的申诉请求不予支持。于艳茹亦不服,向法院提起行政诉讼。一审判决后,北京大学提出上诉。

（四）原告主张及理由

于艳茹主张北京大学作出的撤销决定在实体和程序上均存在错误,应予以撤销。具体理由如下:

（1）被告作出的撤销决定在实体上超越职权。原告没有在博士毕业论文上造假,北京大学没有撤销原告学位的法律依据。

（2）被告作出的撤销决定违反法定程序。第一,被告在调查和处理过程中,未及时向原告公开调查过程、调查程序、处理结论所依据的事实与理由。第二,在其作出撤销决定的过程中,始终未让原告查阅、复制、获取"专家组调查报告""外聘专家评审意见""历史系分学位委员会会议记录""117、118次校学位委员会会议纪要及两份会议记录"及法律意见书等重要证据材料。被告至今仍一直拒绝向原告公开另外四份会议记录,侵犯了原告的知情权。第三,被告作出撤销决定前未让原告申辩,侵犯了原告的申辩权。被告未告知原告救济途径及期限,侵犯原告的救济权利。第四,撤销决定于2015年1月9日作出,1月10日印发,1月14日才送达原告。在撤销决定尚未送达原告并且正式生效前,被告通过新华社和中央电视台予以新闻通报,属于严重违法。被告通过媒体通报撤销决定时,捏造原告承认抄袭事实,但原告从未承认抄袭。第五,被告作出的撤销决定认定事实不清,证据不足。第六,被告作出的撤销决定适用法律错误。

（五）被告意见

北京大学请求驳回原告的诉讼请求，具体理由如下：

原告在北京大学读书期间严重抄袭境外学者已经发表的文章，并据此以自己名义发表《1775 年法国大众新闻业的"投石党运动"》一文，其行为严重违反国家及北京大学的相关规定。①原告发表《1775 年法国大众新闻业的"投石党运动"》一文，属于在学期间发表学术论文行为。②原告发表《1775 年法国大众新闻业的"投石党运动"》属学术不端行为。③原告的抄袭行为性质严重，影响恶劣。

（六）争议焦点

（1）本案是否符合法院的受案范围？

（2）北京大学在作出撤销决定时是否应当适用正当程序原则，以及北京大学作出撤销决定的程序是否符合该原则？

（3）北京大学作出撤销决定时适用法律是否准确？

（七）法院裁判理由及结果

对于本案是否属于属于人民法院的受案范围，本案法院认为，《学位条例》第十七条规定："学位授予单位对于已经授予的学位，如发现有舞弊作伪等严重违反本条例规定的情况，经学位评定委员会复议，可以撤销。"根据上述规定，北京大学作为学位授予机构，依法具有撤销已授予学位的行政职权。因此，北京大学向于艳茹作出的撤销决定，属于《行政诉讼法》规定的行政行为；于艳茹不服该撤销决定而提起的诉讼，也属于属于人民法院行政诉讼受案范围。

对于本案是否应该适用正当程序原则以及北京大学作出的撤销决定是否符合正当程序，本案一审法院认为，法院主要审查的问题是北京大学在作出撤销决定的过程中的行为是否合法。北京大学应当遵循正当程序原则，在查清事实的基础上，充分听取于艳茹的陈述和申辩，保障于艳茹享有相应的权利。一审法院认为，在本案中，北京大学虽然在调查初期与于艳茹进行过一次约谈，于艳茹就涉案论文是否存在抄袭陈述了意见，但此次约谈系北京大学的专家调查小组进行的调查程序；北京大学在作出撤销决定前未充分听取于艳茹的陈述和申辩。因此，北京大学作出的对于艳茹不利的撤销决定，有违正当程序原则。虽然北京大学当庭辩称此次约谈有可能涉及撤销学位问题，但北京大学未能提供相关证据予以证明。因此，一审法院院对北京大学的上述辩称意见不予采信。

一审法院判决撤销被告北京大学作出的《关于撤销于艳茹博士学位的决定》，并驳回原告于艳茹的其他诉讼请求。二审判决驳回北京大学的上诉,维持一审判决。

二、案例分析

于艳茹案作为当年度的行政法十大案例之一,自新闻媒体爆出于艳茹发表论文存在抄袭之初就备受舆论关注。而本案最终经过两次审理,以判决撤销北京大学撤销学位决定告终。但是关于于艳茹案的争论并没有随着终审判决而结束,有人认为存在学术不端却不撤销学位存在不公,有人对法院维护程序正义叫好。本案的二审裁判书非常值得一读,但值得一提的事,仔细阅读法院的裁判理由,其实并未过多涉及北京大学撤销决定中的实体性法律问题。判决北京大学败诉最重要的理由是决定存在程序问题。所以在讨论高校撤销学位程序问题时,拟将本案作为一个切入点,重点探讨本案中撤销学位的过程中出现的程序问题,以期为各高校提供一个撤销学位的正当程序流程。

(一)存在学术不端的学术论文应该如何界定

对本案存在学术不端论文产生的第一个争议是:该论文是否属于在校发表的论文? 于艳茹认为,存在争议的论文不属于在校期间发表。于艳茹自入学报到之日起至 2013 年 7 月 5 日毕业之日止,属于在校期间。争议论文于 2013 年 7 月 23 日发表,此时于艳茹已经毕业离校,不属于在校期间发表。论文在于艳茹申请博士学位时,处于待刊状态,并没有发表。而论文最终发表显示单位为北京大学则是编辑的行为,不是于艳茹的原意。而北京大学认为于艳茹发表该论文,属于在学期间发表学术论文行为。于艳茹取得博士学位证书的时间为 2013 年 7 月 5 日,办理离校手续的时间应该在此前后几日;于艳茹向《国际新闻界》投送争议论文以求发表的时间为 2013 年 1 月 17 日,《国际新闻界》大致确定发表论文的时间为 2013 年 3 月 18 日。作者一旦将论文完成投送,发表行为就已经完成,至于何时公开则要看杂志社的安排。在这里对于学术论文的发表应该定义为第一次向社会大众公开。只要作者将作品向不特定任何人(即便是一人)披露,即认为已行使公开权。反之,披露的对象被作者限定在特定范围内,具有保密义务,则不属公开。于艳茹虽然向杂志社送交了论文,但是论文公开主体是特定的,只有刊登论文的杂志出版了才算向社会公开,在未出版的过程中,论文可能会因为被撤稿等原因不能出版,即不算发表。在本案中,也应该认定于艳茹的论文在《国际新闻界》杂志出版后才公开。

(二)过罚相当原则的适用

过罚相当原则是行政法的一项原则,是指行政主体对违法行为人适用行政处罚,所科罚种和处罚幅度要与违法行为人的违法过错程度相适应,既不轻过重罚,也不重过轻罚,避免畸轻畸重的不合理、不公正的情况。本案结束后,在北京大学召开的研讨会上①,一部分学者就指出北京大学撤销学位的处罚不符合过罚相当原则,处罚过重。首先本案中北京大学适用的《北京大学研究生基本学术规范》与《学位条例》相抵触。其第五条规定:"已结束学业并离校后的研究生,如果在校期间存在严重违反学术规范的行为,一经查实,撤消其当时所获得的相关奖励、毕业证书和学位证书。"其实它是北京大学根据《学位条例》制定的工作细则,不应与条例相抵触。所以该学术规范是违反法律规定的,不得适用。其次对该论文事实上与取得学位之间不具有关联性。在本案中,于艳茹在申请博士学位时,除争议论文外,已经在符合要求的期刊上发表了两篇论文,即使没有争议论文的发表,也不影响于艳茹取得学位。我国《学位条例》虽然明确规定了撤销学位,但是给予高校一定的自主权,对于舞弊作伪行为是"可以"撤销学位,即学校可以选择撤销学位或者不撤销学位。在本案中,于艳茹已经被《国际新闻界》这样的杂志公开发布公告宣布抄袭,这几乎已经给于艳茹的学术生涯判了死刑,这时北京大学在选择是否撤销其学位的情况下,可以以批评教育为主,不再进行更为严重的惩罚。

(三)学校如何遵守正当程序原则

学位是学生寒窗苦读数年的一个重要证明,与不予授予学位不同,被撤销学位的主体往往都已经不是学生,多是已经通过学位找到工作并在工作单位工作数年,这种情况下撤销学位对于行政相对人后续已经开始的工作、学业都会受到严重影响。目前出现的撤销学位案件中,撤销博士学位的案件占大多数,而博士作为我国高等教育中最高的一环,取得学位的困难程度也无疑是最高的,时隔多年撤销学位,对行政相对人的影响无疑是巨大的,因此对于撤销学位的行政行为,行政主体更需要严格遵守程序正当原则,切实保障行政相对人的程序性权利。因此在撤销学位的过程中学校要公正对待行政相对人。由于我国长久流传下来的传统,学校对学生有种"大家长"的态度,在处理学位撤销案件中更是尤为突出,在发现学生可能有问题后,就先入为主地把行政相对人作为有错误的人来对待,或者用道德标准取代法律标准要求相对人,在这种情形下,在学校内部就很难给出合理的解决。学位撤销案件往往与学术抄袭有关,名气越大的学校越会受到社会关注,学校此时不能被舆论绑架,希望快速息事宁人,以牺牲学生的权利保全学校名誉,不认真听取学生的申诉辩解,不维护学生的基本程序性权利,也使得在

---

①　澎湃新闻 2017 年 6 月 22 日报道,https://www.thepaper.cn/newsDetail_forward_1715210。

后来的诉讼中,学校屡屡因为程序问题败诉。

但是与法院严格要求的程序问题相对应的是,我国法律法规对于撤销学位程序规定的缺失。我国《高等教育法》《学位条例》《学位条例暂行实施办法》虽然都有对撤销学位的条款,但是对于具体的程序却没有明确的规定,如果这里的空缺是留给大学自主设定的话,于艳茹案反映出北京大学也没有对于此作出详细规定。纵观其他类似案例,有关高校的自主规定也鲜有涉及。可以适当借鉴《学位论文作假行为处理办法》和其他相关法律法规的规定,学校撤销学位的正当程序应该包括以下几个方面:

(1)高等学校受理社会组织或个人对取得本校学位的行政相对人存在学术不端论文的举报。举报应该是书面实名举报,对于确有证据的匿名举报也应当视情况受理。对于媒体公开报道或其他社会组织主动披露有本校学位的学生存在学术不端行为的,学校应当依职权主动调查。学校受理后,应当及时作出受理决定。

(2)学校学术委员会组织调查小组调查取证并送交学位评定委员会。调查小组应当不少于三人,调查人员与举报人或被举报人有合作研究、亲属、师生关系的应该适用回避。调查小组应当听取当事人的陈述或者申辩。调查小组在调查清楚事情经过后形成书面的调查报告。

(3)学位评定委员会召开会议讨论并制作送达撤销学位告知书。

(4)当事人向学位评定委员会陈述申辩。

(5)学位评定委员会制作撤销决定书并交由校长办公会议表决,校长办公会议通过后将处罚决定书制作送达当事人。撤销决定书应该包括以下几个方面:①学生的基本信息;②作出撤销的事实和证据;③学位撤销的依据、期限;④申诉的途径和期限;⑤其他必要内容。

(6)当事人如有不服可以向学生申诉委员会申诉。

其中当事人在收到处罚告知书时申请听证程序的,学校应当组织听证。

以上程序在撤销学位案件中不应该省略,以保护好行政相对人的申诉权利。在于艳茹案件中,北京大学作出撤销学位的决定时程序明显有缺失,只在调查取证阶段让于艳茹参加过一次会议,随后在学位评定委员会通过的情况下直接作出了撤销学位的决定,其间没有再听取于艳茹的陈述和申辩,并且也没有组织任何听证程序,并且撤销决定送达上也存在瑕疵。本案正确的程序应该至少包括:①北京大学成立专家调查小组调查论文抄袭问题,期间于艳茹可以参加专家小组的会议并进行陈述。②专家调查小组出具调查意见交由学位评定委员会讨论,学位评定委员会通过后制作撤销学位告知书并送达于艳茹。③于艳茹向学位评定委员会进行申诉,并且可以申请北京大学召开听证会。④以上活动的笔录再交由学位评定委员会讨论,讨论后出具学位撤销决定书,并将其交由校长办公会讨论,讨论通过后送达于艳茹。⑤于艳茹不服该决定可以向学生申诉委员会申诉。这样的一个过程才体现出正当程序,才能保护于艳茹的合法权利。

三、法条索引

《中华人民共和国教育法》(2015 年修正)

第八十二条　学校或者其他教育机构违反本法规定,颁发学位证书、学历证书或者其他学业证书的,由教育行政部门或者其他有关行政部门宣布证书无效,责令收回或者予以没收;有违法所得的,没收违法所得;情节严重的,责令停止相关招生资格一年以上三年以下,直至撤销招生资格、颁发证书资格;对直接负责的主管人员和其他直接责任人员,依法给予处分。

前款规定以外的任何组织或者个人制造、销售、颁发假冒学位证书、学历证书或者其他学业证书,构成违反治安管理行为的,由公安机关依法给予治安管理处罚;构成犯罪的,依法追究刑事责任。

以作弊、剽窃、抄袭等欺诈行为或者其他不正当手段获得学位证书、学历证书或者其他学业证书的,由颁发机构撤销相关证书。购买、使用假冒学位证书、学历证书或者其他学业证书,构成违反治安管理行为的,由公安机关依法给予治安管理处罚。

《普通高等学校学生管理规定》(教育部令第 41 号)

第三十七条　对违反国家招生规定取得入学资格或者学籍的,学校应当取消其学籍,不得发给学历证书、学位证书;已发的学历证书、学位证书,学校应当依法予以撤销。对以作弊、剽窃、抄袭等学术不端行为或者其他不正当手段获得学历证书、学位证书的,学校应当依法予以撤销。被撤销的学历证书、学位证书已注册的,学校应当予以注销并报教育行政部门宣布无效。

《中华人民共和国学位条例》

第十七条　学位授予单位对于已经授予的学位,如发现有舞弊作伪等严重违反本条例规定的情况,经学位评定委员会复议,可以撤销。

第十八条　国务院对于已经批准授予学位的单位,在确认其不能保证所授学位的学术水平时,可以停止或撤销其授予学位的资格。

《中华人民共和国学位条例暂行实施办法》

第十八条　学位授予单位的学位评定委员会根据国务院批准的授予学

位的权限,分别履行以下职责:

(一)审查通过接受申请硕士学位和博士学位的人员名单;

(二)确定硕士学位的考试科目、门数和博士学位基础理论课和专业课的考试范围;审批主考人和论文答辩委员会成员名单;

(三)通过学士学位获得者的名单;

(四)作出授予硕士学位的决定;

(五)审批申请博士学位人员免除部分或全部课程考试的名单;

(六)作出授予博士学位的决定;

(七)通过授予名誉博士学位的人员名单;

(八)作出撤销违反规定而授予学位的决定;

(九)研究和处理授予学位的争议和其他事项。

《学位论文作假行为处理办法》(教育部令第34号)

第二条 向学位授予单位申请博士、硕士、学士学位所提交的博士学位论文、硕士学位论文和本科学生毕业论文(毕业设计或其他毕业实践环节)(统称为学位论文),出现本办法所列作假情形的,依照本办法的规定处理。

第三条 本办法所称学位论文作假行为包括下列情形:

(一)购买、出售学位论文或者组织学位论文买卖的;

(二)由他人代写、为他人代写学位论文或者组织学位论文代写的;

(三)剽窃他人作品和学术成果的;

(四)伪造数据的;

(五)有其他严重学位论文作假行为的。

第七条 学位申请人员的学位论文出现购买、由他人代写、剽窃或者伪造数据等作假情形的,学位授予单位可以取消其学位申请资格;已经获得学位的,学位授予单位可以依法撤销其学位,并注销学位证书。取消学位申请资格或者撤销学位的处理决定应当向社会公布。从做出处理决定之日起至少三年内,各学位授予单位不得再接受其学位申请。

前款规定的学位申请人员为在读学生的,其所在学校或者学位授予单位可给予开除学籍处分;为在职人员的,学位授予单位除给予纪律处分外,还应当通报其所在单位。

第十二条 发现学位论文有作假嫌疑的,学位授予单位应当确定学术委员会或者其他负有相应职责的机构,必要时可以委托专家组成的专门机构,对其进行调查认定。

第十三条 对学位申请人员、指导教师及其他有关人员做出处理决定前,应当告知并听取当事人的陈述和申辩。

当事人对处理决定不服的,可以依法提出申诉、申请行政复议或者提起行政诉讼。

《高等学校预防与处理学术不端行为办法》(教育部令第 40 号)

第十二条　高等学校应当明确具体部门,负责受理社会组织、个人对本校教学科研人员、管理人员及学生学术不端行为的举报;有条件的,可以设立专门岗位或者指定专人,负责学术诚信和不端行为举报相关事宜的咨询、受理、调查等工作。

第十三条　对学术不端行为的举报,一般应当以书面方式实名提出,并符合下列条件:

(一)有明确的举报对象;

(二)有实施学术不端行为的事实;

(三)有客观的证据材料或者查证线索。

以匿名方式举报,但事实清楚、证据充分或者线索明确的,高等学校应当视情况予以受理。

第十四条　高等学校对媒体公开报道、其他学术机构或者社会组织主动披露的涉及本校人员的学术不端行为,应当依据职权,主动进行调查处理。

第十五条　高等学校受理机构认为举报材料符合条件的,应当及时作出受理决定,并通知举报人。不予受理的,应当书面说明理由。

第十六条　学术不端行为举报受理后,应当交由学校学术委员会按照相关程序组织开展调查。

学术委员会可委托有关专家就举报内容的合理性、调查的可能性等进行初步审查,并作出是否进入正式调查的决定。

决定不进入正式调查的,应当告知举报人。举报人如有新的证据,可以提出异议。异议成立的,应当进入正式调查。

第十七条　高等学校学术委员会决定进入正式调查的,应当通知被举报人。

被调查行为涉及资助项目的,可以同时通知项目资助方。

第十八条　高等学校学术委员会应当组成调查组,负责对被举报行为进行调查;但对事实清楚、证据确凿、情节简单的被举报行为,也可以采用简易调查程序,具体办法由学术委员会确定。

调查组应当不少于三人,必要时应当包括学校纪检、监察机构指派的工作人员,可以邀请同行专家参与调查或者以咨询等方式提供学术判断。

被调查行为涉及资助项目的,可以邀请项目资助方委派相关专业人员参与调查组。

第十九条 调查组的组成人员与举报人或者被举报人有合作研究、亲属或者导师学生等直接利害关系的,应当回避。

第二十条 调查可通过查询资料、现场查看、实验检验、询问证人、询问举报人和被举报人等方式进行。调查组认为有必要的,可以委托无利害关系的专家或者第三方专业机构就有关事项进行独立调查或者验证。

第二十一条 调查组在调查过程中,应当认真听取被举报人的陈述、申辩,对有关事实、理由和证据进行核实;认为必要的,可以采取听证方式。

第二十二条 有关单位和个人应当为调查组开展工作提供必要的便利和协助。

举报人、被举报人、证人及其他有关人员应当如实回答询问,配合调查,提供相关证据材料,不得隐瞒或者提供虚假信息。

第二十三条 调查过程中,出现知识产权等争议引发的法律纠纷的,且该争议可能影响行为定性的,应当中止调查,待争议解决后重启调查。

第二十四条 调查组应当在查清事实的基础上形成调查报告。调查报告应当包括学术不端行为责任人的确认、调查过程、事实认定及理由、调查结论等。

学术不端行为由多人集体做出的,调查报告中应当区别各责任人在行为中所发挥的作用。

第二十五条 接触举报材料和参与调查处理的人员,不得向无关人员透露举报人、被举报人个人信息及调查情况。

第二十六条 高等学校学术委员会应当对调查组提交的调查报告进行审查;必要的,应当听取调查组的汇报。

学术委员会可以召开全体会议或者授权专门委员会对被调查行为是否构成学术不端行为以及行为的性质、情节等作出认定结论,并依职权作出处理或建议学校作出相应处理。

第二十七条 经调查,确认被举报人在科学研究及相关活动中有下列行为之一的,应当认定为构成学术不端行为:

(一)剽窃、抄袭、侵占他人学术成果;

(二)篡改他人研究成果;

(三)伪造科研数据、资料、文献、注释,或者捏造事实、编造虚假研究成果;

(四)未参加研究或创作而在研究成果、学术论文上署名,未经他人许可而不当使用他人署名,虚构合作者共同署名,或者多人共同完成研究而在成果中未注明他人工作、贡献;

（五）在申报课题、成果、奖励和职务评审评定、申请学位等过程中提供虚假学术信息；

（六）买卖论文、由他人代写或者为他人代写论文；

（七）其他根据高等学校或者有关学术组织、相关科研管理机构制定的规则，属于学术不端的行为。

第二十八条　有学术不端行为且有下列情形之一的，应当认定为情节严重：

（一）造成恶劣影响的；

（二）存在利益输送或者利益交换的；

（三）对举报人进行打击报复的；

（四）有组织实施学术不端行为的；

（五）多次实施学术不端行为的；

（六）其他造成严重后果或者恶劣影响的。

第二十九条　高等学校应当根据学术委员会的认定结论和处理建议，结合行为性质和情节轻重，依职权和规定程序对学术不端行为责任人作出如下处理：

（一）通报批评；

（二）终止或者撤销相关的科研项目，并在一定期限内取消申请资格；

（三）撤销学术奖励或者荣誉称号；

（四）辞退或解聘；

（五）法律、法规及规章规定的其他处理措施。

同时，可以依照有关规定，给予警告、记过、降低岗位等级或者撤职、开除等处分。

学术不端行为责任人获得有关部门、机构设立的科研项目、学术奖励或者荣誉称号等利益的，学校应当同时向有关主管部门提出处理建议。

学生有学术不端行为的，还应当按照学生管理的相关规定，给予相应的学籍处分。

学术不端行为与获得学位有直接关联的，由学位授予单位作暂缓授予学位、不授予学位或者依法撤销学位等处理。

第三十条　高等学校对学术不端行为作出处理决定，应当制作处理决定书，载明以下内容：

（一）责任人的基本情况；

（二）经查证的学术不端行为事实；

（三）处理意见和依据；

（四）救济途径和期限；

（五）其他必要内容。

第三十一条　经调查认定，不构成学术不端行为的，根据被举报人申请，高等学校应当通过一定方式为其消除影响、恢复名誉等。

调查处理过程中，发现举报人存在捏造事实、诬告陷害等行为的，应当认定为举报不实或者虚假举报，举报人应当承担相应责任。属于本单位人员的，高等学校应当按照有关规定给予处理；不属于本单位人员的，应通报其所在单位，并提出处理建议。

第三十二条　参与举报受理、调查和处理的人员违反保密等规定，造成不良影响的，按照有关规定给予处分或其他处理。

第三十三条　举报人或者学术不端行为责任人对处理决定不服的，可以在收到处理决定之日起 30 日内，以书面形式向高等学校提出异议或者复核申请。

异议和复核不影响处理决定的执行。

第三十四条　高等学校收到异议或者复核申请后，应当交由学术委员会组织讨论，并于 15 日内作出是否受理的决定。

决定受理的，学校或者学术委员会可以另行组织调查组或者委托第三方机构进行调查；决定不予受理的，应当书面通知当事人。

第三十五条　当事人对复核决定不服，仍以同一事实和理由提出异议或者申请复核的，不予受理；向有关主管部门提出申诉的，按照相关规定执行。

第三十六条　高等学校应当按年度发布学风建设工作报告，并向社会公开，接受社会监督。

第三十七条　高等学校处理学术不端行为推诿塞责、隐瞒包庇、查处不力的，主管部门可以直接组织或者委托相关机构查处。

第三十八条　高等学校对本校发生的学术不端行为，未能及时查处并做出公正结论，造成恶劣影响的，主管部门应当追究相关领导的责任，并进行通报。

高等学校为获得相关利益，有组织实施学术不端行为的，主管部门调查确认后，应当撤销高等学校由此获得的相关权利、项目以及其他利益，并追究学校主要负责人、直接负责人的责任。

第四节　关于高校撤销毕业证书、学位证书纠纷的启示

（一）学位撤销的法定原因

根据我国法律、法规和规章的规定（表5-1）可以提炼出应该予以撤销学位的情形有两种。

表5-1　有关撤销学位的法律、法规和规章

法　律	有关规定
《教育法》（教育法律）	以作弊、剽窃、抄袭等欺诈行为或者其他不正当手段获得学位证书、学历证书或者其他学业证书的，由颁发机构撤销相关证书
《学位条例》（教育行政法规）	学位授予单位对于已经授予的学位，如发现有舞弊作伪等严重违反本条例规定的情况，经学位评定委员会复议，可以撤销
《普通高等学校学生管理规定》（教育部门规章）	对违反国家招生规定取得入学资格或者学籍的，学校应当取消其学籍，不得发给学历证书、学位证书；已发的学历证书、学位证书，学校应当依法予以撤销。对以作弊、剽窃、抄袭等学术不端行为或者其他不正当手段获得学历证书、学位证书的，学校应当依法予以撤销。被撤销的学历证书、学位证书已注册的，学校应当予以注销并报教育行政部门宣布无效
《高等学校预防与处理学术不端办法》（教育部门规章）	学术不端行为与获得学位有直接关联的，由学位授予单位作暂缓授予学位、不授予学位或者依法撤销学位等处理
《学位论文作假行为处理办法》（教育部门规章）	学位论文出现购买、由他人代写、剽窃或者伪造数据等作假情形的，已经获得学位的，学位授予单位可以依法撤销其学位，并注销学位证书

1.学生被发现存在学术不端

我国《教育法》《学位条例》《普通高等学校学生管理规定》都规定了当学生存在学术不端时应该撤销学位，同时《高等学校预防与处理学术不端办法》和《学位论文作假行为处理办法》也规定了当学生存在学术不端时应该撤销学位。学术不端包括的具体内容是丰富的，目前在法律实践过程中的具体表现就是因学术论文存在抄袭。例如在"李涛诉华南理工大学案"中，李涛填写的博士论文期间成果存在严重的抄袭行为，被举报后学校启动了撤销学位的程序。在于艳茹诉北京大学一案中，于艳茹在校期间交付发表

的论文存在抄袭行为,被杂志社公告抄袭后,学校启动了撤销学位的程序。基于以上案件可以看出,目前我国对于学术不端的主要审查方式就是鉴定学术论文是否存在抄袭。在认定学术不端的过程中,一方面要对学术不端问题严肃处理,在另外一方面也要维护学生的信赖保护利益和行政行为的稳定性,这就要求学校对于学生学术论文的审查范围和审查强度要把握尺度。

学校在接收到学生存在学术不端的信息时,首先调查该学术论文是否属于毕业论文。其次该论文是否属于获得学位必需的论文,这里学位必需的论文即一些学校自主规定的申请学位必须要发表的学术论文,认定方式应该以学生提交的学位申请表为准。最后审核的是学生在学校期间的学术论文,这包括在学校期间公开发表的,以学校为作者单位的学术论文,和在学校期间交付杂志社尚未发表,有证据证明在学校期间完成全部稿件,作者单位为学校,毕业后发表的论文。以上论文均属于学校可以撤销学位的论文范围,但是由于我国法律规定对撤销学位学校具有自由裁量权,所以对以上论文的审查强度也应该有一定的区分,对于学位论文一旦发现存在抄袭学校应该坚决予以撤销,但是对于学生在学校期间写作且并没有用以申请学位的论文存在抄袭,学校可以在撤销学位和批评教育中进行选择处理。学位论文的抄袭的实质认定应该交与学校学术委员会调查小组决定。

2. 学生入学资格作伪

学生入学资格作伪也是法律规定应当予以撤销学位的情形,具体规定在《学位条例》和《普通高等学校学生管理规定》中。前文所述的"陈颖诉中山大学案"和"翟建宏诉郑州大学案"都属于因为发现报考硕士或者博士时报名资料存伪而撤销的类型,并且这类案件均以校方胜诉告终。其中陈颖属于将大学肄业证涂改为毕业证报考硕士,翟建宏属于伪造研究生学位证报考博士。由于行政相对人是通过不正当的手段获得学位证书,因此学校一旦查清事实便有充分的理由予以撤销。此类案件多发生在学位证书统一网上认证前,随着学生信息网络逐渐完善,此类案件数量也会逐渐减少。

学生入学资格作伪被学校发现之后,学校启动调查程序调查学生的入学资格,这时会出现两种情况:第一是伪造的毕业证、学位证是报考学校的必要条件,在这种情况下被发现作伪就应该依据法定程序予以撤销;第二是学生申明虽然伪造了学位证书,但是通过其他途径获得入学资格,如伪造大学毕业证但是并未以此报名,而是以自身的大专学历通过同等学力测试考试获得入学资格,在这种情况下,学校不应当撤销学位,但是同时也要注意到是否通过同等学历测试要根据行政相对人的实际考试情况,必须通过同等学力的考试程序入学才可认定。

（二）学校应该严格遵守程序正当原则

由于我国法律法规目前没有对于撤销学位程序的规定，且学校章程在这一问题上也往往缺位，导致学校在撤销学位时没有具体法律可以依据，最后往往因为程序违法败诉。如"李涛诉华南理工大学撤销学位案"和"于艳茹诉北京大学撤销学位案"中，学校均因违反程序正当原则败诉。详见表5-2。

表5-2　程序违法的撤销学位案

程　序	陈颖诉中山大学	翟建宏诉郑州大学	李涛诉华南理工大学	于艳茹诉北京大学
受理①	广东省教育厅致函中山大学说明陈颖将自己肄业证书涂改为毕业证书报考研究生	郑州大学接到翟建宏入学考试所用硕士学位证书造假的举报	华南理工大学收到了广东省教育厅转来的检举揭发原告发表的博士论文存在抄袭行为的信访文件，以及多份举报原告及原告导师肖南峰合作发表的论文存在抄袭行为的电子邮件	《国际新闻界》发布于艳茹论文涉嫌抄袭的公告
调查	中山大学组织调查，其中向陈颖调查报考硕士的情况	郑州大学组织调查，通知翟建宏到校说明情况	计算机科学与工程学院展开调查，并形成《关于10级博士研究生李涛论文抄袭的说明》。该学院通过一个多月时间的调查核实，经学院学位委员再次讨论，李涛的多篇论文存在抄袭。校学位评定委员会审议报告后，决定撤销	北京大学成立专家小组调查，其中有外聘专家参与。于艳茹参加第三次会议。最终调查小组发表评审意见

---

① 该流程见于湛中乐、王春蕾：《于艳茹诉北京大学案的法律评析》，载《行政法学研究》2016年第3期。

续表 5-2

程　序	陈颖诉 中山大学	翟建宏诉 郑州大学	李涛诉 华南理工大学	于艳茹诉 北京大学
告知	（空白为无证据证明学校进行过该程序）			
听取当事人申辩				
学位委员会复议				
决定撤销	中山大学作出撤销决定	郑州大学校学位评定委员会于作出撤销翟建宏博士学位的决定	华南理工大学作出撤销决定	学位评定委员会通过决定撤销于艳茹学位，北京大学作出撤销决定
告知救济权利并送达	中山大学将撤销决定送达陈颖	合法送达	送达李涛并通过电子邮件的方式告知权利	5日后于艳茹收到撤销决定
学校是否因程序不正当败诉	否	否	是	是

1. 学校撤销学位的正当程序

针对学校在学位撤销的过程中存在的问题，基于前文案例分析中学校的行为和我国相关法律法规，归纳出以下流程：

（1）受理。①学术不端问题调查：学术委员会组织有关调查小组。②入学资格问题调查：学校有关部门组织调查小组。

（2）出具调查报告。

（3）作出拟处理决定送达当事人并告知其相应权利。

（4）当事人复议。

（5）听证（由学校告知行政相对人权利，并在听证7日前公告）。

（6）学校作出处理决定送达（7日内）。

学校受理社会组织或者个人对于学生学位证授予问题的举报，对于学术不端或者入学资格作伪的举报一般应当以书面实名提出，要有明确的举报对象，有初步事实，有客观证据材料或者调查线索。对于匿名举报，在举报事实清楚、证据充分的情况下也可以视情况受理。高等学校在对媒体公开报道或者其他学术机构披露的涉及本校人员学术不端或学位证作伪的情况，应当依职权主动进行调查。

发现对已授予学位的学生存在问题的举报时，学校应该确定由学术委员会或者学生处等其他机构首先进行初步调查，此时可以请相关专家对举报内容的合理性进行初步调查，并决定是否进入正式的调查程序。如果决定不予进行正式调查，应该书面通知举报人，举报人如有新的证据可以提出异议。如果决定进入正式调查程序，应该通知当事人。

学术委员会或者学生处等相关单位组成调查小组调查学生论文是否存在抄袭或者入学资格是否作伪的情况。因为撤销学位证对学生影响重大，因此不可以适用简易程序。该调查组不可以少于3人，必要时应当包括学校纪检监察机构指派的工作人员，也可以委托专家提供意见或者请求外校协助调查。调查组的组成人员与举报人或者被举报人有合作研究、亲属或者导师学生、辅导员学生等直接利害关系的，应当回避。调查可以通过查询资料、现场查看等方式进行，调查组认为有必要的也可以委托无利害关系的专家或者第三方组织出具调查报告。

对学生作出处理决定前，应当给学生下达一个拟处理决定，并充分听取当事人的陈述和申辩。认为必要的，可以组织听证程序。

高校学术委员会或者其他调查部门应该召开全体会议对所调查的行为是否构成撤销学位，以及该行为性质情节做出认定的结论，并依据职权建议学校作出相应处理。学校应该经过校内会议审议调查部门的调查报告，并最终作出处理决定，制作处理决定书，处理决定书应该载明责任人的基本情况、经查明的存在撤销学位的事实、处理的意见和依据、救济途径和期限、其他必要内容。

经调查认定不构成撤销学位的，根据被举报人的申请，高等学校应当以一定方式消除影响、恢复名誉。调查过程中发现举报人捏造事实的，举报人应当承担相应责任，属于本单位人员的，高等学校应当依据有关规定给予处理，不属于本单位人员的应当通报其所在单位。

2. 面对举报问题学校应该迅速处理

学生在报考入学时学校就会审查之前的学位证和毕业证等证书的真实性，学校也会在学生入学后根据相关规定再进行审查，这样的程序走完，学校应尽的注意义务已经完成。我国目前会出现学位证造假仍然能完成学业的，一般都是取得毕业证、学位证较早，随着我国电子学籍的推行，各种证书上网后，伪造毕业证、学位证的成本也会大大提高，造假难度也在增大。学位证、毕业证造假一般不是由学校主动发现的，而是由行政相对人上级单位举报,如陈颖案,或者是单位同事举报,如翟建宏案。面对这样的实名举报人举报,学校在收到相关举报信息之后应该尽快针对举报情况进行处理,给予举报人相应的答复。我国目前对于学位论文的审查是非常严格的,尤其是在目前案件多发的硕士、博士阶段,不仅要通过学校的审核,还要经过校外盲审、答辩等一系列严格的审查程序,所以一般在学位论文上很难做到抄袭不被发现,而对待除了学位论文之外的论文,包括毕业必要的论文和非毕业必要的论文,还有在校写作发表和非在校写作发表的论文,也要区别对待。对于公开发表的论文,由杂志社举报或者被抄袭人举报都会引发更加广泛的议论,尤其是杂志社往往会公开刊登抄袭公告,造成严重的社会影响,学校应该及时对这类信息进行回应,这样可以在一定程度上缓解学校外部舆论的压力。回应的方式不限于在学校官方社交平台上发布公告等方式。

3. 要加强学校学术委员会建设

学术委员会是校内最高学术机构,统筹行使学术事务的决策、审议、评定和咨询等职权。高校在对涉及学术不端的事件进行决策的时候理应提交高校学术委员会进行审议或者直接交给学术委员会进行决定。然而在我国目前因为学术不端撤销学位的案件中,学术委员会是完全缺位的。在李涛诉华南理工大学的案件中,对李涛论文进行审查的是华南理工大学计算机科学与工程学院,在于艳茹诉北京大学撤销学位案件中,对于艳茹论文进行审查的是北京大学成立的临时调查小组。在这两个案件中对于论文学术问题的认定,均没有出现校内最高学术机构学术委员会的身影。学校应该加强学术委员会的建设,这样也更有利于正当程序的行使,因为如果由授予学位的学位评定委员会自己审查自己,难免会有失公平。

4. 要注意保护学生申诉的权利

学校保护学生申诉的权利包括在撤销决定作出前和撤销决定作出后两个阶段。我国《学位条例》规定:"学位授予单位对于已经授予的学位,如发现有舞弊作伪等严重违反本条例规定的情况,经学位评定委员会复议,可以撤销。"把复议作为撤销的一个必经程序,但是在实际的案件中,每个大学在处理学生申诉的做法各有不同,法院对正当程序的裁量程度也不同。很多案件在事实审理中遇到一定的理论问题的时候,对程序正当的审理就一跃成为决定审判结果最重要的依据。分析本章涉及的四个撤销学位案例(见表5-3),在撤销决定作出前都没有给学生申诉的机会,学生只是被通知参加学校的某次调查会议进行情况说明,并不是正式的申诉,所以大学在撤销作出前应该保护好学生的这一权利。在撤销决定作出后,根据上表可以看出,并不是每个学生都选择了通过复议、申诉保护自己的权利。学校对于申诉处理机关的选择也有所不同。李涛是由学位评定委员会处理,而于艳茹是向北京大学生申诉委员会申诉。但是可以看出,通过校内申诉没有一例对撤销决定进行修改。虽然我国《普通高等学校学生管理规定》规定了学生申诉委员会制度,但是该制度规定学生申诉委员会在处理复杂问题时还需要报请学校负责人延长期限,最终作出的是建议学校暂缓执行的建议。这样的制度设计就使得学生申诉委员会的权利范围大打折扣,因此对于高校学生申诉委员会制度建设仍需完善,对于学生申诉权利的保护仍需加强。前文在于艳茹诉北京大学的案例分析中,已经就一个完整的正当程序作了一个说明,但是要求每一个学校严格根据此流程进行还是有难度,因此就需要抓住流程中最为重要的一点,在正式下达撤销决定之前,作出一个拟撤销决定送达学生,并听取学生的申诉,以切实保护学生权利,同时这一步也应当做好记录。

表5-3 撤销学位案例

案 例	申诉人	时 间	处理机关	处理结果
李涛诉华南理工大学案	李涛	撤销决定作出后	学位评定委员会	维持
于艳茹诉北京大学案	于艳茹	撤销决定作出后	北京大学学生申诉委员会	维持
翟建宏诉郑州大学案	无			
陈颖诉中山大学案	无			

5. 要加强对学生进行学术诚信教育

撤销学位对学生的未来影响巨大,而这只是一种维护学校学术风气的方法而非目的。学校在日常的教育活动中就应该加强对学生进行学术诚信教育,很多学生往往在日常作业的时候就开始抄袭他人论文。对于学术抄袭,学校应该防微杜渐、未雨绸缪,对学生进行警示教育,让学生树立一个良好的学术研究观念,这样才更有利于学生发展。处理学术不端应该坚持预防为主、惩罚和教育相结合的基本原则。在学生准备提交毕业论文和学术成果前,学校学院可以组织年级会,用典型案例告诉学生学术抄袭的严重后果。

(三)学生的合法权益应当被尊重

撤销学位是一种行政权力,法律应当予以规制。学位证和毕业证是学生完成学业的证明,学生收到后就离开学校开始新的工作和生活。学校在发放后一般不会再对学生获得毕业证和学位证的资格进行审查,这一方面是因为学校已经通过论文审查等一系列方式对学生获得毕业证、学位证的资格进行评估,另一方面也是对学生信赖保护利益的尊重。尊重学生的合法权利,审慎行使撤销学位的权利,也是对过罚相当原则的尊重。在很多撤销学位证案件中,伴随着学位证的撤销,行政相对人随之失去了工作,这对于很多人到中年的行政相对人的生活影响非常大。于艳茹诉北京大学一案的当事人在接受媒体采访时说到自己已经 36 岁,当年放弃"211"大学的教师工作来北京大学读博,现在父母都已经退休,自己却因为撤销学位案件完全没有生活来源,只能每日在家中惶惶度日。于艳茹的博士生导师也对于艳茹在校期间的学术能力进行了肯定。这时,北京大学再作出撤销学位的决定实属过重。在陈颖诉中山大学一案中,陈颖也因为学位撤销最终被原工作单位开除。

我国教育类法律也对撤销学位证、毕业证的情形做了规定。《学位条例》只针对存在抄袭作伪的情形,学校才可以撤销毕业证、学位证。在实践中,只有被举报的行政相对人用于入学考试报名的学位证存在伪造情形和论文存在抄袭行为才会导致学位证的撤销。

我国教育类法律虽然对撤销学位证、学业证的情形做了明确规定,但是在法条中的表述各有不同,在实践中只有作为报名资格的学位证存在伪造情形和论文存在抄袭行为才会导致学位证被撤销。这也表明了学校只有在学生存在严重的违纪行为时,才会启动撤销程序对学校发放学位证、毕业证的行为进行纠错。同时学校撤销学位具有一定的自主性,可以撤销也可以不予撤销,具体问题需要具体分析。学校在进行撤销的时候一定要慎重,因为这不仅仅影响学校的权益,在另外一方面也是对学校工作的否定,情节严重时,学生的指导老师和学校的招生资格都会受到相应的影响。很多案件因为伴随着一定程度的学术造假新闻,在社会上会对学校的声誉造成一定程度的负面影响,学校往往会急于解决,希望能尽快平息风波,这就会在一定程度上牺牲一些程序性内容。这不仅不利于保护学生的权益,其实也会导致学位撤销案件朝着不利于学校的方向发展,如果严重违反程序正当原则,法院一般都会判处学校撤销原来的决定。综上,面对这类案件,手握主导权的学校一定要端正态度,怀着谨慎的态度来对待。

第六章

高校信息公开

第一节　招生阶段的信息公开

1. 要求公开考试试卷、答题纸
——沙韦男诉浙江大学信息公开案

一、典型案例

（一）案号

一审：杭州市西湖区人民法院（2016）浙 0106 行初 159 号。

二审：杭州市中级人民法院（2017）浙 01 行终 2 号。

（二）裁判要旨

研究生入学考试的"英语试卷、答题纸"属于教育部、国家保密局联合制定的《教育工作中国家秘密及其秘密具体范围的规定》中第五条第五项规定的"考试后不应公开的试题和考生答卷以及考生的档案材料"。这类信息只限"一定范围的人员"掌握，不包括考生本人。

（三）基本案情

沙韦男于 2015 年报考了浙江大学课程与学论专业的博士研究生，并参加了浙江大学组织的博士研究生统一入学考试。因对英语科目的考试成绩存疑，2016 年 4 月 8 日，沙韦男以挂号信方式向浙江大学提出政府信息公开申请，要求浙江大学公开其本人"2015 年博士研究生入学考试外国语科目考试原卷及答题纸"的信息。2016 年 4 月 13 日，浙江大学收到该申请。2016

年5月4日,浙江大学研究生院向沙韦男作出书面答复,告知不予公开其申请的信息。

(四)原告主张及理由

(1)研究生院无权作出答复。

(2)答复适用法律不当。根据新法优于旧法、上位法优于下位法、特别法优于一般法的原则,国务院2008年5月1日施行的《中华人民共和国政府信息公开条例》(以下简称《政府信息公开条例》),其效力应优于2001年7月9日施行的《教育工作中国家秘密及其密级具体范围的规定》。

(3)退一步讲,即便适用《教育工作中国家秘密及其密级具体范围的规定》第五条第五项规定,原告申请公开的案涉信息也不属于国家秘密,而属于《中华人民共和国政府信息公开条例》规定可以公开的范围。

因此,请求法院撤销被告的研究生院于2016年5月4日作出的《关于沙韦男申请信息公开事项的答复》;责令被告对原告的政府信息公开申请立即依法重新作出答复。

(五)被告意见

(1)原告申请的"英语试卷、答题纸"属于高校信息,但并不属于应当予以公开的高校信息。《教育工作中国家秘密及其密级具体范围的规定》第五条第五项将"考试后不应公开的试题和考生答卷以及考生的档案材料"规定为"只限一定范围的人员掌握,不得擅自扩散和公开"的信息。故根据上述文件规定,原告申请的"英语试卷、答题纸"并不属于应当予以公开的高校信息,被告据此拒绝原告的公开申请并无不当。

(2)被告作出案涉答复的程序合法。被告于2016年4月13日收到原告的申请,为了更好地查清事实,作出答复,经被告信息公开办公室初审及校领导批示,授权研究生院对原告的申请进行回复处理,故被告的研究生院有权作出案涉答复,研究生院经核查在法定期限内作出了案涉答复并依法送达原告,程序合法。

(六)争议焦点

(1)如何认定研究生院的答复?被告作出涉案答复的程序是否合法?

(2)原告申请的2015年博士研究生入学考试外国语科目考试原卷及答题纸是否为应当公开的高校信息?

(七)裁判理由及结果

(1)浙江大学研究生院系浙江大学的内设机构,其作出答复行为的后果应由浙江大学承担。

(2)原告申请公开的英语试卷、答题纸属于教育部、国家保密局联合制定的《教育工作中国家秘密及其秘密具体范围的规定》中第五条第五项规定的"考试后不应公开的试题和考生答卷以及考生的档案材料",这类信息只限"一定范围的人员"掌握,不包括考生本人。

一审驳回沙韦男的诉讼请求;二审驳回沙韦男的上诉,维持原判。

二、案件评析

(一)浙江大学研究生院有无职责对原告的信息公开申请作出答复?

法律、法规授权的具有管理公共事务职能的组织公开政府信息的活动,教育等与人民群众利益密切相关的公共企事业单位在提供社会公共服务过程中制作、获取的信息的公开活动,由《政府信息公开条例》规范。《高等学校信息公开办法》第二条规定:"高等学校在开展办学活动和提供社会公共服务过程中产生、制作、获取的以一定形式记录、保存的信息,应当按照有关法律法规和本办法的规定公开。"《最高人民法院关于适用〈中华人民共和国行政诉讼法〉的解释》第二十四条规定:"当事人对高等学校等事业单位以及律师协会、注册会计师协会等行业协会依据法律、法规、规章的授权实施的行政行为不服提起诉讼的,以该事业单位、行业协会为被告。"

这里"具有管理公共事务职能的组织""公共企事业单位"和"高等学校"指的是浙江大学,而非浙江大学研究生院。作为高等学校的浙江大学才具有诉讼主体资格,具有受理信息公开申请并作出答复的法定职责。如果为了更好查清案件事实,浙江大学的信息公开办公室及经校领导批示授权,允许该校研究生院对原告的申请进行答复,那这个时候被告的研究生院就获得了信息公开的答复权力。但浙江大学研究生院系浙江大学的内设机构,其作出的答复行为后果应由浙江大学承担。

(二)研究生入学考试原卷及答题纸是否属于政府信息?

涉及研究生考试试卷及答题纸的信息主要有两类:一类是学生的姓名、学号、考号等个人信息;另一类是学生在答题过程中基于对问题的理解和掌握情况产生的答题信息。研究生入学考试原卷及答题纸属于第二类信息。判断这类信息是否属于政府信息,首先要判断该信息的产生、保存主体是谁,是不是行政主体。本案中浙江大学是事业单位,但是研究生入学考试原卷及答题纸由其保存,是其在招生过程中形成的,招生权是法律授予高校的权力,其保存这类信息是在履行法律授权的行为,可以理解为行政主体。其次,要判断信息是不是在履职过程中获取的或是不是由行政主体制作以及通过其他渠道获得的。本案研究生入学考试原卷及答题纸信息是考生在考试结束后,以提交试卷的形式交与高校评阅并保存的,是高校行使招生权的一个关键环节,属于高等学校在开展办学活动中获取的信息。最后要判断研究生考试试卷及答题纸是不是以一定形式保存或记录。一般情况下,高等院校的档案管理室会保存学生提交的试卷和答题纸,以纸质形式保存、记录,信息公开申请人可以直接获取。

《政府信息公开条例》第二条规定:"政府信息,是行政机关在履行职责过程中制作或者获取的,以一定形式记录、保存的信息。"《高等学校信息公开办法》第二条对高校信息作出说明:"高等学校在开展办学活动和提供社会公共服务过程中产生、制定和获取的以一定形式记录、保存的信息,应当按照法律法规和本办法的规定公开。"浙江大学作为事业单位法人,依据法律的授权,在组织、管理研究生初试过程中制定、获取并以一定形式记录和保存的信息属于政府信息。所以,原告申请公开的 2015 年博士研究生入学考试外国语科目考试原卷及答题纸信息属于政府信息。

（三）考生本人 2015 年博士研究生入学考试外国语科目考试原卷及答题纸的信息是否应该公开?

教育部《高等学校信息公开办法》第十条第一款规定:"高等学校对下列信息不予公开:(一)涉及国家秘密的……"教育部、国家保密局联合制定的《教育工作中国家秘密及其秘密具体范围的规定》第二条规定:"教育工作中的国家秘密是指关系国家的安全和利益,依照法定程序确定,在一定时间内只限一定范围的人员知悉的事项。"第五条规定:"教育工作中下列事项不属于国家秘密,但只限一定范围的人员掌握,不得擅自扩散和公开:……5. 考试后不应公开的试题和考生答卷以及考生的档案材料……"

根据上述规定,高校对于涉及国家秘密的高校信息,法律、法规和规章以及学校规定的不予公开的其他信息是免于公开的,原告申请公开其本人 2015 年博士研究生入学考试外国语科目考试原卷及答题纸的信息,依据上述规定不属于国家秘密,也不涉及商业秘密和个人隐私,但是属于《教育工作中国家秘密及其秘密具体范围的规定》第五条涉及的"法律、法规、规章以及学校规定的不予公开的其他信息"范畴,即:考试后不应公开的试题不得擅自扩散和公开,只限于"一定范围的人员"掌握。对比该规定第二条和第五条中"一定范围的人员"的表述和含义,该规定第五条所指的"一定范围的人员"应不包括考生本人,故对考生本人也不得公开。因为这类试题一旦向考生公布,考生可能会对答案与得分进行比较,质疑考试公平性;也可能引起众多考生纷纷要求公开试题、答卷,扰乱管理秩序;还可能使考生与试卷管理人产生钱权交易。总而言之,尽管试卷有参考答案,但是每个评卷人都有自己的思想和考虑因素,我们应该尊重评卷人的衡量标准。

（四）《中国行政审判案例》第三卷第 97 号指导案例的启示

在本案中,法院认为原告申请公开的其本人 2015 年博士研究生入学考试外国语科目考试原卷及答题纸信息,不属于国家秘密,也不涉及商业秘密和个人隐私,但是属于《教育工作中国家秘密及其秘密具体范围的规定》第五条涉及的"法律、法规、规章以及学校规定的不予公开的其他信息"范畴。对于这一点,中华人民共和国最高人民法院行政审判庭编的《中国行政审判案例》第三卷第 97 号指导案例在评析谷山龙川诉北京教育考试院不予公开高考试卷案时,对"经过评阅的高考试卷能否公开"进行了详细解读。

　　根据最高人民法院的评析,涉及国家秘密是政府信息公开的一项强制性例外,考试试卷分为三种:第一种是仅列明考试题目的考生试卷;第二种是经过考试留下了考生作答痕迹的试卷;第三种是经过评阅的考生试卷。原告申请公开的其本人 2015 年博士研究生入学考试外国语科目考试原卷及答题纸信息,是指经过评阅后的考生试卷,这类试卷经过批改环节,卷面痕迹能反映出研究生考试的评分标准和评分细则。教育部、国家保密局联合制定的《教育工作中国家秘密及其秘密具体范围的规定》第三条第三项第二目规定的"国家教育地区(市)级统一考试在启用之前的试题(包括副题)、参考答案和评分标准"、第三条第三项第三目规定的"国家教育全国、省级、地区(市)级统一考试在启用之后的评分标准"属于秘密级事项。这类信息不得向社会公众公布。因此,该指导案例告诉我们,法院在审理有关于试卷的信息公开时,应当对试卷进行区分。

(五)考生试卷信息公开案件的几种判法

　　详见表 6-1。

表 6-1　考生试卷信息公开案件的几种判法

申请公开内容	案　　例	判决理由
申请公开博士研究生入学考试外国语科目考试原卷及答题纸的信息	沙韦男诉浙江大学信息公开案①	不属于国家秘密,但只限一定范围的人员掌握

---

　① 　浙江省杭州市中级人民法院(2017)浙 01 行终 2 号判决书。

续表 6-1

申请公开内容	案例	判决理由
申请公开本人高考试卷	谷山龙川诉北京教育考试院不予公开高考试卷案	涉及国家秘密,因为经过评阅后的考生试卷经过批改环节,卷面痕迹能反映出考试的评分标准和评分细则
要求公开高考试卷	刘中锋诉河南省招生办公室要求公开试卷信息一案①	属于应依法公开的信息。《政府信息公开条例》(2007 年)第九条规定:"行政机关对符合下列基本要求之一的政府信息应当主动公开:(一)涉及公民、法人或者其他组织切身利益的……"原告要求公开高考试卷,其申请内容符合上述规定

(六)政府保管的、关乎个人的试卷信息是否应当公开

在教育行政领域,国家考试信息是否公开,在理论与实践中都存在较大争议。大多数情形下,法院以考试试卷属于"国家秘密"或者"只限一定范围的人员掌握"的工作信息为由判决免于公开。对这一问题笔者存在不同的看法,认为这类信息涉及个人重大利益,应该予以公开,理由如下:

1.《宪法》规定公民有受教育的权利

《宪法》规定,中华人民共和国公民有受教育的权利和义务。公民获得受教育权的一个重要途径就是参加考试,尤其是国家统一考试。考试作为我国一项重要的教育制度,蕴含着重要的社会功能,它一定程度上维持着社会的稳定,决定着每个社会成员未来的职业分工。只有考试信息透明、考试制度公正,公民的受教育权才可以得到保障,从这个角度而言,政府保管的个人试卷信息应当公开。

2. 打造"阳光政府",保障公民知情权

《政府信息公开条例》颁布的目的是"为了保障公民、法人和其他组织依法获取政府信息,提高政府工作的透明度,促进依法行政,充分发挥政府信息对人民群众生产、生活和经济社会活动的服务作用"。公开考试试卷可以保障考生的知情权,促使阅卷人谨慎行使权力,监督行政机关合法合理行政,防止权力的恣意与任性。

3. 司法审查尊重评阅决定,但不意味着放弃监督

试题一般分主观题和客观题。客观题的评分标准非常单一,反映不出

---

① 郑州市中级人民法院(2009)郑行终字第 1 号判决书。

评分标准和阅卷痕迹,如果考生试卷存在分数统计错误、分数登记错误、漏改现象,公开考生的试卷信息有助于重新调查核实①。主观题的答案标准不具有唯一性,评阅者有自主裁量的权力,对于评阅者的自由裁量,法院不可对其全面审查。

不可否认,高校在评阅考试试卷时存在自主判断的余地,法院应当尊重这种自主判断,司法审查需要保持慎重,但是这并不意味司法审查完全放弃监督。如果高校在评阅试卷时存在计分错误、分数登记错误、多评分或漏评分的情形,司法有权进行审查并予以撤销,如果评阅者在实体判断上存在明显的恣意妄为,司法亦有权介入审查评阅决定②。

4.电脑评阅不留评阅痕迹

在谷山龙川案中,法院认为经过评阅后的考生试卷经过批改环节,卷面痕迹能反映出考试的评分标准和评分细则,而"国家教育全国、省级、地区(市)级统一考试在启用之后的评分标准"属于《教育工作中国家秘密及其秘密具体范围的规定》第三条第三项第三目中规定的秘密级事项,故不可公开。

如今的考试阅卷较之以往有很大不同,电脑阅卷十分普及。若将考生的答题信息扫描为电子版,由阅卷者在电脑上评阅,是不会留下评阅痕迹的,更不会体现考试的"评分标准和评分细则"。从这个角度出发,为增强考试公正性、维护考生合法权益,考生的试卷和答题纸应该公开。

(七)其他国家和地区考试信息公开制度考察

德国对考试信息的公开规定与我国相反,他们的法律规定表现出对公民考试权的极大重视。在我国台湾地区,司法审查的范围包括考试决定甚至评分标准,如果考生认为自己的考卷评分过低或评分出现错误,可以请求法院对评分决定的合法性进行审查。一般情况下,考生申请公开自己的试卷信息的同时,会一并诉请法院对考试评分决定的合法性进行审查③。在德国司法审查的标准存在变化,考生提起宪法诉愿之前,法院对评分标准的审查仅仅是程序性的。在提起宪法诉愿后,联邦宪法法院认为评分决定考生职业选择,涉及基本人权,法院应该对其进行实质审查,并鼓励法院发展出自己的评定标准。

---

① 伏创宇:《论国家考试信息是否应当豁免公开》,载《教育与考试》2016 年第 3 期。

② 同上。

③ 曹敏、刘学丰、郭飞:《公开与保密之间:论国家考试信息的司法认定路径重构》,载《国家法官学院科研部会议论文集》2017 年。

三、法条索引

《中华人民共和国政府信息公开条例》(2007年)

第三十七条 教育、医疗卫生、计划生育、供水、供电、供气、供热、环保、公共交通等与人民群众利益密切相关的公共企事业单位在提供社会公共服务过程中制作、获取的信息的公开,参照本条例执行,具体办法由国务院有关主管部门或者机构制定。

《教育工作中国家秘密及其密级具体范围的规定》

第二条 教育工作中的国家秘密是指关系国家的安全和利益,依照法定程序确定,在一定时间内只限一定范围的人员知悉的事项。

第五条 教育工作中下列事项不属于国家秘密,但只限一定范围的人员掌握,不得擅自扩散和公开:

…………

5.考试后不应公开的试题和考生答卷以及考生的档案材料。

《高等学校信息公开办法》(教育部令第29号)

第十条 高等学校对下列信息不予公开:

(一)涉及国家秘密的;

(二)涉及商业秘密的;

(三)涉及个人隐私的;

(四)法律、法规和规章以及学校规定的不予公开的其他信息。

其中第(二)项、第(三)项所列的信息,经权利人同意公开或者高校认为不公开可能对公共利益造成重大影响的,可以予以公开。

《教育工作中国家秘密及其秘密具体范围的规定》(教密〔2002〕2号)

第三条第三项 秘密级事项

…………

2.国家教育地区(市)级统一考试在启用之前的试题(包括副题)、参考答案和评分标准。

3.国家教育全国、省级、地区(市)级统一考试在启用之后的评分标准;

…………

第二节　处分决定的信息公开

2. 要求公开英语四、六级考试违纪考生处分决定的复印件
——殷学强诉中国传媒大学信息公开案

一、典型案例

（一）案号

一审:北京市朝阳区人民法院(2015)朝行初字第 340 号。

二审:北京市第三中级人民法院(2015)三中行终字第 1056 号。

（二）裁判要旨

在判断涉案信息是否应当向申请人公开的过程中,应当首先对涉案信息能否进行区分进行判断,如果该信息能够被区分,则行政主体应当提供可以公开的信息内容。

（三）基本案情

原告殷学强是中国传媒大学的学生。2015 年 4 月 14 日,被告以原告在大学英语四级考试过程中找人替考属于考试作弊为由,对原告作出开除学籍的处分决定。原告认为该处分决定没有充分的证据支持,遂于 2015 年 4 月 20 日向被告申请公开 2005—2014 年中国传媒大学关于全国英语四、六级考试的考生违纪人员处分决定文件的复印件。被告以上述考生违纪人员处分决定文件涉及他人隐私为由不予公开。原告不服,于 2015 年 5 月 13 日向北京市朝阳区人民法院提起行政诉讼。

（四）原告主张及理由

原告认为,申请公开的内容并非完全不能公开,被告若认为该申请事项涉及他人隐私,可以根据规定仅公开违纪人员所属院系、班级、违纪事实及处分结果,对违纪人员的姓名等身份信息不予公开。因此请求法院撤销被告校长办公室针对原告提出的"关于 2005—2014 年被告关于全国英语四、六级考试的考生违纪人员处分决定文件的复印件信息公开"申请而作出的中国传媒大学信息公开申请告知书,责令被告重新答复原告提出的公开事项。

（五）被告意见

（1）《高等学校信息公开办法》第二十六条规定:"公民、法人和其他组织

认为高等学校未按照本办法规定履行信息公开义务的,可以向学校内设监察部门、省级教育行政部门举报;对于中央部委所属高等学校,还可向其上级主管部门举报。收到举报的部门应当及时处理,并以适当方式向举报人告知处理结果。"原告在收到被告信息公开答复后,没有依照法律规定进行相应救济,原告的行为违反了法律规定的程序。

（2）就高等学校信息公开而言,《高等学校信息公开办法》第二十七条明确规定了高等学校确实存在违法行为的救济方式和途径,并不包括原告主张的诉讼方式。因此,原告以信息公开为由对被告提起行政诉讼,于法无据。

（3）原告起诉被告信息公开,没有明确合法的法律依据。

（4）被告属于高等教育机构,并非行政机关;被告信息公开是依法在法定范围内履行法定义务,不属于行政行为。在信息公开的程序和内容上,均未侵犯原告的合法权益,原告无权以信息公开为由对被告提起行政诉讼。

（六）争议焦点

（1）被告应适用何种规范处理原告的信息公开申请?

（2）被告是否依法履行了信息公开的义务?

（七）裁判理由及结果

（1）高等学校在信息公开活动中所涉及的信息应当包括政府信息和其他信息两种类型,前者应该受政府信息公开的法规约束,后者应该适用教育部经国务院行政法规授权制定的《高等学校信息公开办法》规范。故,被告主张本案应适用《高等学校信息公开办法》而不应适用《政府信息公开条例》的意见是错误的,本院不予采纳。

（2）行政主体接到申请人信息公开申请后,在判断涉案信息是否应当向申请人公开的过程中,应当首先对涉案信息能否进行区分进行判断,如果该信息能够被区分,则行政主体应当提供可以公开的信息内容。本案中,根据原告的当庭陈述,其所申请公开2005—2014年被告关于全国英语四、六级考试的考生违纪人员处分决定文件的复印件,只想获得被告作出处分决定所认定的事实、依据和处分结果的信息,并不想获得违纪考生的个人信息。但本案中,被告并未提供证据证明其对上述信息是否能予以区分进行了判断。同时,被告也未提供证据证明其履行了征求第三方意见的程序。

裁判结果:①撤销被告中国传媒大学于2015年4月27日针对原告殷学强提出的公开2005—2014年中国传媒大学关于全国英语四、六级考试的考生违纪人员处分决定文件的复印件的申请而作出的中国传媒大学信息公开申请告知书;②责令被告中国传媒大学于本判决生效之日起15个工作日内对原告殷学强的信息公开申请重新答复。

二、案件评析

(一)被告应适用何种规范处理原告的信息公开申请

《高等学校信息公开办法》规定,申请人认为高校不按规定履行信息公开义务的,可采取的救济方式是向高校内部的监察部门举报,或者向省级的教育行政部门举报,如果该高等院校直属中央部委的话,还可以向该校的上级主管单位举报。《高等学校信息公开办法》并没有规定申请人具有诉讼救济的途径,所以本案被告主张适用《高等学校信息公开办法》而不适用《政府信息公开条例》。但是,《政府信息公开条例》是《高等学校信息公开办法》的上位法,高校虽然不是行政机关,但是其属于法律法规授权的组织,高校可以实施《教育法》授予它的招生权、处分权、毕业证书和学位证书的发放权,这些权能具有行政性。在高校招生、处分、教育教学、奖惩学生、发放毕业证和学位证等管理活动中产生的信息也具有行政性。尽管《高等学校信息公开办法》只规定了校内举报和校外举报的制度,但《政府信息公开条例》将涉及公共利益事业单位的信息公开纳入行政诉讼的范围,以《高等学校信息公开办法》没有明确规定司法救济而拒绝受理高校信息公开诉讼是说不通的。学校及教育机构有权管理学生学籍,可以对违纪学生进行处分。学校在实施处分的过程中制定的信息属于《政府信息公开条例》中的政府信息,该处分的公开活动受条例规范。在本案中,原告殷学强要求公开的2005—2014年被告关于全国英语四、六级考试的考生违纪人员处分决定文件的复印件,属于政府信息,应该适用《政府信息公开条例》。

《高等学校信息公开办法》第二条规定:"高等学校在开展办学活动和提供社会公共服务过程中产生、制作、获取的以一定形式记录、保存的信息,应当按照有关法律法规和本办法的规定公开。"在教育部公布的《高等学校信息公开事项清单》中,规定了有关高等学校的基本信息、招生考试信息、财务、资产及收费信息、人事师资信息、教学质量信息、学生管理服务信息、学科信息、学位信息、对外交流与合作信息等十项信息应当予以公开。英语四、六级考生违纪人员处分决定文件的复印件就属于这里的学生管理服务信息。《高等学校信息公开办法》是为了保障公民、法人和其他组织依法获取高等学校信息,促进高等学校依法治校,根据《高等教育法》和《政府信息公开条例》的有关规定制定的。被告主张本案应适用《高等学校信息公开办法》而不应适用《政府信息公开条例》的意见是错误的。

(二)高校信息可区分处理,被告未依法履行公开义务

《政府信息公开条例》(2007年)第二十二条规定:"申请公开的政府信息中含有不应当公开的内容,但是能够作区分处理的,行政机关应当向申请

人提供可以公开的信息内容。"第二十三条规定："行政机关认为申请公开的政府信息涉及商业秘密、个人隐私，公开后可能损害第三方合法权益的，应当书面征求第三方的意见；第三方不同意公开的，不得公开。"《高等学校信息公开办法》第十条第一款第三项规定，高等学校对涉及个人隐私的信息不予公开。本案争议之处在于原告殷学强申请公开的2005—2014年被告关于全国英语四、六级考试的考生违纪人员处分决定文件的复印件是否含有不应当公开的内容，以及如果含有不应当公开的内容，信息本身能否作区分处理。要正确处理本案，关键在于准确理解和界定信息的"可分割性原则"。信息的可分割性是指尽管申请公开的政府信息含有不予公开的内容，但是如果不予公开的内容能与可以公开的内容相区分，行政机关应该向申请人提供可以公开部分的政府信息。如果把政府信息中不予公开的内容删除，剩余部分为无意义的文字、图片、数字或其他符号，或者公开一部分可能使当事人推测、分析出全部信息，信息之间无法进行分割，则无法适用"可分割性原则"。我国法律规定了信息的可分割性原则，这一原则来源于美国《信息自由法》。"可分割性原则"意味着凡是能从不予公开的政府信息中分离出的不保密的部分，应毫无保留地予以公开。这样，可以提高信息的利用率，充分保证公众知情权的实现。

在本案中，根据原告殷学强的当庭陈述，申请公开2005—2014年被告关于全国英语四、六级考试的考生违纪人员处分决定文件的复印件，只是希望通过该信息获得被告作出处分决定所认定的事实、依据和处分结果的信息，并没有获得违纪学生个人信息的目的。原告申请的信息可以进行区分，把涉及个人隐私的部分通过遮盖等方式使得免于公开信息部分与整体分离，仅公开违纪人员的院系、班级、违纪事实和处理结果，豁免公开姓名、学号等身份信息。但本案中，被告并未提供证据证明其对上述信息是否能予以区分进行了判断。同时，高校若认为申请公开的政府信息涉及商业秘密、个人隐私，信息公开后可能损害第三方的合法权益，应当书面征求第三方的意见，本案被告也没有提供证据证明被告履行了征求第三方意见的法律程序。

三、法条索引

《高等学校信息公开办法》（教育部令第29号）

第二条　高等学校在开展办学活动和提供社会公共服务过程中产生、制作、获取的以一定形式记录、保存的信息，应当按照有关法律法规和本办法的规定公开。

第九条　除高等学校已公开的信息外，公民、法人和其他组织还可以根据自身学习、科研、工作等特殊需要，以书面形式（包括数据电文形式）向学校申请获取相关信息。

第十条 高等学校对下列信息不予公开：

…………

（三）涉及个人隐私的。

…………

其中第（二）项、第（三）项所列的信息，经权利人同意公开或者高校认为不公开可能对公共利益造成重大影响的，可以予以公开。

第十八条 对申请人的信息公开申请，高等学校根据下列情况在 15 个工作日内分别作出答复：

…………

（四）申请公开的信息含有不应当公开的内容但能够区分处理的，应当告知申请人并提供可以公开的信息内容，对不予公开的部分，应当说明理由；

…………

第二十六条 公民、法人和其他组织认为高等学校未按照本办法规定履行信息公开义务的，可以向学校内设监察部门、省级教育行政部门举报；对于中央部委所属高等学校，还可向其上级主管部门举报。收到举报的部门应当及时处理，并以适当方式向举报人告知处理结果。

第二十七条 高等学校违反有关法律法规或者本办法规定，有下列情形之一的，由省级教育行政部门责令改正；情节严重的，由省级教育行政部门或者国务院教育行政部门予以通报批评；对高等学校直接负责的主管领导和其他直接责任人员，由高等学校主管部门依据有关规定给予处分：

（一）不依法履行信息公开义务的；

…………

《中华人民共和国行政诉讼法》（2014 年修正）

第二条 公民、法人或者其他组织认为行政机关和行政机关工作人员的行政行为侵犯其合法权益，有权依照本法向人民法院提起诉讼。

《政府信息公开条例》（2007 年）

第二条 本条例所称政府信息，是指行政机关在履行职责过程中制作或者获取的，以一定形式记录、保存的信息。

第二十二条 申请公开的政府信息中含有不应当公开的内容，但是能够作区分处理的，行政机关应当向申请人提供可以公开的信息内容。

第二十三条 行政机关认为申请公开的政府信息涉及商业秘密、个人隐私,公开后可能损害第三方合法权益的,应当书面征求第三方的意见;第三方不同意公开的,不得公开。但是,行政机关认为不公开可能对公共利益造成重大影响的,应当予以公开,并将决定公开的政府信息内容和理由书面通知第三方。

第三十七条　教育、医疗卫生、计划生育、供水、供电、供气、供热、环保、公共交通等与人民群众利益密切相关的公共企事业单位在提供社会公共服务过程中制作、获取的信息的公开,参照本条例执行,具体办法由国务院有关主管部门或者机构制定。

《中华人民共和国教育法》(2015 年修正)

第二十九条　学校及其他教育机构行使下列权利:

…………

(四)对受教育者进行学籍管理,实施奖励或者处分;

…………

《高等学校信息公开事项清单》

高等学校的基本信息、招生考试信息、财务、资产及收费信息、人事师资信息、教学质量信息、学生管理服务信息、学位、学科信息、对外交流与合作信息等十项信息应当予以公开。

第三节　学位、学历信息公开

3. 要求公开学位评定委员会内部交流信息
——于艳茹诉北京大学信息公开案

一、典型案例

(一)案号

一审:北京市海淀区人民法院(2015)海行初字第 1019 号。

二审:北京市第一中级人民法院(2016)京 01 行终 423 号。

(二)裁判要旨

对于直接记载行政机关之间或者行政机关内部交换意见情况的政府信息,无论在行政决策过程中公开,还是在行政决策做出后公开,均可能导致行政机关之间或者行政机关内部难以坦率地表达意见,故此类政府信息应免于公开。

（三）基本案情

于艳茹系北京大学历史系 2008 级博士研究生，已于 2013 年 7 月获得博士学位。2015 年 5 月 20 日，于艳茹向北京大学提出公开其学位评定信息的申请。申请内容第 1、2 项为北京大学工作组与专家组谈话会议记录；第 3、5 项为北京大学学位评定委员会会议记录；第 4 项为北京大学学位评定委员会办公室向历史学系学位分委员会发出的《关于对于艳茹学术论文抄袭事件尽快做出处理意见的通知》；第 5 项为校长法律顾问出具的法律意见书（全文）。双方通过电子邮件进行沟通后，于艳茹按北京大学的要求重新提交申请，并于同年 5 月 27 日通过电子邮件对身份证信息进行完善。北京大学收到于艳茹的信息公开申请材料后，于同年 5 月 30 日向于艳茹发送电子邮件，告知其已于 2015 年 5 月 28 日正式受理其信息公开申请。同年 6 月 16 日，北京大学作出答复函，向于艳茹公开其申请的第 4 项信息，其他申请获取的信息不予公开。

（四）原告主张及理由

（1）被告作出答复函已经超过法定期限，属于程序违法。

（2）被告在一审期间没有向法院提交任何证据，应当承担败诉的后果。

（3）答复函所适用的《高等学校信息公开办法》第十条超越了《政府信息公开条例》规定的不予公开范围，被上诉人依据该规定做出答复函属于适用法律错误。

因此请求法院判令撤销答复函中对第 1、2、3、5、6 项信息不予公开的答复，并判令北京大学在一定期限内公开上述信息。

（五）被告意见

（1）被告的答复期限应当自收到上诉人的补正材料之日起计算，被上诉人作出答复并未超过法定期限。

（2）原告申请的会议记录均是被告依据《学位条例》第十七条的规定，在撤销原告学位过程中内部讨论以及咨询专家的相关记录，校长法律顾问办公室出具的法律意见书只是作为参考意见，上述文件均不是作出处理决定的证据或者依据，不应属于信息公开的范围。

（六）争议焦点

（1）北京大学在一审期间未向法院提交证据，是否应当承担败诉的法律后果？

（2）于艳茹所申请的信息是否应当予以公开？

（3）北京大学作出答复函是否超过法定期限？

（七）裁判理由及结果

（1）关于第一个问题。《中华人民共和国行政诉讼法》（2014 年修正）第三十四条第二款规定，被告不提供或者无正当理由逾期提供证据，视为没有相应证据。《最高人民法院关于行政诉讼证据若干问题的规定》第五十三条明确规定，人民法院裁判行政案件，应当以证据证明的案件事实为依据。

本案中，北京大学于一审期间确实未提交证据，但综合全案证据，一审判决中经审理查明的事实能够得到在案证据的佐证。当然，对于应当由被告承担证明责任且本案现有证据不足以证明的案件事实，则仍然应当由被告承担不利的法律后果。

（2）关于第二个问题。对于直接记载行政机关之间或者行政机关内部交换意见情况的政府信息，无论在行政决策过程中公开，还是在行政决策做出后公开，均可能导致行政机关之间或者行政机关内部难以坦率地表达意见，故此类政府信息应免于公开。

（3）关于第三个问题。《政府信息公开条例》（2007 年）第二十五条第一款规定，公民、法人或者其他组织向行政机关申请提供与其自身相关的税费缴纳、社会保障、医疗卫生等政府信息的，应当出示有效身份证件或者证明文件。北京大学要求其提供身份证明材料以审核其身份的真实性，不违反上述规定。但北京大学要求其补充身份证信息的事实依据不足，超过《政府信息公开条例》第二十四条第二款规定的答复期限，构成程序违法。

裁判结果：确认被上诉人北京大学于 2015 年 6 月 16 日作出的北大信息公开（2014—2015）021 号《北京大学信息公开申请答复函》违法；驳回上诉人于艳茹的其他诉讼请求。

二、案件评析

（一）什么是高校学位评定过程中的内部信息？是否应当公开？

高校学位评定过程中的内部信息是指在决定形成之前反映学位评定委员会、专家以及学校内部相关部门之间内部讨论过程，特别是各种思想和意见的文件。高校信息公开的宗旨之一是促进依法治校，高校需要在做出决策之前充分汇集不同观点、思想，保证决策能够正确做出。对于直接记载学位评定委员会成员之间或者学校内部相关部门之间交换意见情况的高校信息，无论在决策过程中，还是在决策做出后，均应免于公开。内部信息中包含着评委初步的、尚未定论的想法和意见，若公开此类内部信息，将导致相关人员难以坦率地表达及交换自己的真实想法，从而对意见表达的中立性造成不当损害，进而影响决定的正确做出。

在本案中，于艳茹要求公开北京大学工作组与专家谈话会议记录、学位评定委员会会议记录、北京大学学位评定委员会办公室向历史学系学位分委员会发出的《关于对于艳茹学术论文抄袭事件尽快做出处理意见的通知》、校长法律顾问出具的法律意见书（全文）。北京大学认为于艳茹申请公开的部分内容是学校工作过程中产生的内部工作资料，属于不予公开范围。

法院认为，于艳茹申请公开的北京大学工作组与专家谈话会议记录是以会议记录形式记载的参与调查其论文是否抄袭的工作组成员与专家的讨论意见；于艳茹申请公开的学位评定委员会会议记录是以会议记录形式记载的学位评定委员会委员就其涉嫌抄袭事件进行审议的意见；于艳茹申请公开的校长法律顾问出具的法律意见书则是北京大学校长法律顾问办公室提供的供参考的法律意见。上述信息涉及工作组成员与专家之间、学位评定委员会委员之间以及学校内部相关部门之间表达及交换意见的情况，因此即使在最终处理决定作出之后，上述信息亦应免于公开。信息免于公开的理由在于保护行政机关内部意见交换的自由，直接记载内部不同观点和意见的信息应当作为一个整体免予公开。

（二）被告北京大学在一审期间未向法院提交证据，是否即应由此承担败诉的法律后果？

《行政诉讼法》（2014 年修正）第三十四条第二款规定，被告不提供或者无正当理由逾期提供证据，视为没有相应证据。《行政诉讼法》第一百零一条规定，人民法院审理行政案件，关于期间、送达、财产保全、开庭审理、调解、中止诉讼、终结诉讼、简易程序、执行等，以及人民检察院对行政案件受理、审理、裁判、执行的监督，本法没有规定的，适用《民事诉讼法》的相关规定。最高人民法院《关于民事诉讼证据的若干规定》在《民事诉讼法》第六十四条的基础上，在第二条以司法解释的形式对举证责任的双重含义作了全新的表述："当事人对自己提出的诉讼请求所依据的事实或者反驳对方诉讼请求所依据的事实有责任提供证据加以证明。没有证据或者不足以证明当事人的事实主张的，由负有举证责任的当事人承担不利后果。"在行政诉讼中，由被告承担举证责任，但是我们应该区分提供证据和承担举证责任。提供证据是当事人在诉讼中享有的一项重要权利，当事人尽管放弃，也不会产生法律上的消极后果；而举证责任中则包括有结果责任，当事人不履行举证责任，常招致不利后果，但不会必然导致败诉，只是具有败诉的风险而已。

如果没有证据或者证据不足以证明被告的事实主张的，而被告又未提供证据，就应该由被告承担不利法律后果。但是，结合本案当事人之间无争议的陈述和有效证据，能够查清本案事实，应根据《最高人民法院关于行政诉讼证据若干问题的规定》第五十三条的规定，人民法院裁判行政案件，应当以证据证明的案件事实为依据，根据查明的事实作出裁判。本案中，现有证据不足以证明案件事实,理应由被告承担举证责任,在被告未提供证据的情况下,应当由被告承担不利的法律后果。

(三)北京大学的答复函是否超过法定期限?

《政府信息公开条例》(2007 年)第二十四条第二款规定:"行政机关不能当场答复的,应当自收到申请之日起 15 个工作日内予以答复;如需延长答复期限的,应当经政府信息公开工作机构负责人同意,并告知申请人,延长答复的期限最长不得超过 15 个工作日。"判断被告的答复是否超过法定期限,关键在于确定答复起算日。是以北京大学收到于艳茹的申请之日起计算,还是以北京大学收到于艳茹补充的身份证材料之日起计算? 被告要求原告补正身份证信息是符合法律规定的,被告要求补正的理由是原告提交的身份证照片不清晰,但是未提供证据,因此应该由被告承担不利的法律后果。因此应自被告第一次收到于艳茹的申请之日起计算。被告未办理延期手续,已经超过《政府信息公开条例》第二十四条第二款规定的答复期限,构成程序违法。

(四)应该依据《政府信息公开条例》(2007 年)第三十六条还是第三十七条审理本案?

《政府信息公开条例》(2007 年)第三十六条规定:"法律、法规授权的具有管理公共事务职能的组织公开政府信息的活动,适用本条例。"一般情况下,行政机关才具有公共事务的管理职能,当法律法规授予某事业单位行政许可权、监督检查权、审查检测权、办理登记权、认证许可权、检验权、规范性文件制定权等,其可以基于法律法规的授权对外实施行政管理的职能,以自己的名义承担相应的法律后果。第三十七条规定:"教育、医疗卫生、计划生育、供水、供电、供气、供热、环保、公共交通等与人民群众利益密切相关的公共企事业单位在提供社会公共服务过程中制作、获取的信息的公开,参照本条例执行,具体办法由国务院有关主管部门或者机构制定。"这一条的立法意旨是有些企事业单位没有行政管理职权,但也要参照条例公开,上述公共企事业单位与人民群众利益密切相关,在公共企事业单位推行信息公开制度,有利于改进企事业单位的服务质量、减少腐败、维护人民群众的合法权益,推动社会主义市场经济的完善。《学位条例》第十七条规定:"学位授予单位对于已经授予的学位,如发现有舞弊作伪等严重违反本条例规定的情况,经学位评定委员会复议,可以撤销。"本案中原告申请公开的是撤销其学位过程中形成的信息,高等学校对学位的授予和撤销属于行使教育管理职能的行为,而非《政府信息公开条例》(2007 年)第三十七条规定的提供教育服务的行为,因此,应依据《政府信息公开条例》(2007 年)第三十六条审理办案。

三、法条索引

《中华人民共和国政府信息公开条例》(2007 年)

第二条　本条例所称政府信息,是指行政机关在履行职责过程中制作或者获取的,以一定形式记录、保存的信息。

第二十一条第(二)项　属于不予公开范围的,行政机关应当告知申请人并说明理由。

第二十四条第二款　行政机关不能当场答复的,应当自收到申请之日起 15 个工作日内予以答复;如需延长答复期限的,应当经政府信息公开工作机构负责人同意,并告知申请人,延长答复的期限最长不得超过 15 个工作日。

第二十五条第一款　公民、法人或者其他组织向行政机关申请提供与其自身相关的税费缴纳、社会保障、医疗卫生等政府信息的,应当出示有效身份证件或者证明文件。

第三十七条　教育、医疗卫生、计划生育、供水、供电、供气、供热、环保、公共交通等与人民群众利益密切相关的公共企事业单位在提供社会公共服务过程中制作、获取的信息的公开,参照本条例执行,具体办法由国务院有关主管部门或者机构制定。

《高等学校信息公开办法》

第十条　高等学校对下列信息不予公开:

(一)涉及国家秘密的;

(二)涉及商业秘密的;

(三)涉及个人隐私的;

(四)法律、法规和规章以及学校规定的不予公开的其他信息。

其中第(二)项、第(三)项所列的信息,经权利人同意公开或者高校认为不公开可能对公共利益造成重大影响的,可以予以公开。

《中华人民共和国学位条例》

第十七条　学位授予单位对于已经授予的学位,如发现有舞弊作伪等严重违反本条例规定的情况,经学位评定委员会复议,可以撤销。

《中华人民共和国高等教育法》(2015 年修正)

第二十二条　国家实行学位制度。学位分为学士、硕士和博士。

公民通过接受高等教育或者自学,其学业水平达到国家规定的学位标准,可以向学位授予单位申请授予相应的学位。

《中华人民共和国行政诉讼法》(2014 年修正)

第三十四条第二款　被告不提供或者无正当理由逾期提供证据,视为没有相应证据。

《最高人民法院关于行政诉讼证据若干问题的规定》(法释〔2002〕21号)

第五十三条　人民法院裁判行政案件,应当以证据证明的案件事实为依据。

第四节　经费使用情况的信息公开

4. 要求公开高校工程训练中心三大经费额度
——陈琳诉江汉大学信息公开案

一、典型案例

(一)案号

武汉经济技术开发区人民法院(2017)鄂 0191 行初 16 号。

(二)裁判要旨

江汉大学工程训练中心三大经费额度,非高等学校信息公开清单列明事项,不属于被告江汉大学信息公开法定职责范围,亦不涉及法律、法规、规章授权被告行使的教育行政管理行为,该纠纷不属于人民法院行政诉讼案件受案范围。

(三)基本案情

原告陈琳于 2017 年 9 月 5 日通过邮政挂号信方式向被告江汉大学信息公开办公室邮寄了"江汉大学信息公开申请表",要求公开 2011 年度江汉大学工程训练中心三大经费(即行政办公费用、实习耗材费用和实际人工费用)额度。被告江汉大学于 2017 年 9 月 6 日收到该申请。被告江汉大学称已于 2017 年 9 月 27 日作出《江汉大学关于陈琳申请信息公开的回复》并于当日通过圆通速递邮寄送达,据网络查询签收时间为 2017 年 9 月 29 日。

(四)原告主张及理由

2017年9月5日,原告通过挂号信向被告信息公开办公室,提交了"依法申请公开2011年度江汉大学工程训练中心三大经费(即行政办公费用、实习耗材费用和实际人工费用)额度"的高校信息公开申请表。9月6日,江汉大学收发室签收该信件。江汉大学信息公开办公室未根据《高等学校信息公开办法》第十八条的规定在15个工作日内对该信息公开申请进行任何电子邮件答复,其行为系明显行政不作为,侵犯了申请公开当事人的合法权益。因此请求法院判决被告江汉大学对原告陈琳依法申请公开江汉大学工程训练中心2011年度三大经费额度信息事项未予答复的行政行为违法;依法判令被告江汉大学按照高校信息公开条例作出高等学校信息公开回复。

(五)被告意见

(1)被告江汉大学已向原告进行书面答复,无不作为行为。

(2)被告江汉大学已向原告公开过相关信息。2017年4月13日原告已向被告申请公开工程训练中心2011年至2016年历年经费情况,被告已依据相关规定予以答复并由原告签收。

(3)本案不属于人民法院行政诉讼受案范围。被告作为事业单位法人,只有在履行法律法规授权的行政职权时才具有行政主体地位。

(六)争议焦点

原告申请公开的2011年度江汉大学工程训练中心三大经费(即行政办公费用、实习耗材费用和实际人工费用)额度是否属于被告江汉大学信息公开法定职责范围?

(七)裁判理由及结果

原告陈琳向被告江汉大学要求提供2011年度江汉大学工程训练中心三大经费(即行政办公费用、实习耗材费用和实际人工费用)额度,非高等学校信息公开清单列明事项,不属于被告江汉大学信息公开法定职责范围,亦不涉及法律、法规、规章授权被告行使的教育行政管理行为。故原告陈琳与被告江汉大学的纠纷不属于人民法院行政诉讼案件受案范围。

裁判结果:驳回原告陈琳的起诉。

二、案件评析

(一)此案是否属于人民法院的受案范围

本案最具争议的地方在于原告申请公开的2011年度江汉大学工程训练中心三大经费(即行政办公费用、实习耗材费用和实际人工费用)额度是否属于被告江汉大学信息公开法定职责范围。本案中,法院认为原告要求公开的信息不属于被告江汉大学信息公开法定职责范围,也不涉及高校行使教育管理的行为,不属于人民法院的受案范围。

笔者认为此案属于人民法院的受案范围,而且属于高校应当主动公开的信息。在《高等学校信息公开办法》第七条中规定,学校应公开财务、资产与财务管理制度,学校经费来源、年度经费预算决算方案,财政性资金、受捐赠财产的使用与管理情况,仪器设备、图书、药品等物资设备采购和重大基建工程的招投标等信息。高校工程训练中心是高等教育改革的一个新产物,是实施工程教育的实践性教学平台,学校一般将机械基础、材料基础、电工基础、力学基础等工程认知内容和大学生科研立项、创新活动与各类竞赛的指导工作纳入工程训练中心的教学体系。高校工程训练中心是为培养学生的实践操作能力和创新意识设立的实践教学基地,所以该中心的行政办公经费、实习耗材费用以及实际人工费用属于《高等学校信息公开办法》中规定的"财政性资金",属于高等学校在开展教育教学活动中产生、制作或获取的并记录保存的信息,应当主动公开。

(二)信息公开"三需要"规则的适用

在广州铁路运输中级法院审理张强诉华南理工大学教育行政管理案中,有与本案类似的地方。两个案件的法院都认定原告申请公开的信息不属于法院的受案范围。原告张强向被告华南理工大学提交信息公开申请,申请公开有关诉讼案件中聘请律师的费用和采购律师服务的全部文件。被告就原告的信息公开申请作出答复,称其申请的信息为学校内部管理信息,不属于《高等学校信息公开办法》规定的学校信息范畴。根据《高等学校信息公开办法》第二条规定,应当公开的高校信息是指高校在开展办学活动和提供社会公共服务过程中产生、制作、获取并记录保存的信息。除了高等学校已经公开的信息外,公民、法人、其他组织可以向学校申请公开有关高校信息,但是,社会公众向高等学校申请公开的信息应当是高校在开展办学活动和提供社会公共服务过程中的信息,而且应当满足自身学习、科研、工作等特殊需要。学校委托律师出庭应诉,属于参与司法活动的行为,不属于对外履行法定职责的行为,因此公开采购律师服务的有关信息,不属于人民法院的受案范围。

国务院办公厅《关于施行〈中华人民共和国政府信息公开条例〉若干问题的意见》规定,行政机关对申请人申请公开与本人生产、生活、科研等特殊需要无关的政府信息,可以不予提供。最高人民法院发布《关于审理政府信息公开行政案件若干问题的规定》第十二条规定,有下列情形之一,被告已经履行法定告知或者说明理由义务的,人民法院应当判决驳回原告的诉讼请求:……不能合理说明申请获取政府信息系根据自身生产、生活、科研等特殊需要,且被告据此不予提供的信息。由此可见,无论是在行政规范层面还是在司法救济层面,行政机关可以以申请目的去裁量申请者是否可以获得政府信息这种行为的合法性。当然,新修改的《政府信息公开条例》取消了"三需要"门槛。现实中,法院对"自身生产、生活、科研等特殊需要"的把握存在困难,各方理解不同,极易引发歧义,为进一步保障申请人依法获取政府信息,删去了"三需要"的条件限制。

(三)高校应主动公开财务经费信息

抛开本案来看,根据《高等学校信息公开事项清单》,高校的财务、资产及收费信息属于需要公开的一个类别。高校需要公开财务、资产的管理制度,接受捐赠的财产管理和使用的情况,财务和资产公开的管理制度,图书、仪器设备等物资采购和基础建设工程的招标投标情况,财政收入、支出、财政拨款支出的预算、决算,高校收费的项目、依据与标准。《高等学校信息公开办法》第七条第九项规定,高等学校应当主动公开"财务、资产与财务管理制度,学校经费来源、年度经费预算决算方案,财政性资金、受捐赠财产的使用与管理情况,仪器设备、图书、药品等物资设备采购和重大基建工程的招投标"。教育部曾发布通知,要求高校定期、主动公开财务预决算相关信息,依法依规做好财务信息的公开工作,实施"阳光财务"高校公开财务信息有助于管理人员了解财务的最新运转情况,也有助于遏制高校腐败现象。

但是,打开大部分高等学校的官方网站,《高等学校信息公开事项清单》中要求公开的学校基本信息、招生考试情况、学科和专业设置情况和设立奖学金情况等都有较为详实的介绍,但是在高校财务信息、资产信息公开方面,很多高校没有这一栏目,有的高校即使有信息公开这一栏目,打开后网页一般显示"正在建设""统计数据"以及数据为空等等。对于可以让社会公众广泛知晓的高校信息,高校应当通过高校官方网站公开,在受理依申请获取高校相关信息的过程中,高校除了依法答复申请人外,更应该通过高校官方网站或公布栏积极公开,尽量减少或避免将应当主动公开的信息只向个别申请人公开。高校主动公开财务、资产等信息,也可以减少众多申请人对某一高校信息的重复申请、避免重复处理,从而提高工作效率,节约高校的信息公开成本,减少讼累。

三、法条索引

《中华人民共和国政府信息公开条例》(2007年)

第三十七条　教育、医疗卫生、计划生育、供水、供电、供气、供热、环保、公共交通等与人民群众利益密切相关的公共企事业单位在提供社会公共服务过程中制作、获取的信息的公开,参照本条例执行,具体办法由国务院有关主管部门或者机构制定。

《高等学校信息公开办法》

第二条　高等学校在开展办学活动和提供社会公共服务过程中产生、制作、获取的以一定形式记录、保存的信息,应当按照有关法律法规和本办法的规定公开。

第七条　高等学校应当主动公开以下信息:

…………

(九)财务、资产与财务管理制度,学校经费来源、年度经费预算决算方案,财政性资金、受捐赠财产的使用与管理情况,仪器设备、图书、药品等物资设备采购和重大基建工程的招投标;

…………

第九条　除高等学校已公开的信息外,公民、法人和其他组织还可以根据自身学习、科研、工作等特殊需要,以书面形式(包括数据电文形式)向学校申请获取相关信息。

《关于公布〈高等学校信息公开事项清单〉的通知》(教办函〔2014〕23号)

财务、资产及收费信息(7项)

(15)财务、资产管理制度

(16)受捐赠财产的使用与管理情况

(17)校办企业资产、负债、国有资产保值增值等信息

(18)仪器设备、图书、药品等物资设备采购和重大基建工程的招投标

(19)收支预算总表、收入预算表、支出预算表、财政拨款支出预算表

(20)收支决算总表、收入决算表、支出决算表、财政拨款支出决算表

(21)收费项目、收费依据、收费标准及投诉方式

《最高人民法院关于适用〈中华人民共和国行政诉讼法〉的解释》

第一条　公民、法人或者其他组织对行政机关及其工作人员的行政行为不服,依法提起诉讼的,属于人民法院行政诉讼的受案范围。

下列行为不属于人民法院行政诉讼的受案范围:

…………

(五)行政机关作出的不产生外部法律效力的行为;

…………

(十)对公民、法人或者其他组织权利义务不产生实际影响的行为。

第五节 人事师资的信息公开

5. 要求公开发放工资、津贴待遇与职称评定与其相关的信息
——李捷诉大连交通大学信息公开案

一、典型案例

(一)案号

大连市沙河口区人民法院(2016)辽 0204 行初 33 号。

(二)裁判要旨

(1)高等学校应当依据《政府信息公开条例》第二十一条的规定,对申请公开的政府信息,向申请人说明信息是否属于公开范围、信息是否属于存在、申请人申请内容是否明确,分别作出答复。

(2)高等学校应依据《政府信息公开条例》第二十六条规定,按照申请人要求的形式提供政府信息。

(3)申请人申请公开的政府信息中含有不应当公开的内容,但是能够作区分处理的,高等学校应当向申请人提供可以公开的信息内容。

(三)基本案情

原告李捷原来在被告大连交通大学工作,现已退休。2016 年 3 月 7 日,原告通过邮寄方式向被告申请信息公开,要求公开其发放工资、津贴待遇与其评定职称的相关信息,包括教师岗位申报表及审批意见、聘书、聘书合同、聘书文件,带有考核意见的聘期期终业绩目标完成情况表,被告最后一次申报至省人社厅、省教育厅备案以及档案中的李捷教授岗位级别、专业技术职务是几级并提供相应的审定依据,教师专业技术岗位聘任与工资待遇福利不符的争议解决办法。2016 年 3 月 8 日,被告收到上述申请。2016 年 3 月 22 日,被告作出依申请信息公开回复通知书,回复称原告申请的内容不属于信息公开范围。2016 年 3 月 24 日,被告工作人员要求原告本人领取材料,原告方要求通过邮寄方式取得材料。2016 年 3 月 25 日,被告工作人员告知原告不能通过邮寄送达材料。

(四)原告主张及理由

原告退休前任职于被告大连交通大学,后原告发现本人发放工资、津贴待遇与原告评定的职称待遇严重不符,于 2016 年 3 月 7 日通过快递形式向被告邮寄了信息公开申请表,被告于 3 月 8 日签收后,在法定时间内未能予

以公开信息,原告认为被告不作为,严重侵犯了原告的合法权益。因此请求法院判令被告依法履行信息公开法定职责。

(五)被告意见

(1)程序依据。原告申请被告公开信息,被告已经依据《政府信息公开条例》《高等学校信息公开办法》《大连交通大学信息公开实施细则(试行)》的规定,按法定程序履行了相关职责。

(2)法律及事实依据。被告依据《高等学校信息公开办法》《大连交通大学信息公开实施细则(试行)》《高等学校信息公开事项清单》依法作出不予公开的回复符合相关规定。

(3)根据《政府信息公开条例》《高等学校信息公开办法》,本案属于高等学校信息公开事项。而本案应以《高等学校信息公开办法》为依据,该办法并未规定高校违反信息公开办法可以提起行政诉讼,故本案不属于行政诉讼的受案范围。

(六)争议焦点

(1)本案是否属于人民法院的受案范围?

(2)被告作出不予公开的答复是否符合相关规定?

(七)裁判理由及结果

根据《政府信息公开条例》第三十七条、教育部颁布的《高等学校信息公开办法》第二条的规定,被告作为教育单位负有信息公开的法定义务,且其履行该法定义务应参照《政府信息公开条例》《高等学校信息公开办法》执行。《政府信息公开条例》第三十三条第二款中的"具体行政行为",不应局限于负有信息公开义务的单位作出信息公开的行为,还应包括对申请人的申请作出不予公开的行政行为。据此,原告认为被告在履行信息公开义务时侵犯其合法权益,即应予公开而不予公开,可以提起行政诉讼。关于被告提出的本案不属于行政诉讼审查范围的抗辩意见,法院不予采纳。

根据《政府信息公开条例》第二十一条、第二十二条、第二十六条以及《高等学校信息公开办法》第十八条的规定,本案原告明确要求被告以纸质邮寄方式提供信息,且原告提出的信息公开申请存在"信息属于公开范围""信息不应公开""信息不存在""申请内容不明确"等情况。被告作出原告申请公开的内容不属于信息公开范围无法公开的答复,且拒绝邮寄方式送达原告的行为不符合法律规定,被告应根据上述条例及办法的规定对原告的信息公开申请作出区分处理,并以纸质邮寄的方式予以答复。

裁判结果:①撤销被告大连交通大学于2016年3月22日对原告李捷的信息公开申请作出的依申请信息公开回复通知书;②责令被告大连交通大

学于本判决生效之日起 30 日内对原告李捷于 2016 年 3 月 7 日提出的信息公开申请区分处理并以纸质邮寄方式重新作出答复。

二、案件评析

（一）高校信息公开是否属于行政诉讼的受案范围

在高校信息公开诉讼中，许多高校以不属于法院行政诉讼受案范围为理由进行抗辩。《高等学校信息公开办法》第二十六条规定，若原告认为学校没有按照该办法履行信息公开的义务，可以采取的救济途径是向学校内设监察部门、省级行政部门进行举报，对于中央部委所属的高校还可以向其上级主管部门举报。《高等学校信息公开办法》并没有规定对于高校的信息公开事项可以提起行政诉讼。但是，根据《政府信息公开条例》的规定，授权具有管理公共事务职能的事业单位的政府信息公开以及教育等与人民群众利益密切联系的公共企事业单位在提供社会公共服务时，其获取、制作的政府信息公开是可诉的。

据此，高等学校负有信息公开的法定职责，该职责的履行并不是仅仅依据《高等学校信息公开办法》，而且也要参照《政府信息公开条例》。况且，《政府信息公开条例》是行政法规，而《高等学校信息公开办法》属于部门规章，《高等学校信息公开办法》是高校为了保障公民、法人和其他组织依法获取高校信息制定的，《政府信息公开条例》作为其上位法，是《高等学校信息公开办法》的制定依据。《高等学校信息公开办法》第一条规定："为了保障公民、法人和其他组织依法获取高等学校信息，促进高等学校依法治校，根据高等教育法和政府信息公开条例的有关规定，制定本办法。"《政府信息公开条例》第三十三条第二款规定，公民、法人或者其他组织认为行政机关在政府信息公开工作中的具体行政行为侵犯其合法权益的，可以依法申请行政复议或者提起行政诉讼。所以，原告李捷认为被告大连交通大学未履行信息公开职责，侵犯其知情权等合法权利，可以提起行政诉讼。

（二）被告大连交通大学作出的不予公开的答复不符合相关规定

本案中，被告大连交通大学答辩称：聘任合同原告本人持有，聘书不存在；教师岗位聘用申报表及审批意见、聘期期终业绩目标完成情况表、大连交通大学教职工考核表及考核意见、存入档案中的原告岗位级别、专业技术职务及相应的审定依据属于人事档案材料，依据《干部档案工作条例》第三十一条的规定，个人档案本人不允许查阅；《大连交通大学岗位设置及人员首次聘用情况报告》、教师专业技术岗位聘任与工资待遇福利不符的争议解决办法已经于学校图书馆及官方网站公开；大连交通大学最后一次申报至省人社厅、省教育厅备案的原告岗位级别、专业技术职务及相应的审定依据,该项申请内容不明确。

虽然被告在答辩时对原告申请公开的信息进行了详尽的回应,但是被告在作出《依申请信息公开回复通知书》时仅回复:"李捷:根据学校信息公开有关规定,您申请的公开内容不属于信息公开范围,故无法向您公开。"这个回复存在以下不合法之处:

1. 没有对信息分别答复

《政府信息公开条例》第二十一条规定:"对申请公开的政府信息,行政机关根据下列情况分别作出答复:(一)属于公开范围的,应当告知申请人获取该政府信息的方式和途径;(二)属于不予公开范围的,应当告知申请人并说明理由;(三)依法不属于本行政机关公开或者该政府信息不存在的,应当告知申请人,对能够确定该政府信息的公开机关的,应当告知申请人该行政机关的名称、联系方式;(四)申请内容不明确的,应当告知申请人作出更改、补充。"根据《政府信息公开条例》第二十一条的规定,若被告认为信息不可以公开,应当告知申请人并说明理由。然而被告在 2016 年 3 月 22 日作出的《依申请信息公开回复通知书》中,只说了原告申请公开的信息不属于共公开范围,没有说明理由,此处不符合法律规定。

2. 没有对信息区分处理

《政府信息公开条例》第二十二条规定:"申请公开的政府信息中含有不应当公开的内容,但是能够作区分处理的,行政机关应当向申请人提供可以公开的信息内容。"《高等学校信息公开办法》第十八条也明确规定:"对申请人的信息公开申请,高等学校根据下列情况在 15 个工作日内分别作出答复:……(四)申请公开的信息含有不应当公开的内容但能够区分处理的,应当告知申请人并提供可以公开的信息内容,对不予公开的部分,应当说明理由……"根据《政府信息公开条例》第二十二条、《高等学校信息公开办法》第十八条的规定,信息可以区分公开。信息的可分割性是指尽管申请公开的政府信息含有不予公开的内容,但是如果不予公开的内容能与可以公开的内容区别开,行政机关应该向申请人提供可以公开部分的政府信息。因此,被告需要对原告要求公开的信息进行区分处理,被告只回复不属于公开范围,而没有对信息区分处理也不符合法律规定。

3. 没有按申请人要求的形式提供

《政府信息公开条例》第二十六条规定:"行政机关依申请公开政府信息,应当按照申请人要求的形式予以提供;无法按照申请人要求的形式提供的,可以通过安排申请人查阅相关资料、提供复制件或者其他适当形式提供。"在本案中,被告工作人员要求原告本人领取材料,拒绝原告邮寄材料的申请,属于未"按照申请人要求的形式予以提供",也是不符合法律规定的。

通过上述案例,高校在信息公开的答复中一定要注意:①必须按照申请人要求的形式提供其要求公开的高校信息。本案中被告拒绝原告邮寄材料的申请是明显违法的。②属于不予公开范围的,应当告知申请人并说明理由。本案中,被告作出《依申请信息公开回复通知书》,主要内容为"李捷:根据学校信息公开有关规定,您申请的公开内容不属于信息公开范围,故无法向您公开。"只说明了属于不予公开的范围,却不阐明理由,是不符合法律规定的。③申请公开的高校信息中含有不应当公开的内容,但是能够作区分处理的,行政机关应当向申请人提供可以公开的信息内容。信息的可区分性,是信息豁免公开的例外,旨在保障公民的知情权和信息获取权,更加充分而有效地监督高校依法进行信息公开。被告需要对原告要求公开的信息进行区分处理,被告只回复不属于公开范围,而没有对信息区分处理也不符合法律规定。

三、法条索引

《高等学校信息公开办法》

第二条　高等学校在开展办学活动和提供社会公共服务过程中产生、制作、获取的以一定形式记录、保存的信息,应当按照有关法律法规和本办法的规定公开。

第十八条　对申请人的信息公开申请,高等学校根据下列情况在 15 个工作日内分别作出答复:

(一)属于公开范围的,应当告知申请人获取该信息的方式和途径;

(二)属于不予公开范围的,应当告知申请人并说明理由;

(三)不属于本校职责范围的或者该信息不存在的,应当告知申请人,对能够确定该信息的职责单位的,应当告知申请人该单位的名称、联系方式;

(四)申请公开的信息含有不应当公开的内容但能够区分处理的,应当告知申请人并提供可以公开的信息内容,对不予公开的部分,应当说明理由;

(五)申请内容不明确的,应当告知申请人作出更改、补充;申请人逾期未补正的,视为放弃本次申请;

(六)同一申请人无正当理由重复向同一高等学校申请公开同一信息,高等学校已经作出答复且该信息未发生变化的,应当告知申请人,不再重复处理;

(七)高等学校根据实际情况作出的其他答复。

《中华人民共和国政府信息公开条例》(2007年)

第二十一条　对申请公开的政府信息,行政机关根据下列情况分别作出答复:

(一)属于公开范围的,应当告知申请人获取该政府信息的方式和途径;

(二)属于不予公开范围的,应当告知申请人并说明理由;

(三)依法不属于本行政机关公开或者该政府信息不存在的,应当告知申请人,对能够确定该政府信息的公开机关的,应当告知申请人该行政机关的名称、联系方式;

(四)申请内容不明确的,应当告知申请人作出更改、补充。

第二十二条　申请公开的政府信息中含有不应当公开的内容,但是能够作区分处理的,行政机关应当向申请人提供可以公开的信息内容。

第二十六条　行政机关依申请公开政府信息,应当按照申请人要求的形式予以提供;无法按照申请人要求的形式提供的,可以通过安排申请人查阅相关资料、提供复制件或者其他适当形式提供。

第三十三条　公民、法人或者其他组织认为行政机关不依法履行政府信息公开义务的,可以向上级行政机关、监察机关或者政府信息公开工作主管部门举报。收到举报的机关应当予以调查处理。

公民、法人或者其他组织认为行政机关在政府信息公开工作中的具体行政行为侵犯其合法权益的,可以依法申请行政复议或者提起行政诉讼。

第三十七条　教育、医疗卫生、计划生育、供水、供电、供气、供热、环保、公共交通等与人民群众利益密切相关的公共企事业单位在提供社会公共服务过程中制作、获取的信息的公开,参照本条例执行,具体办法由国务院有关主管部门或者机构制定。

第六节　启　发

近年来,关于高校信息公开诉讼的案件呈上升趋势。基于高校信息公开案件的特殊性,社会关注程度与日俱增,因此,如何把高校信息公开诉讼纳入法治化的轨道是我们必须要引起重视的问题。在这里,笔者挑选了几个经典的关于高校信息公开的诉讼,希望高校在处理相关问题时能引以为戒。

在法律层面看,关于高校信息公开适用的法律、法规和规章包括2007年国务院颁发的《政府信息公开条例》、2010年教育部颁发的《高等学校信息公开办法》和2014年教育部发布的《高等学校信息公开事项清单》(《清单》

列举出 10 大类 50 条具体公开项目）。一般情况下这三部规定，是法院审理高校信息公开诉讼的依据。

　　根据我国《政府信息公开条例》第二条规定："本条例所称的政府信息，是指行政机关在履行职责过程中制作或者获取的，以一定形式记录、保存的信息。"《高等学校信息公开办法》第二条规定："高校信息是指高等学校在开展办学活动和提供社会公共服务过程中产生、制作、获取的以一定形式记录、保存的信息。"在案例中体现的高校信息是各种各样的，有学生信息、教师信息、行政信息和学术信息等，从高校角度而言，高校信息分为主动公开的信息、依申请公开的信息和不予公开的信息，接下来我们以具体案例的内容分析一下高校在信息公开中应当注意的事项。

一、《高等学校信息公开办法》第二十六条不应成为高校对受案范围进行抗辩的依据

　　在关于高校信息公开的诉讼中，许多高校以高校信息公开诉讼不属于法院的受案范围为由进行抗辩（比如李捷诉大连交通大学信息公开案）。《高等学校信息公开办法》的确没有规定行政诉讼这种救济途径，只是规定了对信息公开不服的，可以向学校内设监察部门、省级教育行政部门举报，对于中央部委所属高等学校，还可向其上级主管部门举报，因此《高等学校信息公开办法》第二十六条成为高校进行抗辩的主要依据。但是，该办法是根据《高等教育法》和《政府信息公开条例》的有关规定制定的，它是为了促进依法治校，保障公民、法人或其他组织依法获取高校信息，维护自身合法权益而制定的，所以该办法的执行，不得抛开它的上位法《政府信息公开条例》。

　　根据《政府信息公开条例》第三十六条和第三十七条的规定，高校信息属于政府信息的一种。高校信息中有部分属于政府信息，当高校根据法律法规的授权进行公共事务管理时，此类信息的公开须适用《政府信息公开条例》第三十六条，若被认定为是高校供社会公共服务中产生的事业单位信息，则适用《政府信息公开条例》第三十七条，即参照《政府信息公开条例》公开。无论是适用《政府信息公开条例》公开，还是参照《政府信息公开条例》公开，《高等学校信息公开办法》都不能构成对上位法的违反，既然《政府信息公开条例》规定了行政诉讼这种救济途径，被告再以高校信息公开不属于法院受案范围为由进行抗辩则于法无据了。

二、高校对申请人作出答复程序须合法

(一)不予公开的答复须说明理由

根据《政府信息公开条例》第二十一条规定:"对申请公开的政府信息,行政机关根据下列情况分别作出答复:(一)属于公开范围的,应当告知申请人获取该政府信息的方式和途径;(二)属于不予公开范围的,应当告知申请人并说明理由;(三)依法不属于本行政机关公开或者该政府信息不存在的,应当告知申请人,对能够确定该政府信息的公开机关的,应当告知申请人该行政机关的名称、联系方式;(四)申请内容不明确的,应当告知申请人作出更改、补充。"

在高校信息公开诉讼中,普遍存在高校答复时不说明理由的情况。以李捷诉大连交通大学信息公开案为例,被告作出《依申请信息公开回复通知书》,主要内容为:"李捷:根据学校信息公开有关规定,您申请的公开内容不属于信息公开范围,故无法向您公开。"本案中,李捷申请公开多条信息。原告申请的属于公开范围的信息,高校没有告知其获取方式和途径;对不予公开的,高校未说明理由;对申请内容不明确的,高校也未告知申请人作出更改、补充。被告只凭一句"不属于信息公开范围"拒绝公开,这是明显不符合法律规定的,也是高校需要引以为戒的。

(二)答复形式须符合要求

《政府信息公开条例》第二十六条规定:"行政机关依申请公开政府信息,应当按照申请人要求的形式予以提供;无法按照申请人要求的形式提供的,可以通过安排申请人查阅相关资料、提供复制件或者其他适当形式提供"。政府信息公开要遵循效率,并最大限度方便申请人,这一原则反映在公开形式上就是按申请人要求的形式予以提供。以李捷与大连交通大学信息公开案为例,原告要求被告邮寄材料,被告拒绝邮寄,而是要求原告本人前往领取,这是明显不合法的。

(三)注意信息公开的可区分性原则以及征求第三方意见的法律程序

《政府信息公开条例》第二十二条规定:"申请公开的政府信息中含有不应当公开的内容,但是能够作区分处理的,行政机关应当向申请人提供可以公开的信息内容。"政府信息区分处理是行政机关的义务,当行政机关遇到可作区分处理的政府信息,首先要注意这些信息是不是涉及国家秘密、商业秘密和个人隐私,履行法律规定的保密义务是首先要考虑的事。其次,对于能区分处理的信息,行政机关要准确、及时地提供,既要满足申请人的知情权,也要做到不泄露秘密。第二十三条规定:"行政机关认为申请公开的政

府信息涉及商业秘密、个人隐私,公开后可能损害第三方合法权益的,应当书面征求第三方的意见;第三方不同意公开的,不得公开。"国家秘密不予公开是严格性的规定,商业秘密和个人隐私并非完全禁止公开,法律规范设置了书面征求第三方意见的制度,该制度既能保护申请人的知情权,也能遵循保护第三人合法权益这个前提条件。申请人申请的政府信息涉及商业秘密、个人隐私的,行政机关一定要书面征求第三方意见,由第三方决定是否公开该信息。

殷学强诉中国传媒大学信息公开案中,原告殷学强申请公开2005—2014年被告关于全国英语四、六级考试的考生违纪人员处分决定文件的复印件,这份文件里包含了学生姓名和学号等个人信息,但原告只是希望通过该信息获得中国传媒大学作出处分决定所认定的事实、依据和处分结果的信息,并没有获得违纪学生个人信息的目的。高校完全可以对该信息进行区分处理,通过遮盖个人信息的方式,仅显示违纪人员的院系、班级、违纪事实和处理结果即可。然而,被告对原告作出的中国传媒大学信息公开申请告知书主要内容为:考生违纪人员处分决定文件涉及他人隐私,不予公开。这种答复是违反信息可区分性原则的,被告也没有提供证据证明被告履行了征求第三方意见的法律程序。

(四)答复不可超过法定期限

《政府信息公开条例》第二十四条第二款规定:"行政机关不能当场答复的,应当自收到申请之日起15个工作日内予以答复;如需延长答复期限的,应当经政府信息公开工作机构负责人同意,并告知申请人,延长答复的期限最长不得超过15个工作日。"

政府信息公开规定时限制度,旨在提高政府信息公开的效率,促使政府及时地答复信息公开申请人,避免因政府答复不及时、办事不认真、怠于履职而侵害申请人的合法权益。许多高校信息公开的案件都存在答复超时的情况,在需要延长答复期限时,被告往往不能拿出信息公开工作机构负责人签署的延期手续。程序正义是高校信息公开中不可忽视的问题。

三、内部交流信息免于公开

无论是政府信息公开还是高校信息公开,内部交流信息往往是豁免公开的。根据周汉华[①]的观点,公开内部交流信息会损害意见决定的中立性,会影响坦诚的意见交换,内部信息并不是确定对外公布的信息,公开内部信

---

① 周汉华:《外国政府信息公开制度比较》,中国法制出版社2003年版,第125页。

息可能在公众间产生混乱,也可能不恰当地给予特定的人利益和或不利益的信息。严格意义上,内部交流信息称不上是政府信息,政府信息应该是履行外部管理职能的信息。不可否认,公众对政府信息享有知情权,但是知情权应该有一定的限度,有时候需要公众做出适当的妥协,否则会导致政府信息公开的申请数量迅速攀升,降低政府行政管理的效率。新修改的《政府信息公开条例》也明确规定,行政机关的人事管理信息、内部工作流程、后勤管理信息等内部事务信息可以不公开。

在于艳茹诉北京大学信息公开案中,法院认为原告的申请公开的信息涉及学位评定委员会委员之间、工作组成员与专家之间以及学校内部相关部门之间表达及交换意见,即使在最终处理决定作出之后,学位评定过程中产生的信息亦应免于公开。内部信息不予公开的的理由在于保护学术评定委员会内部意见交换的自由,直接记载内部不同观点和意见的信息应当作为一个整体免予公开。

四、统一考试试卷不能公开

无论在高考、考研还是考博中,都可能存在考生认为其考试成绩与平时能力不相符的情况,这时他们希望公开他们的考试试卷、答题纸等进行验证。《高等学校信息公开办法》第十条第一款规定:"高等学校对下列信息不予公开:(一)涉及国家秘密的;(二)涉及商业秘密的;(三)涉及个人隐私的;(四)法律、法规和规章以及学校规定的不予公开的其他信息。"试卷分成不同的种类,有的试卷属于国家秘密,有的属于法律、法规和规章以及学校规定的不予公开的其他信息。详见表6-1。

表6-1　教育工作中国家秘密及其秘密具体范围的规定

绝密级事项	国家教育全国统一考试在启动之前的试题(包括副题)、参考答案和评分标准
机密级事项	国家教育省级统一考试在启用之前的试题(包括副题)、参考答案和评分标准
秘密级事项	国家教育地区(市)级统一考试在启用之前的试题(包括副题)、参考答案和评分标准
	国家教育全国、省级、地区(市)级统一考试在启用之后的评分标准
不属于国家秘密,但只限一定范围的人员掌握,不得擅自扩散和公开	考试后不应公开的试题和考生答卷以及考生的档案材料

考卷分为三种：一是仅列明试题的试卷；二是留下考生作答痕迹的试卷；三是经评阅的考生试卷。无论是全国统一考试、省级统一考试还是地区（市）级统一考试，考试前的试卷毫无疑问不能公开，它们是不同级别的国家秘密。经过评阅的试卷也属于国家秘密，这类试卷经过批改环节，卷面痕迹能反映出研究生考试的评分标准和评分细则，而国家教育全国、省级、地区（市）级统一考试在启用之后的评分标准属于秘密级事项。

考试后不应公开的试题和考生答卷以及考生的档案材料，不属于国家秘密，但只限一定范围的人员掌握。"一定范围的人员"是不包括考生本人的。一是因为考试试题公布后可能为以营利为目的的培训机构所利用；二是因为防止考生在比较得分与答案后，质疑考试的公正性，忽略每个评卷人都有自己的评分裁量标准和考虑因素，纷纷要求改分或重新阅卷；三是因为若允许所有考生自行查阅试卷，会增加工作量，造成管理的混乱；四是因为考生与管理试卷的人直接接触，可能造成分数的篡改等不公平的后果。

以上几点为高校在信息公开诉讼中需要注意的地方。